JN299306

# 新しい
# 福祉サービスの
# 展開と人材育成

埋橋孝文
同志社大学社会福祉教育・研究支援センター
編

法律文化社

# 刊行にあたって

## I

　2001年ごろからの文部科学省（以下，文科省）COE（Center of Excellence）やGP（Good Practice）などの助成事業の開始にともなって，大学もしくは学部，学科単位での，統一したコンセプトのもとでの教育・研究事業の展開が期待されるようになってきた。

　それまでは，たとえば同じ文科省の科学研究費が今もそうであるように，同一大学，学科の教員よりも，（より狭く限定された）専門分野を同じくする他大学の教員との共同研究，いわば所属〈大学の枠〉を超えたヨコ組み対応の研究上の協力がより評価されていた。極論すれば，そこでの学部，学科内のやや専門分野を異にする教員は「職場を同じくする同僚」，「教育上での協力者」であっても，「研究上の仲間」ではなかった。

　そうした事情はCOE，GPの事業が始まり，最初は戸惑いを感じながらも徐々に定着するにしたがって変わってきた。つまり，同じ大学の学部，学科に所属する教員が特定のテーマのもと共同して研究に取り組むようになってきたのである。その背景として，①大学，学部，学科としての単位で社会に研究成果を発信ないし還元していくことが要請されるようになってきたこと，②同じく所属する学生，大学院生にコンセプトとメッセージ性の明確な教育サービスを提供していくことが要請されるようになってきたこと，の2点を指摘することができる。

## II

　文科省「組織的な大学院教育改革推進プログラム」（通称；大学院GP）に採択された「国際的『理論・実践循環型』教育システム」（平成19～21年度，取組み責任者・埋橋孝文）における研究成果をまとめたものが本書である。

　「人一人ハ大切ナリ」（新島襄）の精神に基づき「理論の実践化と実践の理

論化」の実現のために実施される。これまで長年にわたって培ってきた豊富で国際的な人材・各種福祉機関ネットワークを活用しつつ，大学院教育における国際的な「理論・実践循環型」教育システムを構築する。

（大学院 GP 申請書より）

プログラムの具体的な取り組みは，以下の3つの大きな柱からなっていた（詳細については本書巻末資料参照）。

1）社会福祉教育・研究支援センターの設立と各種教育・研究プロジェクトの推進
2）国際アドバイザリー・コミッティの設立と国際共同研究・交流事業の実施
3）大学院教育カリキュラムの見直しと改革

2007年11月に設立された同志社大学社会福祉教育・研究支援センターでは「新しい福祉サービスの展開と人材育成」という大きなテーマの下，以下の7つの研究プロジェクトが発足した。

1）「福祉でまちづくり in 京都」地域貢献プロジェクト（リーダー：上野谷加代子）
2）「産業メンタルヘルスにおける自殺予防」プロジェクト（リーダー：木原活信）
3）「介護保険制度における要支援ケースの健康・機能実態と介護ニーズの推移」プロジェクト（リーダー：山田裕子）
4）「福祉専門職のキャリア形成」プロジェクト（リーダー：小山隆）
5）「実習教育研究」プロジェクト（リーダー：空閑浩人）
6）「事例研究・研修」プロジェクト（リーダー：野村裕美）
7）「福祉サービスとヒューマンパワーに関する国際比較」プロジェクト（リーダー：埋橋孝文）

本書は上の各プロジェクトの研究成果である論稿に加え，同志社大学社会福祉学科のユニークな取り組みである「社会問題実習」と「国際社会問題実習」に関する章から構成されている。各プロジェクトおよび本書各章の性格はそれぞれで若干異なる点があるものの，おおむね3つの特徴をもっている。第1は，学外の研究者にも「センター嘱託研究員」（全プロジェクトで計20名）としてプロジェクトに参加していただき，共同研究の形をとったこと。この嘱託研

究員は研究者だけでなく，福祉職場，行政関係者をも含む。第2は，後期課程を中心とする大学院生（全プロジェクトで計20名）がリーダーの指導のもと，プロジェクトの運営や研究成果のとりまとめで大きな役割を担ったこと。このことは「大学院GP」の性格からして自然なことである。大学院での教育と研究は分かちがたく結びついている。第3に，プロジェクトごとにテーマに関する「独自調査」を実施し，単なるサーベイや紹介を超えたオリジナルな視点と実証的裏づけをもつ知見の発見を心がけたことである。

Ⅲ

　本書は以下の3部，全11章構成となっている。
第Ⅰ部　新しい福祉サービスの展開
第Ⅱ部　明日の福祉を担うヒューマンパワーの育成
第Ⅲ部　福祉サービスとヒューマンパワーに関する国際比較－日韓比較と中国
　それぞれの部の最初には解説（はじめに）があるので，ここでは屋上屋を重ねるの愚を避け，全体のコンセプトである「新しい福祉サービスと人材育成」についていくつかの点を指摘しておきたい。
　第1に，「社会福祉基礎構造改革」が一段落するとともにその問題点が顕在化してきているおり，これまでの対応では満たされないニーズが表面化し，その充足に向けた新たなサービスが必要となってきている。新しく法律が施行されて必要になったものもあるが，その中身は従来の延長線上では捉えきれないものである。そうしたなかで新しい福祉サービスの特徴と意義を理論的に確かなものにしつつ，「何が変わるべき」で「何が変わってはいけない」のか，を明確にしていく必要が高まっている。
　第2に，サービスは生産されるとともに消費されるという性格をもち貯蓄できないといわれているが，それはフロー面に注目した議論である。サービスを生み出す源は提供者である人のなかにストックとして蓄積されている。そのストック・蓄積分の質と量を高める試みが福祉サービスにかかわる人材の養成とか育成とか呼ばれている営みである。そういう意味で，福祉サービスとそれを提供する人材育成の問題は表裏一体の関係にある。
　第3に，福祉を含むサービスは輸出，輸入できないドメスティックな事象で

あると考えられてきたが，東南アジアからの介護士導入は，今日このことが大きく変わりつつあることを示した。国際的広がりをもってきていることを念頭におくべきである。このことは，従来さほど注目されなかった「福祉分野での国際協力」のあり方を考えるきっかけにもなる。

　本書が福祉サービスと人材育成をめぐる「理論と実践」，「教育と研究」，「国内と海外」それぞれに架橋し，好循環を達成していくうえで，示唆するところがあれば幸いである。

　2009年10月15日

同志社大学社会福祉教育・研究支援センター長

埋　橋　孝　文

# 新しい福祉サービスの展開と人材育成：もくじ

刊行にあたって

## 第Ⅰ部　新しい福祉サービスの展開

### はじめに　新しい福祉サービスの展開 ―― 2
新しいとは，変化（チェンジ）と挑戦（チャレンジ）（2）　福祉サービスの変遷と求められる今日的な「新しさ」（3）　福祉サービスの新たな展開にむけて（4）

### 第1章　地域福祉における「新たな福祉サービス」の開発と推進 ―― 7
1　地域福祉の視点からみた新たな福祉サービス　（7）
2　新たな福祉サービス開発のプロセス　（10）
3　新たな福祉サービスの開発の具体例　（21）
4　「新たな福祉サービス」開発における専門職の位置　（25）
5　当為(ゾルレン)の地域福祉研究から存在(ザイン)の地域福祉研究へ　（27）

### 第2章　自殺予防におけるソーシャルワークの視点と可能性 ―― 30
――生きることへのまなざし

はじめに　（30）
1　研究の背景　（31）
2　調査の概要　（35）
3　結　果　（37）
4　自殺予防においてソーシャルワークの視点がもつ可能性　（42）
5　自殺予防に携わる援助者の現状と抱える課題　（47）
6　今後の展望―むすびにかえて　（50）

## 第3章 地域包括支援センターの主任介護支援専門員の役割 — 54
　　　―介護保険制度と高齢者福祉

　はじめに　（54）
　1　研究の目的　（55）
　2　研究方法　（57）
　3　倫理的配慮　（57）
　4　調査の結果　（57）
　5　考察と提言　（74）
　むすびにかえて　（76）

# 第Ⅱ部　明日の福祉を担うヒューマンパワーの育成

はじめに　明日の福祉を担うヒューマンパワーの育成 ——— 80
　　　学校連盟が果たした役割（80）　大学教育の担う役割（81）　研究成果から（82）

## 第4章　職業としての福祉職 ——————————— 83
　　　―魅力と抵抗要因

　はじめに　（83）
　1　福祉系学生への卒業時アンケートから　（84）
　2　社会福祉士へのインタビュー調査から　（93）
　おわりに　（104）

## 第5章　社会福祉士養成における実習教育の動向と課題 ——— 106
　　　―専門職養成におけるその意義

　はじめに　（106）
　1　社会福祉士カリキュラムの見直しと実習教育の課題　（107）
　2　学生による実習課題の設定から自己評価にいたる教育過程の考察　（111）
　3　実習における「記録」作成指導　（116）
　4　学生の実習体験からみる「ソーシャルワーク」の学びとそのあり方　（122）

おわりに （128）

## 第6章 事例を用いた研修モデルの構築 ―― 131

はじめに （131）

1 社会福祉研修センターにみられる現任訓練の役割と課題 （134）
2 社会福祉施設職員に求められる視点と課題―事例が組織を育てた実践から （138）
3 スーパービジョンにおける後継者育成の視点 （142）
4 事例を通じて学べるもの （146）

おわりに （153）

## 第7章 実習科目における新たな試み ―― 157
―ソーシャルワーカーを育てるために

はじめに―2つの新たな実習科目 （157）

1 「社会問題実習」の可能性―開講3年をふりかえって （158）
2 「国際社会福祉実習」の新たな挑戦 （170）

おわりに―これからの社会福祉実習 （180）

## 第Ⅲ部 福祉サービスとヒューマンパワーに関する国際比較―日韓比較と中国

### はじめに 福祉サービスの東アジア比較に向けて ―― 182

高齢化の進展のもとでの社会福祉サービス (182)　人口ボーナスの終了 (182)　同じ土俵の上に立って (184)

## 第8章 社会支出の日韓比較 ―― 186
―OECDのデータから

はじめに （186）

1 日韓の国際的な位置づけ （187）
2 日韓の社会支出の推移に関する比較 （194）

おわりに （200）

## 第9章 日本と韓国におけるNPO・NGO ──────── 203
　　　　──比較研究に向けての試論

　はじめに　（203）
　1　マクロ観点からの日韓比較（CNPを中心に）　（205）
　2　ミクロ観点からの日韓比較　（208）
　3　日本と韓国での調査の結果　（215）
　おわりに　（219）

## 第10章 日・韓の高齢者福祉分野におけるヒューマンパワー── 224
　はじめに　（224）
　1　高齢者福祉サービスのヒューマンパワー確保のための施策　（225）
　2　老人福祉施設従事者の勤務実態　（231）
　おわりに　（243）

## 第11章 中国における高齢者福祉サービスと人材育成 ──────── 246
　はじめに　（246）
　1　中国の高齢者福祉サービス　（248）
　2　中国高齢者福祉サービスの担い手　（259）
　おわりに　（264）

関連資料　（269）
編者あとがき　（277）
索　　引

## ■編者紹介

**埋橋孝文**（うずはし　たかふみ）
同志社大学社会学部社会福祉学科教授，
同志社大学社会福祉教育・研究支援センター長

【主要著作】

『現代福祉国家の国際比較―日本モデルの位置づけと展望』（日本評論社，1997年）

『比較のなかの福祉国家』（編著・ミネルヴァ書房，2003年）

『ワークフェア―排除から包摂へ？』（編著・法律文化社，2007年）

『東アジアの社会保障―日本・韓国・台湾の現状と課題』（共編著・ナカニシヤ出版，2009年）

I.ホリディ，P.ワイルディング編『東アジアの福祉資本主義―教育，保健医療，住宅，社会保障の動き』（共訳・法律文化社，2007年）

**同志社大学社会福祉教育・研究支援センター**
2007年11月，同志社大学社会福祉学科卒業生からの募金と文科省「組織的な大学院教育改革推進プログラム」（通称・大学院GP）の助成をもとに設立。

住所・連絡先　〒602-0047　京都市上京区新町今出川上る　同志社大学臨光館414号室，
電話　075-251-4902，
Eメール　derc-sw@mail.doshisha.ac.jp
URL　http://gpsw.doshisha.ac.jp

## ■執筆分担紹介

刊行にあたって　**埋橋孝文**

【第Ⅰ部】

はじめに　**上野谷加代子**（同志社大学）

1章　**永田祐**（同志社大学）：1節，2節（1）（2），3節（1）
　　　**室田信一**（日本学術振興会特別研究員）：2節（3），3節（2），4・5節

2章　**山村りつ**（日本学術振興会特別研究員），**市瀬晶子**（同志社大学院生），引土絵未（日本学術振興会特別研究員），田邊蘭（保健同人社），大倉高志（京都大学大学院医学研究科院生），金子絵里乃（同志社大学），**木原活信**（同志社大学）

3章　**山田裕子**（同志社大学），**峯本佳世子**（大阪人間科学大学），斉藤千鶴（関西福祉科学大学），杉原百合子（同志社大学院生）

【第Ⅱ部】

はじめに　**黒木保博**（同志社大学）

4章　**小山隆**（同志社大学）：はじめに，1節，おわりに
　　　阪口春彦（龍谷短期大学）：1節
　　　伊藤優子（龍谷短期大学）：2節

5章　**空閑浩人**（同志社大学）：はじめに，1節，おわりに
　　　尾崎慶太（関西国際大学）：2節
　　　黒田将史（大阪日本メディカル福祉専門学校）：3節
　　　黒田由衣（同志社大学）：4節

6章　**野村裕美**（同志社大学）：はじめに，4節，おわりに
　　　片岡哲司（大阪府社会福祉協議会）：1節
　　　堀善昭（京都福祉サービス協会）：2節
　　　田中希世子（神戸親和女子大学）：3節

7章　**マーサ・メンセンディーク**（同志社大学）：はじめに，おわりに
　　　田島望（同志社大学特別研究員）：1節
　　　山村りつ：はじめに，2節，おわりに

【第Ⅲ部】

はじめに　**埋橋孝文**

8章　**咸日佑**（同志社大学院生）
　　　**廣野俊輔**（同志社大学院生）

9章　**崔銀珠**（同志社大学院生）

10章　**孫希叔**（同志社大学院生）

11章　**徐栄**（同志社大学院生）

編者あとがき　**埋橋孝文**

# 第Ⅰ部 新しい福祉サービスの展開

## はじめに

# 新しい福祉サービスの展開

上野谷加代子

### (1) 新しいとは,変化(チェンジ)と挑戦(チャレンジ)

　まず,ここでいう「新しい福祉サービス」という意味について考察しておこう。

　一般的には,「新しい」とは今までなかった,今までとは異なった状態をさし,初めて,生き生きしている,新鮮,などという意味として用いられている(広辞苑)。そこから,刷新とか方法や理論の発展,改善にまで広げて用いる場合もある。つまり,新旧という意味合いでの過去の内容・形態を一新するという意味で用いられることが多い。しかし,ここではそのような意味合いでの使用というより,むしろなぜ,従来の福祉サービスでは駄目なのか,今日の住民が抱える生活課題を解決できないのか,人々の暮らしを成り立たせなくなっているのか,という問題意識を明確にしたうえで,変化(change)を起こしながら挑戦的な実践をしている思想や理念を探り,そこで展開している実践から方法を抽出する。そこに,「新しさ」を見出そうとする。つまり,実証的に質的研究を行うということである。

　第Ⅰ部では,近年,最も社会的に課題となっている3つのフィールドを取り上げる。

　第1に,地域福祉フィールド(福祉圏域を形成する住民参画と地域を基盤とするソーシャルワーク),第2に,精神保健福祉フィールド(命の尊厳を本人と他者との関係性のなかで,どう守り抜くのか,自死にかかわるソーシャルワーク),そして第3に,介護保険制度改正(2005年)の目玉として実施された地域包括支援センター事業展開である。これらの3領域における福祉サービス展開は,いずれも,2000年以降の社会福祉法時代に入り,対応の必要性がより強調されてはき

たが，いまだに部分的，かつ実験的なサービス提供の域を出ていない。しかし，チャレンジを続けている市町村，およびさまざまな非営利団体がある。それらの実践を，より実証的に検証するなかから「新しい福祉サービスの展開」のありようを考察する必要がある。

### （2）福祉サービスの変遷と求められる今日的な「新しさ」

社会福祉サービスはいつの時代も，個別的対応と普遍的対応で悩み，揺れてきた歴史をもつ。地縁，血縁で成り立つ相互扶助，宗教的動機づけによる慈善，人道主義や博愛の精神による博愛事業，新興ブルジョアジーや篤志家，宗教者による民間社会事業，法律に基づく社会福祉事業，事業所・企業による福祉サービスなどいずれの形態も，始まりは個別の生活困難を解決するための対応からである。

ひとりの人の生活ニーズはその時代の社会状況のなかで生じる。家族，地域，経済，環境，文化，政治などその人を取り巻く生活環境とのかかわりで生じるニーズは，個別独特のものである。そして同様のニーズは，同じ環境に生きている人々にもその現れ方は異なるかもしれないが，同質の困難として表れ，それは社会的ニーズとなる。個別対応ですまない社会的ニーズとして，社会の存続にかかわる解決すべきニーズとして存在するようになる［岡村1988］。

社会福祉実践（サービスを含む）を，上野谷［2000］は「誰もが私は私であるという自己の存在を主張・表現することができ，尊厳を持って他人（社会）に受容されるような社会関係を地域社会の中で築いていくことができるようにするための主体性を援助する諸活動」と把握する。それは，柴田［1985］が社会福祉を「平常時における不断の人間性の回復を目的とする行為」と捉え，援助者としての主体と非援助者としての主体とのぶつかり合いぬきに，人間生活のもつ基本的な矛盾（個人の自由と社会の維持，抑圧）を止揚していくエネルギーは生み出されることはない，ゆえに社会福祉には常に，創造していく思想としてのエネルギーが必要であり，現在の管理的社会福祉の打破の源泉として民間社会福祉，ボランティア活動，市民活動にそのエネルギーを求めたとの主張と通底するものである。

社会福祉の領域で「新しい」というとき，また，「新たなサービスの創出」というとき，そこには，必然的に当事者参加，住民（市民）参加の質と連帯，協同が方法として課題となるのは，以上述べた社会福祉そのものがもつ内発的エネルギーによるものでもある。

　今日，社会福祉サービスは，地域福祉の主流化［武川　2006］の潮流とあいまって，1990年以降，福祉関係8法改正（1990年），介護保険法（2000年），社会福祉法（2000年），障害者支援費制度（2003年），障害者自立支援法（2005年），生活保護における自立支援プログラム（2005年），介護保険法改正（2005年）など，地域に根ざしたソーシャルワークの展開を前提とした法律であることによって，旧体制で実施してきた現場では混乱が続いている。

　とりわけ，社会福祉サービスが所得保障，年金保障，医療保障，住宅保障などの社会保障への橋渡し機能，代替機能をもたねばならないがゆえに，いつの世も，個別支援のなかに，これから人々にとって必要となるサービスの萌芽がみてとれる。つまり，社会福祉の存在理由のひとつとしての〈先駆性〉である。また，古くて新しい課題といわれるが，地域（コミュニティ）における福祉サービスの展開ができるかが社会福祉サービスの質を左右する。

　このような制度・政策，理論，実践の変遷に呼応して，このような「新しい福祉サービス」を展開していく人材についても，2008年，社会福祉士及び介護福祉士法の改正を受け，2009年4月より新・カリキュラムによる養成が始まっている。課題は多いものの新たな方向性が提示され，今後の成果を検証しながら進めていくことが望まれている。

## （3）福祉サービスの新たな展開にむけて

　さて，次に，福祉サービスの展開についてふれておこう。福祉サービスは，サービスを必要としている人々のニーズに的確に対応しているかどうかで評価される。的確とは，適応性，柔軟性，即応性，接近性などである。いかに新しいサービス内容であろうとも，サービスの質やサービスの整備，配達状況あるいは利用の仕組みいかんによって，そのサービスは適切なサービス提供とはいえない。労働集約型，人的サービスとしての「新しい福祉サービスの展開」は，以下の事柄について，検討を必要としている。項目を簡単に説明してお

く。

① サービスの持続可能性（担い手，枠組み，財源）

　新しいサービス展開をめざした「モデル事業」に象徴されるように，事業期間が終了すれば，サービスがなくなるということが，福祉領域ではよくみられる。サービスの持続可能性についての検討として，担い手，サービス提供の枠組み，そして財源の確保の見通しがある。

② 社会的に役に立っているか（合意形成）

　新しい福祉サービスの展開のためには，そのサービスが社会的認知と合意があるのか，はその後の継続のためにも重要なことである。

③ サービスの存在の意味・意義の明確化と伝搬性（普遍性）

　ニーズの多様化はサービスの種類を多くするが，消滅する場合もまた多くある。毎年のように，通達（通知），ガイドライン等により，実質的な変更や予算の削減などで変化している。サービスの利用者，実施者，関係者からの評価をもとに，サービス存在の意義を確かめ合い，そのサービスの普及を図る。

④ 先駆性，開拓性

　常に，当事者の個別ニーズに敏感であることである。具体的には，当事者の組織化，ボランティアや市民活動の活性化も先駆的・開拓的動きと大きく関連する。必要性をキャッチする仕組みを地域で作っている事例もある。

⑤ 当事者参加，住民参加・参画

　新しさの創出のエネルギーは自分と身近な人々の必要性，ミッション，社会の動向などが絡まって放出される。それは当事者自身が何が必要か，どのような方法でサービスを提供するのがよいのかを一番よく知っている，との仮説からなる。当事者の利害を住民参加で整理し直し，専門職や行政関係者とともに効果的なサービスを作る。

⑥ 開かれた主体性の発揮（学び）

　新サービス開発は学びでもある。異なる人々の交流は，次元の違う利用への評価や社会的効果などについての情報を得ることができる。ややもするとボランティアにみられることのある独善的な主体性の発揮ではなく，社会性をもった開かれた主体性の発揮である。

⑦　専門職と非専門職の相克，関係性，協働

　　新しいサービスの創設，展開には，専門職と非専門職との協力，協働が不可欠である。各々立場が異なるので，波長あわせから始め，最終的にはチームとしてサービス実施へ向けて取り組む必要がある。

⑧　変革性，運動，自治

　　新しいサービス展開は常に変化と運動を伴う。他者からの命令や強制で変わるのではなく，自治的な変化であろう。

⑨　地域性，圏域，地域内分権

　　新たなサービスの展開はサービス圏域において，提供されるようになるだろう。地域性や家族，個人の生活形態や様式，考え方などに規定されつつも，利用者（住民）が，生活エリアにおけるサービスのありようを財源，人材，方法を含めてどのように配分・配置したいのか，福祉ガバナンスとして成り立たせることにつながっていく。

⑩　計画的実施

　　①～⑨の項目を念頭に，新しい福祉サービスを計画的に展開していくためには，地域福祉計画や総合計画・まちづくり計画などの諸計画の策定の際に反映させていく必要がある。

　以上，検討すべき項目を概観した。「新しさ」は，福祉サービスの理念，内容，形態，方法，主体・客体関係などに現れる。3つのフィールドでの実践による検証は，まさに，今日必要とされている「新しい福祉サービス」の「新たな展開」といえるだろう。

**【参考文献】**

岡村重夫［1988］「明日の社会福祉―その原理と原則」福武直・阿部志郎編『21世紀の福祉』明日の福祉10，中央法規出版

上野谷加代子［2000］「地域の福祉力形成活動」右田紀久恵・上野谷加代子・牧里毎治編著『福祉の地域化と自立支援』中央法規出版

柴田善守［1985］『社会福祉の史的発展』光生館

武川正吾［2006］『地域福祉の主流化』法律文化社

## 第1章

# 地域福祉における「新たな福祉サービス」の開発と推進

### 永田祐，室田信一

## 1 地域福祉の視点からみた新たな福祉サービス

　地域福祉は，法律上は新しい概念である。周知のとおり，2000年に社会福祉事業法が改正されて社会福祉法が成立し，初めて「地域福祉」という用語が日本の法に登場することになった。その社会福祉法第1条は，この法律が，「利用者の利益の保護及び地域福祉の推進を図る」ことを目的とすると規定している。この社会福祉法における「利用者」と「地域福祉の推進」の意味から地域福祉の視点について考えてみることにする。

　まず，同法第3条は，福祉サービスの基本理念が「個人の尊厳の保持」を基本とし，福祉サービスの利用者が自身の能力に応じた自立した日常生活を営むことができるよう支援するものであると規定している。これはきわめてあたり前のように聞こえるが，1990年以前の社会福祉事業法が社会福祉事業の趣旨を「要援護者に対しその独立心を損なうことなく，正常な社会人として生活できるよう援助すること」と定義していたことを考えると，大きな変化である。福祉サービスの利用者は，自らの意思と選択によって福祉サービスを利用する主体であり，福祉サービスはそれを支援するという利用者主体の視点が明確になっているのである（利用者主体）。

　一方，社会福祉法で新たに設けられた第4条は，「地域住民，社会福祉を目的とする事業を経営する者及び社会福祉に関する活動を行う者は，相互に協力し，福祉サービスを必要とする地域住民が地域社会を構成する一員として日常生活を営み，社会，経済，文化その他あらゆる分野の活動に参加する機会が与

えられるように，地域福祉の推進に努めなければならない」と規定している。

　また，同じく社会福祉法第107条には，地域福祉を推進するための計画として「市町村地域福祉計画」が盛り込まれ，その策定，変更の際には，住民の意見を反映させるために必要な措置を講じるよう求めている。このように，2000年の社会福祉法の改正では，初めて地域住民が社会福祉事業者などと並んで，地域福祉を推進する主体として，また計画の策定過程に参加する主体として位置づけられることになった。

　このように，社会福祉の基本法である社会福祉法において，住民が，①福祉サービスを利用しながら地域で暮らしていく主体であり，②地域福祉を推進し，計画策定に参加する主体として位置づけられたことは，日本の社会福祉の大きな転換点であり，これからの新たな福祉サービスを考えるうえで留意しなければならない点であろう。換言すれば，住民は福祉サービスを利用する主体であり，同時に福祉サービスの実施や決定（計画の策定）に参加する主体であるということである。

　一方，社会福祉法で強調されている地域福祉の主体が住民であるという点については，法が制定されたことで初めて重視されるようになったわけではない。地域福祉研究ではこれまでも「住民主体」という原則が強調されてきた。

　たとえば，岡村重夫は，「地域福祉にとってもっとも基本的な性格は，それはまず何よりも生活者としての住民の主体性と社会性すなわち自発的共同性を育てるような援助活動，すなわち，地域組織化のための活動でなくてはならない」[岡村　1974：9-10]と指摘し，生活の主体者である住民が自発的に支え合う地域を形成していくことが地域福祉の「基本的な性格」であるとしている。

　右田紀久恵も，単に地域に視点をあてたという意味での施策や活動と「地域福祉」との差異について，「地域福祉」はあくまでも地域社会における個人や住民を生活主体として捉え，そこから出発することに原点があると指摘し，福祉サービスの利用者や住民をいかに「主体」として認識するかが最も重要な要件であることを指摘している［右田・高田　1986］。また，地域福祉を「地域社会における住民の生活の場に着目し，生活の形成過程で住民の福祉への目を開き，地域における計画や運営への参加を通して，地域を基盤とする福祉と主体力の形成，新たな共同社会を創造してゆく，一つの分野である」として，一人

ひとりの住民の主体力の形成が地域レベルでの主体力となり，新たな質の地域社会を作り出していくことを地域福祉の中核に位置づけている。

こうした立場からすれば，地域福祉は地域における多様なサービスや住民の活動の単なる総称ではない。生活の主体者である住民の主体力とその積み重ねである地域の主体力の形成を支援することで，新たな質の地域社会を作り出していくことが基本的性格であり，要件であるとされてきたのである。

以上のことから，地域福祉は，住民がサービスの利用，実施，決定に主体として参加し，社会福祉の関係者などと協働して，誰もが地域社会を構成する一員として尊厳をもって暮らし続けることをめざすと同時に，これまでの理論的蓄積から，地域住民の主体性を育み，ともに支え合う地域社会を形成していくという援助実践でもあるということになろう。

その意味で，地域福祉の視点からみた新たな福祉サービスとは，誰もが地域社会を構成する一員として尊厳をもって暮らし続けることを可能にするようなサービスであり，同時に住民がその決定と実施に参加することで作り出していくものであるということができるだろう。もちろん，一般的な意味での新たな福祉サービスの開発においても上記のようなことがいえるとすれば，わざわざ「地域福祉の視点からみた」という必要はないかもしれない。特に，地域福祉が社会福祉法の目的として規定されることになった以上，こうした視点はあらゆる新たな福祉サービスに共通する要素であると主張することもできるかもしれない（地域福祉の主流化）。しかし，利用者を主体として地域での自立生活を支援することが社会福祉法の基本理念となっているとしても，実態としてはそのことが実現しているとはいえないし，また，福祉サービスの実施と決定において地域住民が主体となることが福祉関係者のなかで合意されているとはいえない状況にある。

そこで，本章では住民の主体性を出発点とし，新たな福祉サービスの開発を通じて住民がその決定と実施に参加することで，地域社会を変化させていくような過程を「地域福祉の視点からみた新たな福祉サービスの開発」として強調し，その開発のプロセスとその意義を多様な角度から明らかにしていくことにしたい。次節では，新たな福祉サービス開発のプロセスを個別のニーズを起点とした開発と地域課題の把握を起点とした開発に整理し（第2節），その具体例

を示す（第3節）。そして，こうした開発のプロセスを支援する専門職の役割を明らかにする（第4節）。

## 2 新たな福祉サービス開発のプロセス

### （1）地域福祉におけるサービス開発の考え方

　前節でみたような地域福祉における新たな福祉サービスの開発は，どのようなプロセスで進んでいくのだろうか。以下では，地域福祉における福祉サービス概念を明確化し，地域福祉における新たな福祉サービスの開発を①個別のケースへの支援を起点とした開発と，②地域課題の把握を起点とした開発の2つに類型化し，整理することにしたい。

　まず，本節における福祉サービスの考え方を定義する。本節では，地域福祉の視点からみた福祉サービスを，介護保険法や障害者自立支援法など法に基づいて制度化された専門職によるサービス（フォーマル・サービス）だけでなく，住民の主体的な活動や，ボランティア，非営利組織などによる制度化されてないインフォーマルなサービスも福祉サービスとする。したがって，新たな福祉サービスの開発といった場合も当然，フォーマルな福祉サービスとインフォーマルな福祉サービスの開発を含むことになる。すでにみたように，社会福祉法では，地域福祉は住民，社会福祉事業者，社会福祉に関する活動を行うもの（ボランティアなど）が推進していくものであり，社会福祉事業者（すなわち専門家）だけが推進するものではないとされている。地域住民が地域社会を構成する一員として日常生活を営み，社会，経済，文化その他あらゆる分野の活動に参加することが可能になるためには，専門家だけではなく地域住民やボランティアがかかわることが不可欠であるからである。どんなに専門家による社会福祉事業が充実したとしても，「地域社会の一員」として社会関係を保ちながらその人らしい生活をしていくためには，地域との関係や地域における見守りといった支援が不可欠なのである。こうしたインフォーマルな福祉サービスを開発していくことは，制度的な福祉サービスを開発することと同様に重要なことである。したがって，ここでは地域福祉における新たな福祉サービスとは，フォーマルな福祉サービスとインフォーマルな福祉サービスとがともに重要であ

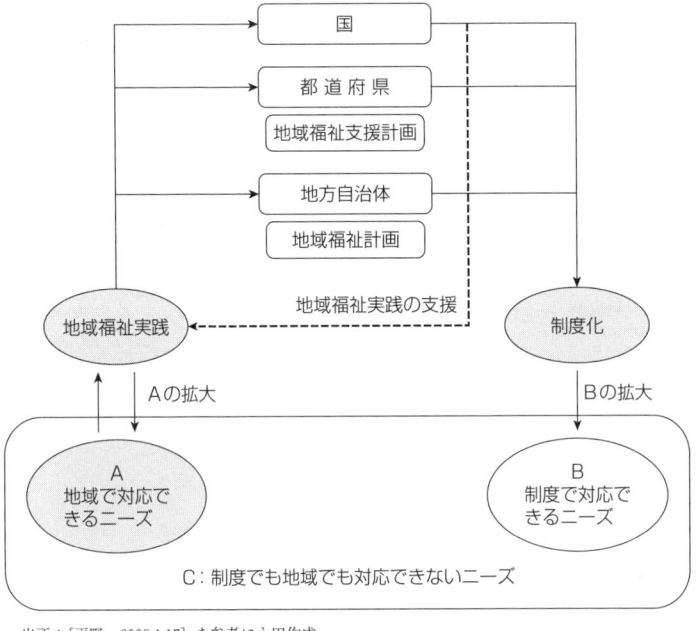

図表1-1　新たな福祉サービス開発の過程

```
         ┌──────────→ 国 ←──────────┐
         │          都道府県 ←───────┤
         │         地域福祉支援計画   │
         │          地方自治体 ←─────┤
         │          地域福祉計画      │
         │      地域福祉実践の支援    │
     地域福祉実践 ←- - - - - - -→ 制度化
         ↑ Aの拡大              Bの拡大 ↑
    ┌─────────┐              ┌─────────┐
    │    A    │              │    B    │
    │地域で対応 │              │制度で対応│
    │できるニーズ│              │できるニーズ│
    └─────────┘              └─────────┘
         C：制度でも地域でも対応できないニーズ
```

出所：[平野　2008：17] を参考に永田作成

るということを確認しておきたい。

　それでは，こうした新たな福祉サービスはどのように開発されるのだろうか。福祉サービスの必要性が認識され，それが新たな福祉サービスにつながるまでの過程を本節では，2つの流れに整理する。

　新たな福祉サービスの必要性は，当然のことながら新たな福祉サービスを必要としている利用者のニーズから出発する。**図表1-1**に示したように，利用者はインフォーマルな福祉サービス（図表中A）とフォーマルな福祉サービス（図表中B）に支えられて生活している。しかしながら，こうした既存の資源では，地域での暮らしを維持することがむずかしくなる場合がある（図表中C）。

　地域自立生活を実現するためには，こうした「制度でも地域でも対応できないニーズ」（C）を把握し，そのニーズが地域によってインフォーマルに対応されるべきものなのか，制度で対応すべきものなのかを振り分け，それぞれでカバーできる領域を拡大していくことが求められる[1]。

次に，こうして認識されたニーズがどのように実際のサービスとして開発され普及していくのかに着目してみよう。開発と普及の方向としては，大きく①インフォーマルな地域福祉実践としてとどまるものと，②政策化されて新しい福祉サービスとして制度化していくものとに分けることができる。[2]

前者の住民やNPOなどによって取り組まれる地域福祉実践は，そもそも制度化されることを望まない場合もあれば，制度化を求めながらもインフォーマルな実践としてとどまらざるをえないような場合もある。また，制度化されなくても地域福祉計画や地域福祉支援計画によって地域福祉実践を支援するような枠組みが作られる場合もあるだろう（たとえば，ふれあいいきいきサロンの立ち上げを行政が補助金で支援することなどがある）。その場合は，地域福祉実践のインフォーマルな性格に変化はないものの，行政からの支援によって「地域で対応できるニーズ」を拡大していく活動が承認されることになる（図表中では点線で示している）。さらには，共同募金といった民間財源によってこうした活動が支援される場合もある。いずれにしても，地域福祉実践が支援され，拡大していくことで「地域で対応できるニーズ」は拡大していく。

後者の場合で国の政策化まで進んだ例としては，2005年の介護保険法改正によって制度化された小規模多機能型居宅介護の例をあげることができる。これは，主にNPOなどによって取り組まれてきた宅老所と呼ばれる通いと宿泊を柔軟に組み合わせた先駆的実践の蓄積が制度化された最近の具体例の1つである。また，制度的なサービスとして全国に普及しなくても，特定の市町村のなかのインフォーマルな新たな福祉サービスの取り組みに対して，地域福祉計画の策定などを通じて自治体独自の制度となる場合や都道府県の地域福祉支援計画を通じて都道府県が独自の制度を創設することなどもある。[3] もちろん，こうした新しい福祉サービスの取り組みは，制度化されたほうがよい取り組みであるとか望ましいということではない。特に制度の領域を拡大していくことは，時間がかかるうえに，制度化されることによるサービスの画一化によって住民主体の地域福祉活動の柔軟性が損なわれる場合もあるからである。

以上のことから，「新たな福祉サービス」の開発ルートは，おおまかには次のように定式化できる。①インフォーマルな形態でとどまるルートとしては，「制度でも地域でも対応できないニーズ→新たな福祉サービスの取り組み（地

域福祉実践）→（取り組みに対する支援）→制度外のニーズではあるが，地域で対応できるニーズの拡大」，②「制度でも地域でも対応できないニーズ→新たな福祉サービスの取り組み（地域福祉実践）→新たな福祉サービス（政策化）→制度で対応できるニーズの拡大」と定式化することができるだろう。

　いずれにしても，AとBの領域を大きくしながら，Cの領域を減少させていくことが地域で暮らすことを可能にするために必要である。そのため，新たな福祉サービスを開発するためには，図表中Cの「制度でも地域でも対応できないニーズ」をいかに発見するか，また，発見するだけでなくそれをサービスの開発につなげていくメカニズムが重要になる。こうしたプロセスは，おおまかに①個別のニーズからニーズを発見し，新たな福祉サービスの開発につなげていく流れと，②社会調査などによって地域課題を把握し，新たな福祉サービスの開発につなげていく流れの2つに大別できる。以下では，それぞれのメカニズムとプロセスを解説する。

## （2）個別支援から新たな福祉サービスの開発までのプロセス

### ❶ 発見のしくみ

　個別支援を起点とした新たな福祉サービスの開発は，地域のなかで何らかの生活のしづらさを抱えた人の地域生活支援を出発点としながらも，そうした支援を軸に新たな福祉サービスの開発へと展開する援助実践である。

　まず，個別支援は生活上のニーズを住民が発見したり，自ら相談することで専門職につながるところから出発する（発見，図表1-2①）。住民は，民生委員の日ごろからの活動に加え，小地域ネットワーク活動やサロン活動といった小地域福祉活動，住民自身が地区社会福祉協議会（以下，社協）の拠点において開設する相談窓口などにおいて地域における「気になる人」を把握する。地域のなかにこうした問題を発見する仕組みがあることは重要であるが，同時に問題を発見するだけでなく，「誰につなげればよいか」も共有されている必要がある。たとえば，民生委員や近隣住民がある高齢者が地域から孤立しがちであることをぼんやりと把握していたとしても，誰に相談してよいか，またどこに相談してよいかがわからずにその問題を放置しておいたとすれば，そのニーズは専門職にはつながらない。したがって，地域住民が問題に気づくだけではな

14　第Ⅰ部　新しい福祉サービスの展開

**図表1-2　個別のニーズから新たな福祉サービス開発までの流れ**

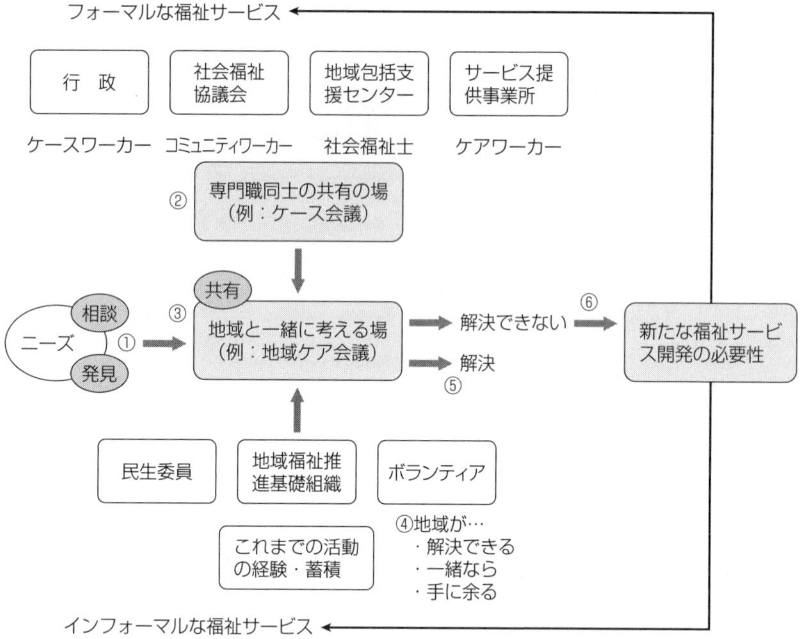

フォーマルな福祉サービス

行　政　　社会福祉協議会　　地域包括支援センター　　サービス提供事業所

ケースワーカー　コミュニティワーカー　社会福祉士　　ケアワーカー

② 専門職同士の共有の場（例：ケース会議）

共有
③ 地域と一緒に考える場（例：地域ケア会議）

ニーズ（相談・発見）①

⑥ 解決できない → 新たな福祉サービス開発の必要性
⑤ 解決

民生委員　　地域福祉推進基礎組織　　ボランティア

これまでの活動の経験・蓄積

④ 地域が…
・解決できる
・一緒なら
・手に余る

インフォーマルな福祉サービス

出所：永田作成

く，それを専門職につなげていくためのルールが共有されていることが地域での生活を支えるための支援の出発点として非常に重要なのである（発見の仕組み）。

**2　共有する場**

　次に，こうして把握されたニーズを専門職同士が「共有」することができるかどうかも重要である。しばしば，専門職はニーズを抱え込んでしまったり，一機関で対応しようとしたりしてしまう。しかし，多問題の家族など複雑な課題を抱えるケースほど，専門職同士が共有し，協働して取り組むことが不可欠になっている。これはこれまでケース会議などとして開催されてきたものであるが，近年では地域自立支援協議会や，地域包括支援センターの運営協議会などをそうした場として活用していくことが重要になっている（専門職同士の共

有,図表1-2②)。その際,専門職同士がどのように利用者を支えていくのか,支援方針や支援目標を共有し,解決にあたっていくことが重要になる。

　さらに,地域で暮らす住民を支えていくためには,専門職だけのかかわりでは不十分である。人は,社会関係のなかで生きており,地域での豊かな社会関係を支えていこうと思えば,地域社会における利用者自身の社会関係を再構築したり,新しく作り出していく必要があるからである。前節でみたように,地域住民と専門職は協働して地域福祉を推進していく必要があるのである。そのため,専門職はこうした問題を「地域と一緒に考える」ことが必要になる(図表1-2③)。専門職が地域と一緒に福祉課題を抱える人の自立生活を支援していく場合に留意しなければならないのは,「地域に丸投げ」したり,「住民任せ」にしないことである。専門職による「見立て」や「手立て」をきちんと住民に説明し,またしっかりとかかわっていくという姿勢や実践を自ら示すことによって,地域住民がどこまでかかわればいいのか,といった役割分担を明確にしていくことも必要である。それによって,地域住民も安心してかかわっていくことが可能になるのである。

　一方,地域住民の立場からみると,そうした専門職の投げかけに対しては,①インフォーマルな地域の力で解決できる,②一緒なら取り組める,③手に負えない,といった反応が考えられる(図表1-2④)。たとえば,引きこもりがちなひとり暮らしの男性を地域のサロンに誘い出すことで社会関係を作り,緩やかな見守りを行うことは,地域の力で対応できるかもしれないが,軽度の認知症で徘徊がみられるような場合は,専門的なケアサービスや,問題が起きたときにどこに連絡すればよいかといった調整を行うことで,専門職と一緒に支援を行わなければむずかしい。他方,地域から「迷惑」とみなされている利用者の場合,地域は一緒に支援をするというよりは,手に負えないとか,施設に入所してほしいといった排除の方向に傾きがちになる。こうした例はごみ屋敷の事例などが典型的である。また,地域と利用者との間にわだかまりや対立,コンフリクトなどがある場合も地域住民が支援を躊躇したり,手に負えないと感じることが多くなる例である。もちろん,こうした地域の力は,これまで取り組んできた経験の蓄積によって大きく左右される。たとえば,同じ事例であっても,ある地域では「地域で解決できる」問題が,別の地域では「手に負え

ない」と感じられるかもしれない。こうした地域の力を支援するのは、日本では社協を中心に取り組まれてきた地域組織化や福祉組織化と呼ばれる専門的援助である。換言すれば、専門職による地域住民の主体性を育み、ともに支え合う地域社会を形成していくという援助実践と住民活動の蓄積が、利用者の地域生活を受け止めるインフォーマルな力となっているということができる。

　以上のような専門職と地域が一緒に考える場を、たとえば「地域ケア会議」といった名称で組織化し、民生委員や地域福祉活動を行っている住民と地域包括支援センターの職員や社協の地域担当者が定期的に協議する場を作っている地域もある。地域住民と専門職の協働は、実際に両者が出会い、一緒に考えることのできる場を組織化しなければ、具体化することはむずかしいといえる。

### 3 新たな福祉サービス開発の必要性

　地域自立生活を支えるための援助実践のゴールは、専門職と地域が協働して利用者の地域生活を支援することで、その人らしい地域での生活が可能になっていくことである（図表1-2⑤）。しかし、専門職が既存の福祉サービスを最大限に動員し、また地域が可能な範囲でその人の社会関係を支えたとしても、十分に解決に結びつかないことがある。その場合、新しい地域で支える仕組み（＝新たな福祉サービス）の必要性が認識され、専門職や地域住民は新しい福祉サービスを開発していくことが必要になる（図表1-2⑥）。こうした展開は、「個の問題を地域の問題に」とか、「ひとりの事例が地域を変える」と表現されてきた。前者は、個別の課題を個別の課題としてのみ捉えるのではなく、その問題が実は地域に共通する課題であることを見出し、そのことを地域住民に課題提起し、新たな福祉活動の組織化を図っていく場合や行政に対するソーシャルアクションを通じて制度化させていくといった展開を考えることをいう。また、後者は、1つのケースへの取り組みを通じて、専門職と地域住民が地域課題を共有し、「成功体験」を共有することで同じような問題があっても解決していくことができるような仕組みや力をつけていく場合に使われる。いずれにしても、地域住民と専門職が課題を共有し、新たな地域福祉実践の開発や制度への働きかけを行っていくという点では共通している。

　以上のように、地域自立生活の支援とは、「問題の発見」から「専門職同士

の課題共有」、そして地域住民と一緒に考える「専門職と地域との課題の共有」を通じて専門職と地域住民が協働して解決につなげていくものである。しかし、こうした支援によっても解決できないような課題の場合は、そのニーズを解決するための「新たな福祉サービス」を開発することが必要になる。この場合の新たな福祉サービスは、住民を主体とした地域福祉実践として取り組まれる場合と政策化され新たな制度として取り組まれる場合に大別することができる。

### （3）地域課題の把握から新たな福祉サービス開発までのプロセス

　新たなサービスの開発は、上述したように個別ニーズの解決過程を通して行われることもあるが、一方で、地域課題を把握し、新たな福祉サービスの必要性が明らかになることから開発が進められる場合もある。個別の事例を通してサービスを開発する場合、地域住民と専門職が課題を共有すること、また課題を解決するという「成功体験」を共有することが重要であると述べた。地域課題の把握からサービスを開発する場合においても、可能な限り多くの地域住民や当事者、専門職の意見を取り入れることが重要になる。また、そのように多様な主体が、感じている課題を表出するだけではなく、そのことを「自分たちの課題」として認識するプロセスも重要になるだろう。

　地域課題を把握する一般的な方法には、行政や社協などが住民を対象に実施するアンケート調査やパブリック・コメント、住民座談会などがある。2000年以降全国の自治体は地域福祉計画の策定を進めてきたが、各自治体はその過程においてそれらの多様な方法を用いて地域住民のニーズを把握し、住民の「声」を自治体における福祉サービスや実践に反映させるよう努めてきた。しかし、いくら地域住民の参加を得て計画を策定しても、言いっぱなし、聞きっぱなしになってしまっては、本当に必要なサービスの開発にはいたらないだろう。そこで以下では、先進地域における地域福祉計画の策定過程を通して検証された、新たなサービスの開発過程について検討する。[4]

　以下の項目は、全社協の報告書［地域福祉計画に関する調査研究委員会編　2002：56］を参考に、地域福祉計画において住民参加を促す主要な手段を列挙したものである。

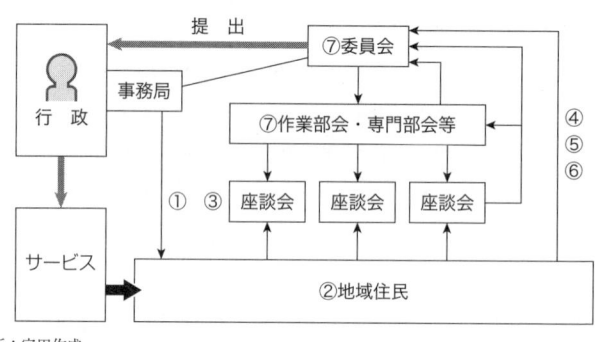

図表 1-3　地域福祉計画における住民参加の手段

出所：室田作成

① 情報発信，広報
② フォーラムや公聴会の開催
③ 住民座談会の開催
④ アンケートの実施
⑤ 当事者やサービス利用者へのヒアリング調査の実施
⑥ パブリック・コメントの募集
⑦ 策定委員会や作業部会，専門部会等におけるメンバーの公募

　たいていの自治体は計画の策定期間中，上記のような方法で住民の参加を促し，そこから把握されたニーズを計画に反映させるように努めている。その過程を概念図として示したものが図表1-3である。

　図表1-3が示すように，地域福祉計画の策定は最終的に策定委員会が首長に計画を提出することで完結する。行政は，策定された計画の内容に沿って自治体におけるサービスを調整し，必要に応じて新たなサービスの開発を推進するのである。したがって，極論を述べれば，策定委員が個人的に重要と思うサービスを計画に盛り込むことで，新たなサービスが開発されることもありうる。しかし，多くのサービスは（特に新たなサービスの場合）地域住民のニーズを反映することが質の高いサービスの提供につながるといえる。また今日，多くのサービスは民間団体によって提供されるため，もしくはサロン活動のように地域住民との協働によって成り立つため，たとえ計画策定を通して新たなサービスが開発されたとしても，福祉サービスの「担い手」である民間団体や地域住

民がそれらのサービスを積極的に推進しなくては「絵に描いた餅」になってしまう。

そこで以下では，計画で策定されたサービスが「絵に描いた餅」にならないために，住民の参加を促す①から⑦までの方法について整理し，これらの方法のなかでも最も重要なプロセスである③の住民座談会について詳しく述べることにする。

まず，地域福祉計画を推進する際の前提条件として，可能な限りすべての住民に対して計画策定に参加する機会を提供する必要がある。①にあるように，地域福祉計画のスポンサーである行政が住民に対して情報を提供することは，最低限の権利の保障といえる。

次に，地域住民が直接ニーズを表出する方法として，フォーラムや公聴会に参加する方法（②）と，アンケートやヒアリングなどの調査に参加することや，パブリック・コメントを通して意見を伝える方法（④⑤⑥），住民座談会などに参加する方法（③）がある。このうちフォーラムや公聴会は，住民座談会と異なり，策定委員会の考え方や，地域福祉計画の策定過程などについて住民が学ぶ教育的要素が強い。一方，住民座談会は地域住民や関係機関の職員などがひざを突き合わせて意見を交換する場であるため，フォーラムなどの一方的な知識の伝達と異なり，双方向の学習プロセスになる。アンケート調査は地域の課題を把握する最も伝統的かつ科学的に認められた方法であるが，地域福祉計画の策定過程において悉皆調査が行われることは稀であるため，自治体は公平なサンプリングを行うことと，アンケートを受け取らなかった住民に対してパブリック・コメントなどの機会を提供することが重要である。また，ヒアリング調査は，アンケートでは把握することができないより具体的な福祉ニーズを把握する目的で，対象を限定して実施される。

最後は，策定委員会や作業部会，専門部会などを通した住民参加である（⑦）。住民が委員として参加した場合，計画の策定過程に深くかかわるため，個人の意見を計画に反映しやすいという側面があるが，むしろ委員には個人的な主張を通す役割よりも，地域住民を代表して発言する役割が求められる。また，委員になるということは，発言だけではなく，地域住民代表として計画の内容を推進する役割も求められる。したがって，地域福祉計画を通して開発さ

図表1-4　協働による課題整理のカードワーク

|  | 自分たちで解決できそうなこと | 社協や関係機関が解決していくこと | 行政が中心に解決していくこと |
|---|---|---|---|
| 市全域 |  |  |  |
| 中学校区 |  |  |  |
| 小学校区 |  |  |  |
| 近　隣 |  |  |  |

出所：原田正樹作成[5]

れた新たなサービスが「絵に描いた餅」にならないためには，委員として計画策定に参加した委員たちが，計画策定後も住民リーダーとなり計画の推進状況をチェックし，場合によってはそれらのサービスを牽引することが求められる。やや大げさな表現をすれば，地域福祉計画の策定を通した新たなサービスの開発は，地域における単なる「必要の充足」ではなく，住民が行政と協働して福祉的な地域をつくっていく「ムーブメント」といえる。

　そうしたムーブメントを心の通ったものにする「工房」が住民座談会である。地域福祉計画の策定は住民の参加を通して行われるというものの，これまでみてきたように多くの住民にとってそのプロセスは①②のような一方的な情報の伝達か，④⑤⑥のような一方的な意見の表出という限定的なかかわりにすぎない。つまり，そうした自治体における福祉システムの客体といえる住民が，地域の課題を「自分たちの課題」として認識し福祉の向上に対して主体的にかかわるような転換を生み出す場所が住民座談会なのである。

　住民懇談会で用いられる最もポピュラーな方法が，参加者を小グループに分けて行うカードワークであるが，原田はカードワークの効果的なまとめ方として図表1-4のようなマトリックス表を用いる方法を提案している。

　このマトリックス表を用いる意義は，表出された課題の具体的な解決策について話し合うことを通して，参加者による一方的な要求という参加の形態から，参加者が自身の発言に責任をもち，その後の実施過程に対しても責任をもつという参加の形態への転換を促すことである。住民懇談会では，自治体職員，関係機関の代表者，地域住民（作業部会や策定委員のメンバーを含む）がそうしたプロセスを共有し，福祉サービスを協働して推進する素地を作り出すので

ある。

　以上のように，地域課題の把握から新たなサービスを開発する過程は，単なる地域住民の意見収集ではなく，地域住民が課題の表出から，その課題の解決方法まで主体的にかかわることで成立する。

## 3　新たな福祉サービスの開発の具体例

　以上のように，前節では，地域福祉における新たな福祉サービスをフォーマルとインフォーマルなサービスがともに重要であることを示し，地域福祉における新たな福祉サービスの開発を，個別のニーズから出発して福祉サービスを開発する方向性と調査や計画策定などを通じてニーズを把握し，福祉サービスを開発する方向性に整理した。

　したがって，地域福祉における新たな福祉サービスは，①個別のニーズから出発して，フォーマルな福祉サービスを開発し，「制度で対応できるニーズ」を拡大していくこと，②個別のニーズから出発して，インフォーマルな福祉サービスを開発し，「地域で対応できるニーズ」を拡大していくこと，③計画や調査などを通じて，フォーマルな福祉サービスを開発し，「制度で対応できるニーズ」を拡大していくこと，④計画や調査などを通じて，インフォーマルな福祉サービスを開発し，「地域で対応できるニーズ」を拡大していくこと，の４つの類型に大別できる。以下では，地域福祉における新たな福祉サービスの開発に関する大阪府豊中市と島根県松江市の事例を通じて，そのプロセスの実際を紹介することにする。

### （１）事例にみる福祉サービスの開発（その１）

　大阪府では，2003年3月に策定された府の地域福祉支援計画のなかで，コミュニティソーシャルワーカーの配置事業を打ち出し，府の全額補助事業として2008年度まで５カ年にわたり，「コミュニティソーシャルワーカーの配置促進事業」によって中学校区に１人のコミュニティソーシャルワーカーの配置がすすめられた。ここでは，コミュニティソーシャルワーカーを配置している大阪府豊中市の事例から，個別のニーズから出発して，フォーマル・インフォーマ

22　第Ⅰ部　新しい福祉サービスの展開

**図表1-5　徘徊する若年性アルツハイマー型認知症の母親と介護する若い介護者への支援**

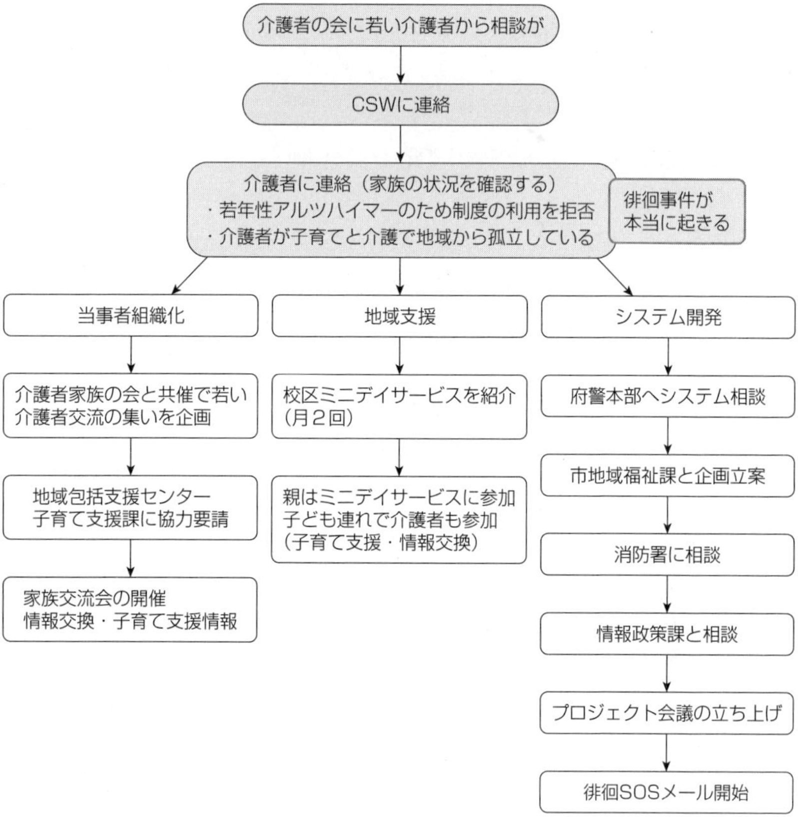

```
            介護者の会に若い介護者から相談が
                       ↓
                   CSWに連絡
                       ↓
         介護者に連絡（家族の状況を確認する）
         ・若年性アルツハイマーのため制度の利用を拒否      徘徊事件が
         ・介護者が子育てと介護で地域から孤立している      本当に起きる
                       ↓
        ┌──────────────┼──────────────┐
    当事者組織化        地域支援         システム開発
        ↓              ↓              ↓
  介護者家族の会と共催で若い   校区ミニデイサービスを紹介   府警本部へシステム相談
  介護者交流の集いを企画    （月2回）              ↓
        ↓              ↓            市地域福祉課と企画立案
  地域包括支援センター    親はミニデイサービスに参加      ↓
  子育て支援課に協力要請   子ども連れで介護者も参加      消防署に相談
        ↓            （子育て支援・情報交換）         ↓
  家族交流会の開催                        情報政策課と相談
  情報交換・子育て支援情報                       ↓
                                プロジェクト会議の立ち上げ
                                       ↓
                                徘徊SOSメール開始
```

出所：[勝部　2008：26]

ルな福祉サービスを開発していくプロセスをみていきたい。

　ここでの事例は，若年性アルツハイマーの50代の母親を20代の子育て中の娘が介護しているという事例である［勝部　2008，2009］。コミュニティソーシャルワーカーは，こうした個別のケースに対して，図表1-5のように支援を展開していった。まず，母親は，介護保険の対象とはなるものの通所介護などに馴染むことができず，制度利用につながらない（制度で対応できるニーズがない）。また，介護者は子育てと介護に追われ，地域で孤立しているという現状があっ

た（地域で対応できるニーズはあるが，活用されていない）。そこで，ワーカーは，①当事者の組織化，②地域支援，③システム開発という支援を行っている。

　まず，若年性アルツハイマーの母親とそれを介護する若い子育て中の母親のニーズに対して，ワーカーは，「校区ミニデイサービス（月2回）」というインフォーマルな福祉サービスにつなげ，生活を支援しようとしている。つまり，利用者のニーズの一部は，本来地域で対応できるニーズであり，既存の住民によって取り組まれているインフォーマルな地域福祉実践につなげることで充足できるようにしている。

　しかし，それだけでは本事例の家族のニーズを解決することはできない。そこで，新たな福祉サービスの開発が必要になる。本事例の新たな福祉サービスの開発には，インフォーマルな福祉サービスの開発（当事者組織の組織化）と，フォーマルな福祉サービスの開発（徘徊SOSメール）とがある。

　「若い介護者交流の集い」は，ひとりの若い介護者の問題を地域の問題として捉えることで，専門機関（地域包括支援センターや子育て支援課）とも協働で組織化されている。つまり，これまでのフォーマル，インフォーマルなサービスでは対応できない問題に対して，「若い介護者交流の集い」というインフォーマルな福祉サービスを開発することで，「地域で対応できるニーズ」を拡大しているのである。

　一方，コミュニティソーシャルワーカーは，こうした個別の問題を「認知症高齢者の徘徊の問題」として一般化し，豊中市独自の制度として「認知症高齢者・障害者徘徊SOSメール」が制度化されることになった。

　以上のように，本事例は，個別の介護者の会から把握したニーズをキャッチした専門職が，既存の福祉サービス（本事例の場合は，インフォーマルな福祉サービス）を活用しながら，それでは十分に対応できないニーズに対して，新たにインフォーマル，フォーマルな福祉サービスの開発を試みている事例といえる。

## （2）事例にみる福祉サービスの開発（その2）

　島根県松江市の第一次地域福祉計画「松江福祉未来21プラン」は2004年3月に社協の地域福祉活動計画と合同の計画として策定された。松江市社協は計画

の策定に先立って，市内の21地区社協の活動計画を策定し，そこで出た地域の声をボトムアップで市の計画に反映させるような方法をとった。それらすべての過程を合計すると，3年間，延べ8000人を超える住民が地域福祉計画の策定にかかわったことになる。以下では，そのような丁寧な計画策定過程を通して開発された新たな福祉サービスの事例を紹介したい。

　まず，地域福祉計画の策定過程を通して開発されたフォーマルな福祉サービスとして，地域福祉ステーションモデル事業をあげることができる。地域福祉ステーションとは，市内を5つの日常生活圏域に分け，各圏域に社協職員や保健師，コミュニティソーシャルワーカーなどを配置し，総合相談を提供する拠点のことである。計画の策定過程において住民からは，日常生活の困りごとに対して相談する場所がないという意見や，行政の窓口はタテ割りであるため相談することをためらってしまうという意見が出された。そうした意見を反映して，松江市では行政が中心となり市内に5カ所のステーションを設置し，専門職が地域の公民館や住民組織，民生委員，ボランティアなどと協力して，地域の相談機能を充実させることに取り組んできた（2006年4月からは，介護保険法の改正に伴い，地域包括支援センターとして再編成された）。松江市では，計画の策定過程を通して地域住民と専門機関が課題を共有していたからこそ，こうした地域との連携による新たな事業を開発する土壌が整っていたということができる。

　次に，計画を機に開発されたインフォーマルな福祉サービスとして，巡回福祉タクシーの運行がある。松江市は東西41km，南北31kmと広大な面積を有するため，農村地域に居住する高齢者にとって，市の中心街へ移動する交通手段を確保することは大きな課題であった。地区のアンケート調査のなかからそうした意見が出てきたため，地区社協が中心となって民間のタクシー業者と契約をむすび，この地区と市の中心街を結ぶ巡回福祉タクシー事業を立ち上げた。この事業の内容は，計画のなかに「市民が地域のなかで自立して生活できる仕組みづくり」の実践事例として盛り込まれ，今日でも住民の貴重な交通手段として利用されている。松江市の福祉タクシーは，まさしく地域の実情に応じてインフォーマルなネットワークを駆使して開発された福祉サービスの好事例といえよう。

## 4 「新たな福祉サービス」開発における専門職の位置

ここまで，新たな福祉サービスの開発には大きく分けて4つのパターンがあることを述べてきた。つまり，個別のニーズからフォーマルもしくはインフォーマルなサービスを開発するパターンと，地域で把握されたニーズからフォーマルもしくはインフォーマルなサービスを開発するパターンである。それらのパターンに共通することは，福祉の専門職が開発のプロセスにおいて重要な役割を果たしていることである。ちなみに，ここでいう福祉の専門職とは，多くの場合民間機関に所属するコミュニティワーカーやコミュニティソーシャルワーカーのことをさしている。

そもそも，福祉サービスが行政の措置制度として提供されていた時代は，一部の民間活動を除いて，福祉サービスの開発は役人の業務であった。しかし，1990年代後半の社会福祉基礎構造改革の議論を経て，介護保険法が導入され，多くの福祉サービスは民間団体に業務委託されるようになった。また，社会福祉法の改正に伴い，行政と民間が協働して地域における福祉の推進に取り組むことが位置づけられた。

そうした背景もあり，前節で取り上げたような先駆的な自治体では，民間団

図表1-6　地域のケアシステムにおける専門職の役割分担

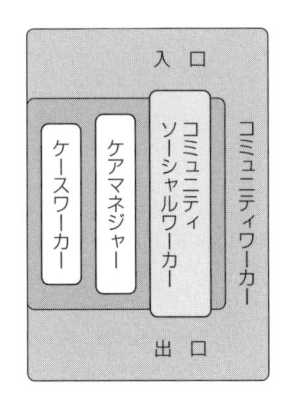

出所：[藤井　2008] の図をもとに室田作成

体が率先して新たな福祉サービスの開発に取り組んできた。そこで以下では，福祉サービスの開発過程における専門職のかかわりについて考察する。

　図表1-6は，地域のケアシステムにおける専門職の役割分担を示したものである。図にあるようにケアマネジャーやケースワーカーなどは，個別のケースにかかわるものの，そうしたかかわりを通した対応システムの開発や課題の普遍化などの過程にかかわることはない。一方，コミュニティソーシャルワーカーの特徴は，地域における住民の組織化から課題の普遍化までにかかわり，新たなサービスの開発にまでかかわる点である。逆にいうと，コミュニティソーシャルワーカーにはそれだけの役割が求められているといえる。もっとも，コミュニティソーシャルワーカーはそれらの業務を1人でこなすわけではない。個別の対応においては関係機関のケースワーカーやケアマネジャーなどと協力し，地域の組織化や計画推進においてはコミュニティワーカーと協力することが一般的である。前節の豊中市の事例であれば，コミュニティソーシャルワーカーは地域包括支援センターや子育て支援課と協力して「若い介護者交流のつどい」を開発し，高齢福祉課と協力して「認知症高齢者・障害者徘徊SOSメール」を開発した。

　これに対してコミュニティワーカーは，個別のケースに直接かかわることは少なく，もっぱら図表1-6で示した外枠の業務（土壌形成やニーズ調査，課題の普遍化など）に従事する。したがって，コミュニティワーカーは，個別のケースからではなく，広く住民のニーズを把握する方法で具体的なサービスの開発を進め，それらのサービスが展開されるための土壌形成を促進する。前節の松江市の事例であれば，コミュニティワーカーが，新設された地域福祉ステーションの専門職と住民組織，民生委員の協働体制を整えたことで，各ステーションにおける相談援助システムが構築された。同様に，巡回福祉タクシーの事例では，コミュニティワーカーが住民の「需要」と民間タクシー業者による「供給」の循環を作り出したことで，新たな福祉サービスが成立したのである。

　以上に加えて，コミュニティワーカーの役割として忘れてはならないことは，第2節で述べたように，住民座談会を通して住民の主体形成を進めることである。今日の地域ケアシステムは，そうした住民の活動がなければ成立しないといえる。住民座談会を「住民が行政と協働して福祉的な地域をつくってい

くムーブメントの工房」と表現した理由は，まさにそうした点にある。

このように，コミュニティワーカーとコミュニティソーシャルワーカーは異なるアプローチから新たな福祉サービスの開発を進めているが，両者の間に明確な線引きがあるとはいえない。むしろ両者の役割はグラデーションとして捉える必要があるだろう。事実，豊中市のコミュニティソーシャルワーカーは全員社協に所属しており，かつてコミュニティワーカーとして働いていた者が少なくないため，その実践内容はコミュニティワーカーに近いものといえる。

ここで重要なことは，地域の実情に合わせてコミュニティワークとコミュニティソーシャルワークをバランスよく推進する体制を整えることである。自治体内に2つの専門職をバランスよく配置することで，本章で取り上げてきたような，個別のニーズから新たなサービスを開発する仕組みと，地域の課題把握を通して新たなサービスを開発する仕組みをどちらも担保することができるであろう。ただし，こうした考え方は，地域に有能な専門職が雇われていることが条件であり，専門職の養成なくして新たなサービスの開発する仕組みを担保することはできないだろう。

## 5　当為(ゾルレン)の地域福祉研究から存在(ザイン)の地域福祉研究へ

どのようにすれば「住民主体の原則」に基づいて，地域における新たな福祉サービスの開発を進めることができるのであろうか。本章がこの大きな命題に答えることができたか疑問が残るが，いくつかの道筋を提示することはできたといえる。それらを以下の3点にまとめる。

第1に，新たな福祉サービスの開発には，個別のニーズから出発するものと，地域のニーズから出発するものとが存在し，それらにはそれぞれフォーマルなサービス開発とインフォーマルなサービス開発があること。第2に，そうしたサービス開発を住民のニーズに即したものにするためには，開発の過程において地域住民や関係機関など多様な主体の参加を得ることが重要であること。第3に，コミュニティワーカーとコミュニティソーシャルワーカーという2つの専門職が，地域における参加と協働の核となり，地域におけるサービス開発と推進の循環を生み出すことである。

本章の成果は、そうした道筋を理念としてではなく、実践の蓄積から帰納的に提示したことであろう。冒頭でも述べたように、地域福祉の研究はこれまでも「住民主体」の原則を掲げてきた。しかし、それらは住民主体を当為概念として扱ってきたきらいがある。一方、近年の地域福祉研究はそうした当為のもの（ゾルレン）から、実践に基づいたもの（ザイン）へと移行してきているのである。以前の行政主導の社会福祉に代わり、地域における多様な主体の連携によって推進される社会福祉へと移行したことが、地域福祉研究の成熟を後押ししたといえる。

そのような意味において、ようやく「住民主体」という概念と「開発」という行為を実証的に研究するための土壌が整ったといえよう。今回提示した枠組みを参考に、サービス開発の力動をより精緻に分析することを今後の課題としたい。

1) 個別具体的なニーズに対して、フォーマルな福祉サービスとインフォーマルな福祉サービスのどちらで対応すべきかという問題は重要な問題ではあるが、ここでは論じない。ただし、地方分権を前提とすれば全国一律の線引きは適切ではない場合も多く、当該地域における公私の役割分担を地域福祉計画などの場によって住民と専門職、行政が協議し、合意していくことが今後重要になってくると思われる。
2) 実際には、フォーマルとインフォーマルを厳密に区別することができない場合もある。また、本来はインフォーマルな福祉サービスに専門家が取り組むこともある。しかし、本章では地域福祉実践を住民の活動として単純化し、国や都道府県、市町村の制度としてではなく、住民が中心となって取り組む地域福祉実践をインフォーマルな福祉サービスとしている。
3) 都道府県の地域福祉支援計画における制度化の例としては、大阪府が地域福祉支援計画で打ち出したコミュニティソーシャルワーカー配置促進事業があげられる。
4) 本章における考察は、同志社大学大学院GP（2007年度採択）地域貢献プロジェクトの一環として、京都府精華町職員および島根県松江市、大阪府豊中市、宮崎県都城市、三重県伊賀市、京都市西京区の社協職員の協力を得て、研究を行ってきた成果に基づいたものである。
5) このマトリックス表は同志社大学大学院GP（2007年度採択）地域貢献プロジェクト主催のワークショップ「住民参加を促すワークショップ」（2008年7月13日開催）にて、講師の原田正樹氏（日本福祉大学准教授）より提供されたものである（初出：2004年度全国社会福祉協議会主催コミュニティワーク研修会）。
6) たとえば、上野谷ら[2006]による地域福祉計画の策定に関する実証的な研究や、コミュニティワークの力動を帰納的に分析した平野[2008]の研究などに、そうした傾向を確認することができる。

【参考文献】

上野谷加代子・杉崎千洋・松端克文編著 [2006]『松江市の地域福祉計画—住民の主体形成とコミュニティソーシャルワークの展開』ミネルヴァ書房

上野谷加代子ほか [2009]「(座談会)市民主体の地域福祉政策—実践の可能性を問う」『地域福祉研究』No. 37.

右田紀久恵・高田真治編著 [1986]『地域福祉講座1　社会福祉の新しい道』中央法規出版

岡村重夫 [1974]『地域福祉論』光生館

勝部麗子 [2008]「コミュニティソーシャルワーカーの活動の実際—制度の狭間の課題からまちづくりへの展開」『介護支援専門員』Vol. 10, No. 6.

勝部麗子 [2009]「住民とまちづくりを支える専門職(コミュニティソーシャルワーカー)の役割—社協ワーカーの経験から」『地域福祉研究』No. 37.

全国社会福祉協議会 [2006]「地域の福祉力の向上に関する調査研究報告書」全国社会福祉協議会

全国社会福祉協議会 [2009]「地域福祉コーディネーターに関する調査研究委員会報告書」全国社会福祉協議会

地域福祉計画に関する調査研究委員会編 [2002]『地域福祉計画・支援計画の考え方と実際—地域福祉計画に関する調査研究事業報告書』全国社会福祉協議会

藤井博志 [2008]「大阪府におけるコミュニティソーシャルワークの特徴」『コミュニティソーシャルワーカー(CSW)活動事例集』大阪府

平野隆之 [2008]『地域福祉推進の理論と方法』有斐閣

松江市・松江市社会福祉協議会 [2004]『松江福祉未来21プラン～みんなでやらこい福祉でまちづくり～』松江市

## 第2章

# 自殺予防におけるソーシャルワークの視点と可能性
―生きることへのまなざし―

山村りつ，市瀬晶子，引土絵未，田邊蘭，大倉高志，金子絵里乃，木原活信

## はじめに

　かつての痛ましい福岡の飲酒運転事故の反省からその撲滅運動が展開される最中，こともあろうか福岡の警察官が飲酒事故を起こしてしまった。メディアは一斉に道徳問題として，公務員バッシングの報道を繰り返した。しかしこの件を精査すると，そこには報道されたようないわゆる「道徳問題」というよりは，この警察官のアルコール依存問題があったことがわかってきた。いっこうに減らない飲酒運転をアルコール依存症との関連でみるというこれまでになかった発想の転換によって，その対策もおのずから変わってこざるをえない。
　このような発想の転換は，私たちが取り組もうとしている自殺予防を構造的に考えるうえでも重要な示唆を与えている。すなわち，自殺も，かつては，本人の意志や道徳問題として捉えられた時代，そして近年まではうつなどの心理問題に還元される時代があった。しかし，これではその対策への努力とは裏腹に事はいっこうに改善していないことは周知のとおりである。そして今，これまでになかった視点として貧困，雇用を含めた社会的な総合問題として捉える発想の転換がより重要になってきたのである。このことは，2007年の自殺総合対策大綱のなかで，自殺は，個人の問題ではなく，社会問題としての認識が一層強調された点でも明らかである。
　このような自殺予防における社会的な視点への発想の転換は，それが単なるスローガンに終わらないためにも，今後，それを具現化するためにそれらを担う専門職の役割や援助方法にも注目してしかるべきである。現在の自殺予防活

動は，基本的に制度化されていない公共圏における活動が中心であるがゆえに，制度化された福祉サービスの実現にはまだ道半ばであるが，本研究において，微力ながらも自殺予防の一助として，このような社会的な文脈の重要性を強調するソーシャルワークの視点を提示したいと考えている。

自殺予防研究プロジェクトの中心的メンバーは，ソーシャルワークの実践，研究を共通基盤に，自殺予防に取り組もうとする若手の研究者（博士課程院生含む），精神科領域のソーシャルワーカー（経験者含む），そして自殺遺族のメンバーたちである。その力量は別として，自殺予防に対して，単なる机上の空論には満足せず，既存の枠を超えて新しい実践的な課題を野心的に探求していこうとしている者たちである。そしてそのような者たちが，現場にこだわり，「当事者の想い」にこだわり，とりわけソーシャルワークの視点にこだわって，自殺問題の新機軸を開拓すべく，今回，調査研究を展開した成果の1つが本研究であり，その一端をここに披露してご批判をたまわりたい。

## 1 研究の背景

### (1) 自殺および自殺予防の状況

日本の自殺者についての記述でよく目にするのが，1998年からの自殺者の急増である。それまで2万5000人前後で推移していた自殺者数が，この年から3万人超へと急増し，以降，そのまま推移していることは多くの人が知る事実である。これには1980年代後半から取りざたされた過重労働や過労死の問題が大きく関係しているとされ，自殺が社会問題化した1つのきっかけでもあった。

近年の動向からみると，1998年には自殺者数増加の中心となった50代の自殺者数は減少傾向をみせ，一方で70代以上および20・30代の自殺者数が漸増の様相をみせている。その結果として，全体数としては3万人を超えた状況を維持しており，特に2007年には，それまで一見して減少するかにみえた状況から一転し，3万3000人を超えて過去2番目の自殺者数となっている［自殺対策白書20年版］。

このような状況を受け，現在わが国ではさまざまな自殺予防施策が実施されている。これらを対象者別に簡単な整理を行うと，まずあげられるのが，1998

年の自殺者の急増の中心といわれる人々を対象としたものである。そのなかでも特に「労働者」という点に焦点があてられ，産業分野におけるメンタルヘルスあるいは労働環境についての対策として実施されている。産業医や産業カウンセラーなどのほか，EAP[1]などの概念が持ち込まれ，主に各事業所における独自の取り組みとして広がりをみせている。

　次に高齢者を対象とした取り組みがある。これは，主に地域という基盤のもと，地方自治体による取り組みが中心となっている。特に自殺者率が高い水準にある地域では1998年の急増以前からの取り組みがさらに活発になり，実際に一定の成果をみせた地域もある。この「高齢者」という対象の場合，特定の組織や機関への所属傾向が他の年代と比べて低く，自殺予防として重要な対象者の捕捉という点で地域が重要な役割を果たしている。

　また，近年注目されるものとして若年層を対象としたものがあり，1つは自殺の低年齢化による学齢期における対策として，学校へのスクールカウンセラーやスクールソーシャルワーカーの配置によるいじめ問題への取り組みといった形で展開されている。

　その一方で，現在その数において増加傾向をみせている20〜30代への自殺予防対策としては，産業分野での取り組みがその一端を担っており，またこれらの取り組みは急増する「うつ病」へのメンタルヘルス対策としても捉えることができる。しかし，この年代の自殺増加傾向に対する研究も実践も不十分な状況であり，今後さらなる進展が望まれる領域でもある。

　そのほか，Postvention[2]として自死遺族を対象とした支援も近年広がりをみせているが，これはセルフヘルプグループによるものが中心である。これは，家族の自殺という非常にデリケートな事象に対して，第三者が介入することの困難もあると考えられる。しかし，遺族による感情表出が広がりをみせてきたことによって，より多くの関係者が遺族の心理的社会的な訴えを以前にも増して具体的に認識するようになってきており，セルフヘルプグループ以外の遺族支援の広がりも期待されるところである。

## （2）自殺研究におけるソーシャルワーク

　自殺研究の主題は主に，①自殺のメカニズムと②自殺予防に二分される。し

かし，自殺が社会問題化するにつれて，前者よりも直接的な対策に言及する後者の研究が中心的となり，前者についてもあくまでも自殺予防への貢献を前提としているものが多くなっている。なかでも，先駆的あるいは効果のあった取り組みについての事例報告などのケーススタディが非常に多くみられるようになっている。

しかし自殺研究そのものの歴史は古く，その初期の研究対象は社会問題としての自殺というよりも人間だけの特別な（異常）行動・現象として興味の対象となり，そのため社会学的視点のほか，心理学や行動科学，あるいは遺伝との関連を含めた生物学的・疫学的視点などから，科学的にそのメカニズムを明らかにしようとするものであった。なかでもデュルケム（Durkheim,Émile, 1858-1917）の『自殺論』は有名である。彼はこの著書で，自殺者の個人的事情とは別次元の，それぞれの社会に固有の自殺率を決定する社会的状態に基づいた自殺の諸類型［江頭 2005］を設定した。その後も，社会学的視点からの自殺研究や自殺の類型が試みられたが，そのほとんどがデュルケムの類型に検討を加え，それを肯定あるいは否定する形で示されている［田辺 1988］。

このような状況が，20世紀に入り前述の②自殺対策，なかでも予防を目的とした研究へと発展していった背景には，自殺の社会問題化という状況が大きく影響しているといえる。そしてここに，シュナイドマン（Shneidman, E.S）によって「自殺現象（suicidal phenomena）の科学的研究」と定義づけされた「自殺学」がある。「科学的」という点では，それ以前の研究と同様の視点をもっているが，予防や自殺企図者への治療など実学的・臨床的側面を，その重要な一部分としてもっている点［石原 2003］が，特徴の1つといえる。

日本でも予防を目的とした研究がさまざまなレベルで広く行われており，「予防」という観点は現在の自殺研究の目的の大半を占めている。なかでも，先駆的あるいは効果のあった取り組みについての事例報告などのケーススタディが非常に多くみられるようになり，一方で自殺のメカニズムについての研究は少数となり，それも実践研究への補足的役割として行われるものがほとんどである。

ここで紹介されている実際の取り組みは，前段でも簡単にふれたように，その種類はさまざまであっても，基本的に人々の生活の場を基礎としたものであ

り，経験的にソーシャルワーカーが実働的に一員として機能していることが予想されるものが多い。

しかしながら，一方で研究においてソーシャルワークに直接焦点をあてたものはそれほど多くはない。たとえば渡邉［2007］が自殺対策におけるソーシャルワークの課題や今後の役割について述べ，また平野ら［2009］，名取・河西［2008］などの精神保健福祉士の自殺予防における役割に関する研究など，いくつかの例外はみられるが，その他の多くは，実際に記述されているのはソーシャルワークとしての実践であっても，むしろ事例検討的な要素が強く，効果測定や事例の報告に終始するもの，あるいは医療的処置に代表されるいわゆる「治療」の効果をあげるものが大半を占めている。自殺予防と専門職とのかかわりという点でも，医師や看護師などの医療従事者を対象としたものが中心である。

### （3）調査への展開

自殺は人のさまざまな個人的要因と環境的要因が複雑に絡み合って起こる社会現象の1つである。そのためその予防においても，個人と環境の両者に焦点をあてることが求められる。たとえば自殺対策白書［2009］が示す主な自殺理由では，年代・性別によっても異なるが，健康問題のほか，経済的問題や人間関係などがあげられ，個人的要因に焦点をあてた医療的処置やカウンセリングなどのいわゆる「治療」だけでは自殺を防ぐことがむずかしいことが示唆される。また，自死遺族支援のNPOによる調査報告［自殺実態解析プロジェクトチーム　2008］でも，個人に対する精神科治療に加えて，多面的で多次元的な現実的環境に向けた対応の重要性と，そのためのソーシャルワーク活動の重要性が指摘されている。

このように，自殺予防において社会的視点をもった支援はきわめて重要である。しかし前述のように，研究ではソーシャルワークの視点をもったものが少なく，経験的にソーシャルワークが自殺予防において一定の役割を果たすことは推察できても，具体的にそれを示すことがむずかしい。そのような現状において，まず自殺予防の取り組みにおけるソーシャルワークおよび援助者の実践の実態を捉えたいということが，本調査の出発点であった。

そこで，初めに産業分野で EAP 業務に就く援助者へのインタビュー調査を行った。この調査では，通常の業務とその中での自殺予防としての取り組みについてグループ・インタビューを実施し，日々の業務と自殺予防とのかかわりやそこでの課題や困難が明らかとなった。さらに自殺予防にかかわる他の領域での調査を実施することで，それぞれの領域による特徴や特定の課題が明らかになるのではないかと考え，救急医療センターの医療ソーシャルワーカーにインタビューを実施した。その過程で，私たち研究チームは新たな疑問をもつこととなった。それは，「はたしてソーシャルワーカーは自らの活動を自殺予防と関連づけて捉えているのか」という疑問である。EAPでは，自殺予防に特化した業務もあったが，多くの場合，通常の業務が結果として自殺予防につながるという側面があるという状況であり，調査協力者自身も，必ずしも自らの業務が自殺の予防につながると常に意識しているわけではなかった。

　そこで実際に，さまざまな分野で働く援助者たちが，どのような認識や価値，あるいは技術をもって，日常業務において自殺予防を捉え実践しているのかを明らかにし，そこから自殺予防におけるソーシャルワークの可能性を考えるという点から，さらに調査の対象を広げて行うこととなった。

　なお，次節以降で述べる調査については，最初のEAPの援助者を対象とした調査と，それ以降の多分野にわたる援助者への調査をまとめて1つの調査として示している。これは分析の結果，両者を同等の調査として扱うことに特に大きな問題がないと考えたためである。

## 2　調査の概要

### 1 調査の目的
　自殺のリスクのある人とその家族にかかわる援助者が，どのような意識をもって，どのように援助しているかを明らかにし，ソーシャルワークの視点と可能性を見出すことを目的とした。

### 2 調査協力者
　調査協力者は図表2-1のとおりである。選定では自殺のリスクのある人とそ

図表2-1　調査協力者の基本属性

| 氏名 | 性別 | 所属機関 | 職種 | 相談従事年数 |
| --- | --- | --- | --- | --- |
| Aさん | 女性 | 外部EAP | 精神保健福祉士・社会福祉士 | 9年 |
| Bさん | 女性 | 外部EAP | 米国心理系大学院修了 | 5年 |
| Cさん | 男性 | 外部EAP | 臨床心理士 | 5年 |
| Dさん | 男性 | 救急救命センター | 社会福祉士・介護支援専門員 | 20年 |
| Eさん | 女性 | 救急救命センター | 社会福祉士 | 9年 |
| Fさん | 女性 | 救急救命センター | 社会福祉士・臨床心理士 | 8年 |
| Gさん | 女性 | 内部EAP | 精神保健福祉士・社会福祉士 | 19年 |
| Hさん | 男性 | 外部EAP | 臨床心理士 | 6年 |
| Iさん | 女性 | 外部EAP | 臨床心理士 | 11年 |
| Jさん | 女性 | 外部EAP | 臨床心理士 | 6年 |
| Kさん | 男性 | 精神科病院ストレスケア病棟 | 臨床心理士・精神保健福祉士 | 4年 |
| Lさん | 男性 | 精神科病院・デイケア | 精神保健福祉士 | 23年 |
| Mさん | 男性 | 精神科診療所 | 精神保健福祉士 | 9年 |
| Nさん | 女性 | 精神科診療所 | 精神保健福祉士 | 5年 |
| Oさん | 男性 | 保健所 | 精神保健福祉士 | 21年 |
| Pさん | 女性 | 保健センター | 臨床心理士・精神保健福祉士 | 10年 |
| Qさん | 女性 | 精神障がい者授産施設 | 介護福祉士 | 3年 |

の家族にかかわる援助者として，EAP領域，救急医療領域，精神医療領域，地域精神保健福祉領域のさまざまな機関の援助者に依頼した。本調査では，自殺予防における援助の実態を明らかにすると同時に，今後の援助実践への示唆を見出すことを主眼とし，ソーシャルワークの独自性や専門性を追求したものではないため，職種はソーシャルワーカーに限定することなく調査を実施した。選定方法は関西圏を中心にネットワーキング標本抽出法を用いた。

## 3 データの収集および分析方法

　質問項目（①現在の具体的な仕事〔業務〕内容，②自殺のリスクをどのように評価しているのか，③自殺のリスクのある人に対してどのように対応しているのか，④対応する際にどのような困難を感じているのか，⑤対応する際に何が必要だと感じているのか，⑥対応する際に大切にしていることはなにか）に沿ってインタビューを行っ

た。分析は，テーマ的コード化を参考に，自殺予防における援助者の態度と手法に関する語りを抽出してコード化・カテゴリー化した。

**4 倫理的配慮**

同志社大学「人を対象とする研究」に関する倫理審査委員会に調査の実施（研究計画等の概要・個人から収集する情報・個人情報の保護・説明と同意）について申請し承諾された。また，調査に際して，調査協力者に調査の説明とプライバシー保護について説明し，同意書に署名を得た。

## 3 結　果

援助者の語りを個別にコード化した後，①業務概要，②実践内容（Prevention・Intervention・Postvention），③組織・構造（機関の特性・責任・専門職の協働・機関内外の連携・地域との関係・社会構造の問題），④ソーシャルワークの視点（原理・技術・課題），⑤今後望むもの・新たな方向性の5つのテーマ構造に基づきカテゴリー化した。これらのカテゴリーから，自殺予防における援助者の態度および手法として，図表2-2に示した大カテゴリーが見出された。

### (1) 態　度
(a)　生きづらさに寄り添う（A, E, F, G, H, I, J, L, O, P, Q）

「何かを求めてそれを得るための方法として自殺を考えているというその苦しさ，しんどさを共感的に聴く」（Jさん）というように，本人のもつ価値観や生きる意味に寄り添いながら，その人が自殺を考えるにいたった苦しさや，病気や障がいなどによる生きづらさに共感することが全領域で共通して語られた。また，「異常事態とみてしまうともっと不安になってしまう。つらくて死にたくなっちゃうことは誰にでもあることだと思う」（Gさん）と，死にたいという気持ちを特別視しすぎないことも語られた。

(b)　生きることへのまなざし（A, E, F, H, I, J, K, N）

「いのちを守ってほしいというところはしっかり伝える」（Jさん）ことについて，職種にかかわらず，精神科診療所，精神科病院，外部ＥＡＰ，保健所に

図表2-2　自殺予防における援助者の手法と態度

【手　法】

| 啓発活動 | 援助や窓口の存在を積極的に知らせ，正しい知識と対応方法を伝える |
|---|---|
| 教育研修 | 企業の管理監督者などキーパーソンとなる人への教育や研修を行う |
| 適切なアセスメント | ツールや援助者自身の危機感覚も用いて個人および環境要因からリスクを評価 |
| 死について言語化する | 死について語ることで本人の自覚を促し危機管理につなげる |
| 死なないことを約束する | 約束を通して自殺の防波堤となる"つながり"の1つとする |
| 適切な返し方をする | 相手の生きる力を引き出すような返し方をする |
| 相手が思うように聴く | 相手が感じている状況・背景・思いを相手の主観的な表現のまま聴く |
| 医療の必要性を判断 | 医学的治療が必要と判断された場合には，速やかに医療につなげる |
| 関係機関と必要な連携 | 医療や企業その他の社会資源につなぎ本人の援助を一緒に考える |
| プログラムの活用 | 必要に応じてSSTや作業療法，復職支援などのプログラムを活用 |
| 訪　問 | 本人や関係者からの要請・要望に応じて求められる場に出かけていく |
| 生活問題の援助 | 経済的・社会的な問題に対して生活者の視点にたって支援する |
| 居場所を確保する | 本人の気持ちや考えを代弁して本人の利益と安心できる場を保持 |
| 身近な人のケア | 家族や同僚など身近な人に対して自殺に関するさまざまな問題をケア |
| 援助者自身のケア | 援助者自身を守るためのスーパービジョンやピアサポートなどを活用 |

【態　度】
・生きづらさに寄り添う：相手のもつ価値や生きる意味，しんどさを受け止める
・生きることへのまなざし：生きることに焦点をあてて援助する
・相手が感じているように理解する：診断や判断をする前にまず相手のありのままを理解する
・個別性，主体性を尊重する：本人主体で一緒に考え，個々の個別性を損なわないようにする
・関係性を構築する：自殺をとどめる絆の1つとして治療や援助における信頼関係を構築する
・生活者の視点をもつ：生活者の側面に焦点をあてて社会生活を支援する
・専門職としての限界を認識する：専門職としての能力および機関の所属員としての援助の範囲を認識し，できることとできないことを明確にする
・自殺のリスクを認識する：リスクの存在とその評価を常に心にとどめて援助に臨む

所属する援助者が多くを語っていた。また，「相手もやっぱり何とかしたいと思っている，それを引き出す。相手の力を信じる」（Oさん）というように，現状を何とかしたい，よりよく生きたいという本人の気持ちを引き出しながら援助する様子がうかがえた。

(c) 相手が感じているように理解する（F, H, I, J, L, N, O, P）

「まずはやっぱりお聴きする」（Hさん）ことは，所属機関にかかわらず，多

く語られた。とりわけ,「その人の本当に訴えたいことをじっくり聴く」(Pさん)ことを第1に大切にしていると語っていた。
(d) 個別性・主体性を尊重する(I, L, O)
　死にたいとまで思っているその人のストーリーをしっかりと受けとめ,どうして死にたいと思っているかを「本人主体で一緒に考える」(Oさん)ことを心がける姿勢が見受けられた。
(e) 関係性を構築する(A, B, E, H, I, L, M, P, Q)
　人と「身を寄せ合う関係の喪失」(Lさん)を体験している本人に対して,「情緒的なつながり」(Mさん)で誰かとつながっているという感覚を本人がもてるような実践をしていると語っていた。このような「関係が絆として予防的に働く」(Lさん)との認識をもつことの大切さも語られた。
(f) 生活者の視点をもつ(E, G, H, I, J, K, L)
　「社会的な変化とか,状況あるいは家族さんとのつながり方,その方の家族への思いとか,自己評価,いろんなものふくめて」(Lさん)病気だけではなく日々の暮らしのなかで抱えている生活問題にも焦点をあてて実践する必要性について多くを語っていた。
(g) 専門職としての限界を認識する(A, B, C, H, K, O, P)
　EAPや保健所に所属している援助者の多くが,「限界を自分で知っておくのは重要」(Oさん)とし,特に「医療ではない立場でかかわる時に,いろんなリスクを考えながら(中略)聞いていくというEAPの感覚」(Jさん)と,個人の能力および組織としての限界を認識することの重要性を語っていた。
(h) 自殺のリスクを認識する(A, B, C, H, I, J, K, O, P)
　EAPや保健所などの機関では,自殺のリスクに対してより責任感をもって従事していることが語られた。EAPでは契約先である「企業を守らなくちゃという感覚がある」(Gさん)と,リスクマネジメントの責任を担っていることが見受けられた。

## (2) 手　法
(a) 啓発活動(A, B, C, J, O)
　自殺予防の一環として,外部EAPではEAPの存在の認知度を高めるため

に，研修の実施や提案，職場改善，PR活動を精力的に行っていることが見出された。また，保健所では地域住民への予防啓発活動を行っていることが語られた。

(b) 教育研修（A, B, C, H, I, J）

外部EAPの援助者が多くを語っており，他の所属機関の援助者からは語られなかった。外部EAPの援助者からは「相談窓口を知っておいてもらうということはかなり積極的にやっている」（Jさん）と語られた。

(c) 適切なアセスメント（A, B, C, E, F, H, I, J, K, O, P）

アセスメントについては，専門性によってアセスメント・ツールの有無やツールに対する考えに違いがみられた。たとえば，EAPの援助者は根拠のあるツールをもっている一方で，自殺予防の認識のない援助者はもっていないため実践において不安や困難感を抱えていることがうかがえた。また，保健所など地域で実践をしている援助者からは，ツールを知りつつもそれを用いることに抵抗感があることが特徴として語られていた。

(d) 死について言語化する（A, B, H, I, J, K, O, P）

Oさんが「死という言葉をあえて使うのはとても大切なことだと思う」と語るように，アセスメントのなかで自殺を連想させる語りが出たときに，「それは自殺したいということ？」（Pさん）と問いかけることで自殺の話ができる環境を作っていることが見出された。

(e) 死なないことを約束する（A, B, G, H, I, J, K）

外部EAPの援助者が共通して語っていたのは，自殺をしない約束，次回会う約束を本人とするということであった。ただし，口約束するだけでは意味がなく，Gさんは「あなたのいのちを大事に考えている人がこれだけいるんだってことがどれだけご本人に伝わるか」が大切だと語っていた。

(f) 適切な返し方をする（H, O）

アセスメントのときに，本人が自殺を客観視できるような問いかけや「相手の生きる力を引き出すような返し方や面接の仕方」（Oさん）を心がけていることが語られた。

(g) 相手が思うように聴く（H, I, J, O, P）

Pさんが「相手の話を相手の思っているように聴く」と語っているように，

本人が感じている状況・背景・想いをその人の主観的な表現のまま聴くことを意識的に行っている様子がうかがえた。

(h) 医療の必要性を判断する（A, B, C, E, G, H, I, J, K, L, M, Q）

多くの援助者が自分たちでできることとできないことを判断し，医療を積極的に活用していることを語っていた。特に外部EAPの援助者は，EAPだけでは実践がむずかしい場合は医療につなげ，診断してもらうことを意識的・日常的に行っていることを共通して語っていた。

(i) 関係機関との連携（A, B, C, D, E, F, G, H, I, J, K, L, M, N, O, P, Q）

すべての援助者が語っており，医療や企業やその他の社会資源につなぎ，本人の援助を一緒に考えることが示されていた。EAPの援助者は，連携先として本人が所属している企業をあげており，本人と企業の中間的な立場としてEAPが位置づけられていることが示唆された。

(j) プログラムの活用（A, B, C, G, K）

所属機関や関係機関で用意されたSST，OT，認知行動療法，復職支援プログラムを必要に応じて積極的に活用していることが語られていた。

(k) 訪　　問（L, O, Q）

精神科病院，保健所，精神障がい者授産施設では，個別相談の1つの手段として訪問を位置づけていた。本人や関係者からの要請や要望に応じて求められる場へ出向いていることが語られた。

(l) 生活問題の支援（D, E, F, H, I, J, K, L）

精神保健福祉士や社会福祉士の語りが多く，生活者の視点をもちながら，本人が生活のなかでどのような悩みや問題を抱えているかをしっかりとアセスメントして支援していることが見受けられた。

(m) 居場所を確保する（G, K）

本人の利益を最大限に守り，本人の気持ちや考えを代弁していることが語られた。とりわけ復職の際に，本人が職場の人と関係を築けるよう居場所を確保している様子がうかがえた。

(n) 身近な人のケア（A, C, F, G, H, I, J, O, P）

家族，同僚，友人など本人にとって身近な人に，本人をケアするための正しい知識を提供し，同時にケアを行っていることが語られた。また，地域および

EAPに所属する人は自殺が起きてしまった後に身近な人へのケアを行っていると語っていた。

(o) 援助者自身のケア（A, B, C, D, F, H, I, J, L, N, P）

「すごく動揺して消耗し，精神的にも体力的にもしんどい」，「仲間なり上司なりという体制があってこそやっていける」（I さん）という語りのように，援助者自身のケアの必要性が示唆された。

## 4　自殺予防においてソーシャルワークの視点がもつ可能性

本節では，自殺予防に携わる援助者へのインタビューにおいて語られた知見をもとに，自殺予防におけるソーシャルワークの視点とその可能性を考察していきたい。

### （1）生きづらさに寄り添う生活者の視点

精神科病院に所属するLさんは，ある統合失調症をもつ人に関して，「話の脈絡が突然僕にはわからない形で親戚の話をしはるわけですよ。わからへんのよね。こっちはね。（中略）彼の思考というのかな精神活動の中ではごく普通のことでしょう。でもそれがまわりと食い違ったりするというのは感じないわけにはいかない。そんなん抱えながら日々過ごしていったら，自分の考えてることってほんまは何なんやろうっていう風に思わはるやろうし」と語り，統合失調症という病いを日々生きることに伴う「生きづらさ」を指摘した。精神疾患が「暮らしづらさ，生きづらさに現れてくる部分」（Lさん）に共感している援助者の視点が見出される。またLさんは，統合失調症を生きる生きづらさへの共感に続けて，「縦軸と横軸みたいなもんで，生きづらさが強まってる時期もあるし，自分に対する価値観がゆらいでたりすることとか，（中略）そういうのはまた別の軸にあると思うんですよね。（中略）そういうのが1つやなくて，絡み合ってるという感覚がいるんちゃうかなと思います」と語り，精神疾患をもって生きる生きづらさという軸に，「自分に価値がない」という感覚が絡み合っていることを指摘している。

生活の貧窮，過酷な条件下での労働といった問題が生じていた19世紀末から

20世紀初頭では,「本人が真面目に働かないから」という考え方に代表されるような,貧困問題を個人の道徳的欠陥に帰する貧困観が自明のものだった。しかし,貧困の原因は本人にあるのではなく,社会経済的な欠陥から生み出されてくるとする立場から問題の分析・援助が行われたのがソーシャルワークの源流である。疾患や経済的窮乏を個人的なものとしてのみ捉えるのではなく,病いや貧困を生きる「生きづらさ」が「自分に価値がない」感覚と絡み合っているという社会的な視点から「問題」を分析し,援助を行っていくことが自殺予防においても必要とされている。

## (2) 相手が感じているように理解する

　「先に診断したり治療法を考えたりしてしまうとその人の本当の心のしんどい部分に付き合ってあげられないので,やっぱその人の本当の訴えたいことにしっかり耳を傾けてるかどうかに尽きるかなって思ってるんですね」(Pさん)と,「問題」を相手が感じているように理解することの必要性が語られた。クラインマンは,疾患の症候群としての解釈だけに還元できない,症状や患うことの経験を「病い」(illness)と捉え,患者が語る「病い」の語りに耳を傾けることが,臨床における核心的な作業であると述べている［クラインマン 1996］。そして,鷲田が「自分の痛みについて語るということが,その痛みへの自分のかかわりを変えようとしはじめること」[河合・鷲田 2003：209]というように,クライエントは自分の痛みを語ることで,痛みのあまり視野狭窄となっている,自分の問題に対するかかわり方を変え始めることができるのではないだろうか。

## (3) 自殺のリスクを認識し,専門職としての限界を認識する

　クライエントの話を聴くことにおいては同時に,「その人の生の言葉の中で,危険だなと思うものが出てくるかどうか」(Pさん)と,自殺のリスクを認識したアセスメントがされていた。リスクの評価については,①「死にたいと思ったことがあるか」「傷つけたいと思ったことがあるか」,②「自殺について考えたことがあるか」,③「自殺の計画があるか」「自殺を試みたことがあるか」,および過去の自殺未遂歴を指標に,重症度と緊急性が評価されていた。[3]

また、Pさんが「『いなくなってしまいたい』とか『消えてしまいたい』とかっていう言葉が出てきたときは、『それは自殺したいってこと？』って、あえてこう明確にしていくっていうのはあります」と語るように、明確に言葉にはされないがクライエントのうちに存在する希死念慮をあえて言語化することが実践されていた。これは、言語化することによって希死念慮や自殺衝動をクライエントの外に出し、クライエント自身とは切り離して、「希死念慮」や「自殺行動」という「問題」について話し、それを扱うことができるという、重要な危機管理の機能を果たしていると考えられる。[4)]

また、自殺のリスクの評価や対応においては、「限界を自分で知っとくのは必要かなと思う。例えばうちは入院設備はないし薬もその場では出せない。だからその場で落ち着いてもらうことができない」（Pさん）と、自らの専門性の限界や所属機関の限界を認識し、他職種・他機関と連携していくことの重要性が指摘された。救命救急センターに所属するEさんも、「（精神科的な評価が）全然いらないっていうケースが逆に少ないかもしれないなあと、私が関わっていて思ってます。ほぼ8割9割の方が精神科的な評価を1回しないと私としてはサポートできにくいなと思ってます」（括弧内—引用者補注）と、ワーカーの限界を認識して、心療内科・精神科の専門医に精神科的な評価をしてもらうことが必要であることを指摘している。

### （4）関係性の構築

外部EAP機関の援助者は、「死なない約束ができるか聞いて、次の約束をして、何かあったらすぐ電話してきてください、というようなことは本人に伝える」（Jさん）ということを共通して行っていた。

精神科医として多くの自殺企図者を援助した稲村は、ほとんどすべての自殺が、主観的に周囲の人との心の絆が完全に切れてしまっている孤立無援の絶望的な心理状態においてなされるのをみて、「心が通じ合い、共感し合える信頼関係」である心の絆によって自殺をとどまらせようとする「心の絆療法」［稲村　1981：38-41］の実践を行った。稲村は「毎回の面接を終えるに当たっては、必ずはっきりと、具体的な日時を決めて、次回に会う約束をする」と明言している［稲村　1981：75］。次回の約束をすることには、1つは次回まで死な

ないという約束をする意味，もう1つは心の絆を強め次回までその絆を継続する意味があるという[5]。少しずつ作られる関係性が絆となって，その関係性そのものが自殺予防のケアとなることが示唆される。

　他者と関係をもつ社会的な存在として人間を捉え，自己と他者との「間」の関係性を援助の対象として発想するソーシャルワークの視点は，「社会的なつながりという意味での絆というのか，身を寄せ合う関係というのか」（Lさん）を失い，孤立状態にある自殺企図者の援助において不可欠な視点といえる。

　一方で，関係性の構築が必要とされるのは，「心の絆」のような主観的な関係性のみではない。「やっぱり一番最初に聞くのは経済的なこと。生活基盤がどうなっているかということ，どんなところに住んでいるかということをまず聞きますね。だから生計を立てられているか，立てられてないか，それが誰によって成り立っているのか，自分自身でやっていたのか，それとも依存してきたのかっていうあたりはやっぱり必ず聞いてますね。結構そこに切り口があったときもあるので」（Eさん）と語られたように，社会（環境）との関係という視点から経済的な状態，生活基盤がどのようになっているのかをアセスメントし，失業保険，生活保護などの制度，具体的な社会資源につなげることも行われていた。

## （5）個別性・主体性を尊重する

　「希死念慮のケースだったらこういう風に対応しましょうということではなくて，その人の事例性，その人がどうして死にたいとまで思っているのかというところをきちんと受けとめるということ（が必要だと思う）」（Iさん）（括弧内―引用者補注）と，一般的な自殺のリスクもおさえながら，その人の個別性を尊重することの必要性が語られた。また，別の援助者は，「本人と一緒に考える姿勢」（Oさん）が自殺予防において必要だと語った。バイスティックは「クライエントを個人として捉える」という「個別化」をソーシャルワークの原則の1つにあげている［バイスティック　2006：33-50］。個別で，それぞれに異なるその人の生のありようにおいて，「その人が死にたいとまで思っているところ」を受けとめ，共感することの必要性が見出される。しかし，個別性・主体性の尊重は，自死の選択をその人の自己決定の尊重とすることとは異なる。自

己決定の原則は，ソーシャルワークの基盤的価値の1つである「人権と人間の尊厳の尊重」から導かれており［国際ソーシャルワーカー連盟倫理綱領　2009］，（逆の順序ではなく）人間が本来的な価値と尊厳を有しているがゆえに，その人の個別性・主体性が尊重される。

## （6）生きることへのまなざし

　Hさんは，「何でそれ（自殺）をしようとしてるのかという部分まで聞いていくと，何かを求めて，それ（何か）を得るための方法として自殺を考えているというその苦しさ，しんどさをしっかりと共感的に聞ける」（括弧内―引用者補注）と語り，「何かを求めて自殺という方法を考えている」というところを聴く必要があると指摘している。この視点は，「難問，ジレンマ，束縛，挑戦，困難，危機などのどうにもならない状況などから逃げ出すための『与えられた状況における実現可能な最良の解決法』として自殺を理解することが重要だ」（［シュナイドマン　1993：193］）と述べたシュナイドマンの指摘と共通している。

　また，Oさんは面接における態度について，「何よりも本人の見立て。この人はもう自殺する，死ぬことしか考えてないって思ってみちゃうか，どちらからみるかによって接し方が変わるから」と語り，その人が生きることを援助するという視点の必要性を指摘した。アマルティア・センは「福祉（well-being）は，彼/彼女の『状態』（being）はいかに『よい』（well）ものであるか，ひとが実際に成就するもの」［セン　1988：15］と捉え，そのような福祉（well-being）の視点から，「ひとはなにをなしうるか，あるいはひとはどのような存在でありうるかという点にこそ関心を寄せるべき」［セン　1988：序］という潜在能力（capability）のアプローチを主張している。

　自殺を「どうにもならない痛みから逃れるための解決法」として為されると捉え，「彼/彼女は『よい状態』にありうる」という福祉（well-being）の視点が，自殺予防において求められるのではないだろうか。

## 5 自殺予防に携わる援助者の現状と抱える課題

ここまで自殺予防におけるソーシャルワークの可能性という側面で述べてきたが、その背景には所属機関の自殺予防に対する姿勢の違いと援助者自身の抱える課題が存在している。ここでは、自殺予防にかかわる実践現場がどのような現状で、どのような課題を抱えているのかについて述べていきたい。

### (1) 医師の有無による責任の所在

医師がいるかいないかによって、援助者の裁量権の範囲に違いがみられた。具体的には、医療機関では援助者の裁量権に制限がある一方で医師に守られた構造であり、EAPや保健所などでは援助者に裁量権が与えられる一方で責任が大きい構造になっている。精神医療、救急救命センターなどの医療機関では医師がその機関の中心的役割を担っており、このような医療機関に属する援助者の場合、「お医者さんがちゃんとしていくだろうなと思う」（Lさん）というように、治療的立場と一線を引いている面がみられる。一方、EAP機関や地域の保健所など自殺予防をその業務と位置づけている機関では、医師が所属していない場合や、所属していても援助者に裁量権が与えられている場合が多いが、その反面、「きちっと対応していないと裁判で訴えられたり、責任を問われたりする」（Aさん）というような、リスクマネジメントの視点を重視しなければならない状況にある。このように、それぞれの組織構造のなかで限界を抱えている。

### (2) 所属機関としての限界

自殺予防実践における困難として、所属機関からの限界が影響していることが示唆された。

医療機関の抱える限界としては、救急医療では「短期間のかかわりでは転院先を見つけるまでしかできない」（Dさん）、精神医療では「担当がついていてもこぼれていく量のほうが多い」（Bさん）というような、医師を中心として運営される組織構造のなかで課される業務の負担から、自殺予防への取り組みへ

の困難を抱えている。またEAPでは，「匿名性の確保のため具体策が取りづらい」（Aさん）というような，相談のしやすさを担保するための匿名性の保護と危機介入のむずかしさをあげている。また，今後の課題として，「（救急搬送された）自殺未遂者の受け入れ先がない」（Dさん）とあるように，各関係機関においてどのように連携していくのかを検討する必要がある。

### （3）連携の課題

援助者の通常業務のなかで連携の重要性はどの領域においても共通認識としてみることができる。しかし，このような連携そのものを自殺予防の重要なアプローチとして位置づけている機関と，自殺予防としては位置づけていない機関が存在し，その機関間の認識の差異が連携のむずかしさを生じさせていることが示唆された。

EAP機関や保健所など自殺予防を業務として認識している機関では，「会社への連絡，家族への連絡かどっちかを選んでもらう」（Hさん），「地域の保健師にこちらから電話をかけてつなげる」（Jさん）というように，家族や会社，地域の社会資源などと連携していくことが重視されている。また前述のように医師が不在であるために，「リスクの高い人の場合は，提携の医療機関に優先的に連絡をとることにしている」（Hさん）というように，医師との連携は重要とされており，このような多様な連携が自殺予防の重要なアプローチの1つとされている。しかし，これらの連携においては多くの課題を抱えており，「EAP自体が認知されてないところで，連携がうまい具合にとりづらい」（Aさん），「死なれるかもしれない怖さがあるので，診療所も地域も自殺未遂者を受け入れたがらない」（Pさん）など，認知度の低さや自殺予防の認識の低さが連携の困難を引き起こしていると考えられる。

### （4）自殺予防の専門性の課題

援助者の自殺予防に対する認識について聞き取りを行っていくなかでみえてきたのが，自殺予防に関する教育の不十分さである。

実際には「自殺は続くときは連日」（Mさん）というように自殺という場面に対峙することの多い医療機関でも，「自殺は，特別意識をしてたかというとそ

うではないというのが正直なところ」(Nさん)というように,自殺予防に特化したかかわりは行っていないという認識もみられた。その背景として考えられるのは,どのような実践が自殺予防につながるのかという知識の不足である。

当初「自殺念慮のある方に対して(中略)印象に残っている方はいない」と話していた精神保健福祉士が,「一般的な事柄が自殺予防ということにつながっている」(Lさん)とインタビューを通して気づきを得たように,ソーシャルワークそのものが自殺予防につながっているという認識がないために,「自分たちは自殺予防にはかかわっていない」と思っていることが考えられる。また,「面接の効果は見えない」(Mさん)という自らの実践に対する自信のなさも語られた。このような認識のなさや自信のなさの背景には,「専門職としての技術を教育されていないので,なんとなくになってしまう」(Mさん)というように,自殺予防に関する教育の不十分さが影響している点が考えられる。

### (5) 援助者のケア

ソーシャルワークが自殺予防につながっているという認識のもとに自殺予防を展開していくなかで,重要な点となるのが,援助者の抱える心理的負担である。このような援助者の抱える心理的負担に対して,援助者の専門的援助の可能性と限界を知ったうえで,その範囲内で行動するように心がけること,さらには援助者を守るサポート体制を構築することが必要である。

「自殺は避けうる死」であるにしても,それでも亡くなっていく命に向き合う援助者は,「すごく動揺して消耗し,精神的にも体力的にもしんどい」(Iさん)状況に追い込まれていく。その結果「こちら側の非になるようで,みようとしないということがある」(Mさん)という防衛的な行動へと傾倒していくことは当然の反応ともいえる。このように心身ともに追い込まれていく状況のなかで,「限界を自分で知っとくのは必要」(Pさん)と語られたように,専門職として,また機関の所属員としてできることとできないことを整理しておくことで,自殺予防の援助に伴う負担と自責の重圧を援助者個人に帰結することを避けることができるのではないだろうか。また,「シェアできる環境がない」(Aさん),「ケースを振り返ったりデータを整理する時間がない」(Kさん)と,

心理的負担の大きい自殺予防の問題に対して,援助者のケアを十分に行えていない現状もみることができる。このような状況にある援助者が自殺予防に携わる必要条件として,「何かあった時に相談できる環境」(Aさん)を構築することが喫緊の課題である。

## 6 今後の展望——むすびにかえて

現在の自殺予防対策は,うつ病の早期発見・介入を中心とした治療アプローチが主流である。このような治療アプローチは重要な点ではあるものの,その背景に存在する人間関係や貧困,失業など経済的,社会的な問題にどのようにアプローチすることが可能かについての議論が必要となっていることがわかってきた。さらには,自殺予防の法制度を具現化させる福祉サービスの構築をめざすことであろう。本研究ではこのような視点から,生きる価値のゆらぎや人間関係の希薄さから生じる自殺問題に対して,どのように援助者がかかわることができるのかについて,実際に自殺予防にかかわる援助者の実践から接近することを試みた。

これまでの研究を通してみえてきたことは,自殺予防は単に自殺によって亡くなる人数を減らすことが目的ではなく,どれだけ生きるということをサポートできるのかという点である。そして,調査を通して,今まさに生きる価値のゆらぎに寄り添い援助を行っている援助者たちの実践から,自殺予防につながる援助実践を見出すことができた。しかし一方で,「自殺予防を特別意識したことはない」というように,自殺予防は通常の援助実践とは異なる「特別なもの」と認識しているという側面が存在することもみえてきた。

生のサポートとしての自殺予防を実施していくには,第1に,自殺予防に対して距離をおいている援助者たちが,現存のソーシャルワーク実践が自殺予防につながりうるものであるという認識をもち,自殺予防に取り組む援助者とともに連携し,生をサポートするネットワークを構築していくことが重要である。そして,このようなネットワーク構築に加えて,自殺予防独自のスキルをもつことが有効であり,そのためには,適切な教育・研修の場が必要不可欠となる。

私たち研究チームでは，微力ながらもこれらの研究成果について，実践へ還元することを第1の目的とし，プロジェクトを進めてきた。これまで，自殺予防シンポジウムの開催や大学内での自殺予防啓発活動，京都市・京都府の自殺予防シンポジウムでの発表を通し，市民，学生，関係者，援助者などを対象に，人と人とのつながりを育む取り組みを行ってきた。また京都府の事業である「生活者こころの電話相談」において自殺予防の実践そのものにも直接協力をしてきた。

今後は，シンポジウム開催を継続すると同時に，ソーシャルワーカーを対象とした研修会などを通して，生のサポートとしての自殺予防実践として，ソーシャルワーク実践の重要性と自殺予防独自のスキルについての情報提供，そしてネットワーク構築に向けて活動していきたい。また，本研究の限界として，調査対象者の限定からこれらの議論を一般化することのむずかしさを抱えているため，今後さらなる調査・研究に取り組んでいきたい。そして，今後とも，このような現場と大学をつなぐ「縁」（えにし）を土台にしつつ，自殺に追い込まれている人たちの声に真摯に耳を傾け発信を続けたいと考えている。

**【謝辞】** 多忙な業務のなかで調査研究に協力いただいた実践現場の方々には，この場を借りて心より感謝を申し上げます。

1) EAPとは従業員支援プログラム（Employee Assistance Program）の略であり，社員をメンタル面から支援するプログラム。うつ病などによる生産性低下を回避させ健康に働いてもらえるようサポートするシステムである。なかでも，昨今の状況を受け，社員の自殺を防ぐという点は最重要課題として取り組まれている。
2) Postventionといった場合，「事後」の対応として狭義には予防には含まれないという考えもあるが，自死遺族への支援は群発自殺を防ぐ等の意味で予防的要素も含まれるため，ここでは自殺予防の一環として述べている。
3) インタビューを行った援助者のうち，EAPの2機関ではM.I.N.I（MINI international neuropsychiatric interview）の「自殺の危険」の項目を用いてリスクを評価していた。
4) クライエントが自殺のリスクのある場合の援助のスキルを紹介した文献（Praetorious and Lawson）では，援助者（ソーシャルワーカー）が他の援助者に向けて尋ねることで，自殺の考えをその人にもたせてしまうことはないので，クライエントが自殺について考えている場合には「自殺」という言葉を使って，自殺について考えているのか尋ねることを恐れてはいけないと述べられている。
5) 「約束をする」ことについては，クライエントの怒りや抑制につながるのではないかと

いう指摘があるが，それに対して稲村は，「来るも来ないも本人の自由であり，その意思を尊重しなければならないように思うが，しかし，そんなふうに考えるほど彼らは健康な心理状態ではない。むしろ，援助者は，救いを求めるほうをこそ重んじて，それを強めるようにし向けなければならず，次回の約束をはっきりするというのがそれにあたる」[1981：72-74]と述べている。

6) エツィオーニは，組織論の議論において，たとえば看護師，ソーシャルワーカー，小学校の教師を準専門職としてあげ，専門職と比較して自主性が少なく勤務時間や職務上の義務を組織によって規制されていると指摘している。このような議論に対し秋山は「準専門職の条件は，我が国の社会福祉専門職においては克服されつつある」[2007：264]としており，ソーシャルワーカーの専門性について強調している。ここでは，ソーシャルワーカーの専門性自体に疑問を投じるものではなく，医療機関という組織のなかでの自律性の低さという論点において述べている。

## 【参考文献】

秋山智久［2007］『社会福祉専門職の研究』ミネルヴァ書房
石原明子［2003］「自殺学とは何か——自殺研究の方法と題材（特集自殺学）」『精神保健研究』16巻49号
稲村博［1981］『心の絆療法』誠信書房
江頭大蔵［2005］「第九章 〈統制と規制〉から〈聖と俗〉へ——デュルケーム自殺類型論の再検討」濱口晴彦・夏刈康男編『日仏社会学叢書 第1巻 デュルケーム社会学への挑戦』恒星社厚生閣
エツィオーニ，A.（渡瀬浩訳）［1967］『現代組織論』至誠堂
大山博史・渡邉洋一編著［2008］『メンタルヘルスとソーシャルワークによる自殺対策』相川書房
河合隼雄・鷲田清一［2003］『臨床とことば——心理学と哲学のあわいに探る臨床の知』TBSブリタニカ
クラインマン，A.（江口重幸・五木田紳・上野豪志訳）［1996］『病いの語り——慢性の病いをめぐる臨床人類学』誠心書房
国際ソーシャルワーカー連盟（IFSW）ホームページ（http:// www.ifsw.org/）2009/9/18
自殺実態解析プロジェクトチーム［2008］『自殺実態白書2008〔第2版〕』NPO法人自殺対策支援センター ライフリンク
シーハン，D.，ルクリュビュ，Y.（大坪天平・宮岡等・上島国利訳）［2003］『M.I.N.I.精神疾患簡易構造化面接法』星和書店
シュナイドマン，E.S.（白井徳満・白井幸子訳）［1993］『自殺とは何か』誠信書房
セン，A.（鈴村興太郎訳）［1988］『福祉の経済学——財と潜在能力』岩波書店
田辺壽利［1988］『田辺壽利著作集 第三巻』未來社
名取みぎわ・河西千秋［2008］「精神保健福祉士と自殺対策——自殺未遂者へのかかわり

を通してみえてきたこと(特集 現代社会におけるメンタルヘルスの課題―精神保健福祉士に期待される役割と可能性―実践現場から概況と課題提起に関する報告)」『精神保健福祉』39巻1号

バイステック, F.P.(尾崎新・福田俊子・原田和幸訳)[2006]『ケースワークの原則〔新訳改訂版〕』誠信書房

平野みぎわほか [2009]「自殺予防における精神保健福祉士の役割」『精神保健福祉』40巻1号

渡邉洋一 [2007]「自殺対策と地域福祉に関する研究―自殺対策の福祉教育(共育)を考える」『地域福祉研究』35巻

Praetorius, R.T. and Lawson, L. [2005] Transferable Skill Extraordinaire: Suicide Intervention, *The New Social Worker*, 12(4).

## 第3章
# 地域包括支援センターの主任介護支援専門員の役割
―介護保険制度と高齢者福祉―

山田裕子，峯本佳世子，斉藤千鶴，杉原百合子

## はじめに

　2006年に改定された介護保険制度のなかで，最も重要な意味の賦与があり，そこに携わる人たちのみならず，社会全体にも大きな影響を及ぼしたのは，地域包括支援センター（以下，センター）の設置とそれに伴う介護保険制度の業務の再編であると思われる。地域包括支援センターは，「地域住民の心身の健康の保持及び生活の安定のために必要な援助を行うことにより，その保健医療の向上及び福祉の増進を包括的に支援すること」（介護保険法第115条の45第1項）として定められた。要支援が要支援1，2とさらに分割され予防給付が付け加えられ，長期化する高齢期全体を想定して，高齢者の生活の介護にいたる前の段階も視野に含め，「地域包括支援」を担うとともに，高齢者支援に多職種の関与を必須とし，保健師等に加え，主任介護支援専門員と社会福祉士とを専門職種として指定する革新性をもち，高齢者福祉における画期的な政策の展開の場と捉えることができる。しかし，その「複雑」さや「幅広い業務」［鏡　2008：48］などが，一般の人にわかりにくく，また現にそこに働くスタッフにも，煩雑さと過剰な業務量で悩ましいものとなっていた。

　この新しい組織に課せられた理念の実現への道筋には，かかわる人たちの十分な理解と周到な準備，そして多大な試行努力が必要だと思われる。また，この理念の現実化が，同時に要請された介護保険制度にかかる支出の削減または抑制というものと，はたしてどのように折り合うことができるのかは，真剣に見積もられる必要があった。現実には，要支援1，2への新たな予防給付に伴

うケアプランの作成に，発足直後から多大の時間を費やす必要に迫られ［橋爪 2008：31］，業務の優先度の4分の3が介護予防のケアマネジメントであるという状態がなお続いているという報告もある［久末・飯島 2008］。その突出した業務のために地域包括支援センターのもう1つのさらに重要な業務「地域包括支援」が後回しになり，多くの人の目には映らないものとなっている。

　この章では，地域包括支援センターが超高齢社会に果たすことのできる役割が重要であるにもかかわらず，発足当初からセンター内外より，センターの現状やあり方に根強く伝えられる懸念や危機感［塚本 2008：11，橋爪 2008：33-34］の要因を解明する必要性を感じた私たちの調査結果を報告する。

## 1　研究の目的

### （1）地域包括支援センターにおける主任介護支援専門員へのインタビュー

　地域包括支援センターについて，これまで多くの調査や研究がなされた。その関心は多岐にわたり，設置主体（市町村直営か，または委託か），委託であれば受託した法人の種類（医療法人，社会福祉法人，社会福祉協議会など），地域の特色，運営母体との関係（一体型あるいは出先型），センターの立地，など地域包括支援センターの地勢・構造的な関心に基づくものや，制度によって規定された配置の人員（3職種）と4つの業務（①介護予防マネジメント，②総合相談支援，③権利擁護，④包括的・継続的ケアマネジメント支援）の協働や分担など，多岐にわたっている［守本ほか 2008：345，東京都社会福祉協議会 2008］。また，実際に地域包括支援センターで業務に携わっている職員からの報告も多数発表されている［石田 2007：39-47，角田 2007：125，丹野 2007，2008］。

　この研究会では，多々ある重要なトピックのなかから，新設された主任介護支援専門員に注目し，課せられた業務への理解と考え，そして業務実態と課題についてインタビューすることにより，地域包括支援センターの現下の状況に迫り，問題点を明らかにしたいと考えた。主任介護支援専門員をインタビューの対象としたのは，介護保険改正以前に問題点とみなされたものの改善をもたらすために「地域包括支援」の理念が構想され，その具現化のために地域包括支援センターが制度化され，社会福祉士，保健師等とともに，主任介護支援専

門員が新たに設けられ配置が義務づけられたのであれば，その目的の達成と妥当性をはかる指標になりうると考えたからである［マニュアル　2007：90］。

　改正以前の問題としては，医療および介護など多様なニーズをもつ高齢者自身が地域でのさまざまな支援を自分で探して利用することが容易でないために介護保険制度において導入された介護支援専門員だが，特定のサービス機関に限定しないサービス利用がはかばかしくないことなど，特定の事業所に所属することの弊害と限界が指摘された［見直し　2004：8］［マニュアル　2007：90］。また，「本来，市町村が積極的に関与すべき介護サービス以外の生活支援業務を含めた支援困難ケースをケアマネージャーが抱え込んでいる」［見直し　2004：8］ことも指摘された。

## （2）質問項目

　取り上げたトピックは，①地域包括支援センター内の3職種の連携と役割分担，②地域における連携，③介護支援専門員支援，そして④困難事例，の4つである。この4項目は，同じく，改正以前の問題点を改善するために採用された主任介護支援専門員にとりわけ期待される業務に関するものである。

　高齢者が病気や障害の加療のためにする入院，施設利用，そして退院や在宅復帰などの際に，保健・医療・福祉を切れ目なく利用する必要があり，その際には，介護支援専門員の個人的なケアマネジメントだけではむずかしく，多職種および多機関の間の意思疎通と協働が必須となる。地域包括支援センターは，そのような多機関，多職種の連携と協働に基づく「地域包括ケア」の中核機関として位置づけられている。地域連携については，「介護保険制度の見直しに関する意見」（平成16年7月30日社会保障審議会介護保険部会）において，地域ケアの重要性が説かれ，その重要な柱としての「包括的なケアの提供」，「継続的なケアの体制」，「地域を支える基盤」の3点のいずれにおいても，「連携」が強調された［見直し　2004：15］[1]。その連携のために，地域包括支援センターの主任介護支援専門員に期待されるのが，地域のネットワーク化を図り，それを基盤に総合的なケアマネジメント体制を日頃から築いておくことである［マニュアル　2007：93］。センター内の3職種間の意思疎通と協働は，地域に向けての連携の前提となるのではないか。そのうえで，そのような体制を活用しうる

地域における介護支援専門員のケアマネジメント力向上を支援することも求められ，介護支援専門員に対する個別支援の必要性も指摘された［マニュアル2007：94］。また，困難事例はしばしば介護支援専門員を悩ます大きな問題だが，それらは総合相談とケアマネジメント支援の両方のルートで地域包括支援センターに持ち込まれる。本章ではその特徴の把握を目的とする。

これらの課題が，主任介護支援専門員によって，どのように受け取られ，理解され，担われているのか，その業務の円滑な実行に，何か障害となるものがあるのかに注目し，地域包括支援センターの現状とその問題点を明らかにしたいと考えた。

## 2 研究方法

この研究ではフィールドを，K市内の1つの区域に7つある地域包括支援センターにとり，それぞれの主任介護支援専門員計7名に，地域の状況，センター内の3職種の連携と役割分担，地域における連携，ケアマネジメント支援，そして困難事例の4点についてインタビューを行った。インタビューは7名一人ひとりに私たち4名のうち2名ずつが訪問し，大きな項目について自由に回答を求めた。インタビューは1時間から1時間半とした。インタビューの内容はその場で録音し，文字化し，カテゴリーに分けた後に4人の研究者が協働して分析した。インタビューの時期は2009年3月である。

## 3 倫理的配慮

調査への参加には同意書に署名を得た。語られた内容は話者の特定ができないように配慮に努めた。調査結果の公表については許可を得た。

## 4 調査の結果

### （1）調査対象地域包括支援センターの概要

まず，7つの地域包括支援センターの概要について述べる。設立法人の種類

図表 3 − 1　7 地域包括支援センターの概要と地域特性

| センター名 | A地区 | B地区 | C地区 | D地区 | E地区 | F地区 | G地区 |
|---|---|---|---|---|---|---|---|
| 法人種領 | 医療/社会福祉法人 | 医療法人 | 医療法人 | 社会福祉法人 | 医療法人 | 社会福祉法人 | 社会福祉法人 |
| 法人職員数 | 3000人 | 1000人強 | 2000人 | 80人 | 500人 | 40〜50人 | 447人 |
| 管轄学区 | 2学区 | 5学区 | 3学区 | 3学区 | 3学区 | 2学区 | 5学区 |
| 高齢者数 | 5011人 | 5514人 | 6458人 | 7714人 | 4336人 | 5598人 | 7143人 |
| 職員配置 | 3名（主任介護支援専門員1、看護師1、介護支援専門員（社会福祉士）1） | 4名（管理者：看護師1、主任介護支援専門員1、社会福祉士2） | 4名（主任介護支援専門員1、社会福祉士1、保健師1、社会福祉士1） | 5名（主任介護支援専門員1、看護師1、保健師1、介護支援専門員1） | 3名（主任介護支援専門員1、保健師1） | 4名（主任介護支援専門員1、社会福祉士1、看護師1、介護支援専門員1） | 5名（管理者：社会福祉士1、社会福祉士1、看護師1、介護支援専門員1） |
| 主任介護支援専門員としての経験年数 | 11カ月 | 3年 | 3年 | 2年 | 3年 | 10カ月 | 1年 |
| 介護支援専門員年数 | 2年 | 6年 | 8年 | 6年 | 9年 | 7年10カ月 | 5年 |
| 保有資格 | 介護福祉士 | 管理栄養士 | 歯科衛生士 | 社会福祉士、介護福祉士 | 資格なし。行政に11年勤務 | 社会福祉士 | 社会福祉士 |
| 保有資格での経験年数 | | 5年 | 17年 | 13年 | 11年 | 12年 | 10年 |
| 担当ケース数 | 80件（委託含む） | 51件 | 49件 | 50件 | 35件 | 30件 | 60件 |
| 年齢 | 33歳 | 36歳 | 45歳 | 40歳 | 50歳 | 57歳 | 38歳 |
| 高齢化率 | 17.3% | 19.7% | 21.8% | 22.1% | 23.5% | 23.3% | 27.0% |
| 居宅事業所数 | 明確な数の回答なし。 | 6カ所（5カ所を併設1カ所） | 4カ所。地域内への支援もあり | 3カ所 | 4カ所 | 6カ所（併設も含む） | 明確な数の回答なし。（6カ所） |
| 社会経済状況 | 生活保護の受給率が高い。 | 独居、低所得者が多い。民間住宅比較的比較世帯は生活保護受給が多い。 | 生活保護の場合、収入的には平均レベルに比較的保護護世帯は少ない | D1学区は平地、15棟程の市営住宅があり、保護の方や高齢者が多い | | 裕福層と低所得層とが国道で区分されている。 | 経済的格差が大きい。南部地区は生活保護率が高い。 |
| 担当地域 土地柄等 | A1学区は新興住宅地。A2学区は独居世帯が多く、用務所がある。出稼ぎパートなどが多い。 | 公営住宅団地が多い。交通の便もよく、コミュニティができあがる。被差別部落があった。 | C1学区は町と山間部、C2学区は山の斜面で交通がある。非常に交通の便が悪く、C3学区は比較的便利で世代間交流が良い。C4は新旧の兼ね合いが難しい。 | D1学区は平地、D2学区は山間。 | E1学区は駅から少しのエリアで、市街地、商業地。E2学区はやや下町で古い住宅地。E3学区は平地で生活歴が様々に異なる。E3学区は団地に高齢者が多い。 | 新興住宅地、人がいないという感じの人。しかし、南部は福祉委員が協力的で民生委員、世帯の様々な構造を把握している。 | 周辺は大きな住宅街、しかし南部は市営、公団住宅が多い。 |
| その他 | 施設、医療系サービスが充実している地域。 | 障害や精神疾患をもつ低所得者、被差別部落の対策として一部ニーズ低所得者が集まる、低所得者が集まる、9割以上が介護サービス利用者。 | 同じ学区の中で町内がはっきりと分かれ、防犯活動は別に行われている。 | D1学区社協の会長はD1学区社協との協力がある。D2学区は担当地区は把握できている。D3学区は社協が独自には展開。D1、D3学年のボランティア活動も盛ん。 | E1学区は成熟した学区。ひとつにまとまりとしてはしんどいところ。 | 地域との関係作りのきっかけがみえにくい。 | 高齢化率が高いが事業所の数、ケアマネの数が少ない。大きな福祉組織はある。 |

は医療法人が3，社会福祉法人が3，医療法人と社会福祉法人の両方が1セン
ターであった。法人の規模は職員100名以下が2センターだが，500人前後が2
つ，1000人以上は3センターでいずれも医療法人であった。センターの職員配
置は規定どおりの主任介護支援専門員，保健師等，社会福祉士それぞれ1名の
計3名体制が3センター，4名体制が2センター（社会福祉士，介護支援専門員
増が各1カ所），5名体制が2センター（社会福祉士と介護支援専門員増が2カ所）
で，半分以上が増員体制を敷いている。

　主任介護支援専門員の性別は男性5名，女性2名で，男性が多く，年齢は30
代3名，40代2名，50代2名で，平均年齢は42.7歳であった。主任介護支援専
門員としての在任期間は2009年3月時点で平均24カ月であり，1年未満2名，
2年未満2名，3年以上3名であった。介護支援専門員としての経験年数は平
均6年3カ月であり，最短2年（暫定的に主任介護支援専門員として在任のケー
ス），最長9年であった。保有資格は，社会福祉士2名，介護福祉士1名，社
会福祉士と介護福祉士1名，管理栄養士1名，歯科衛生士1名，そして行政で
の実務経験1名であった。

　担当ケース数は最少30件，最高は委託を含めて80件で，平均50件であった。

　インタビューの項目としては取り上げなかったが，これら7カ所の地域包括
支援センターでは，2006年の開始以来，スタッフの入れ替わりが頻繁だったと
ころもある。インタビューを施行した2009年3月ごろは，開設当初からの混乱
と慌ただしさがようやく落ち着きを取り戻し始めた時期とみることができる。

## （2）インタビューの結果
### 1 地域包括支援センター内での連携

　主任介護支援専門員は，その主な業務として「包括的・継続的ケアマネジメ
ント」を行うことが期待されている。マニュアルには「保健師等は介護予防ケ
アマネジメント業務に，社会福祉士は総合相談支援業務及び権利擁護業務に，
主任介護支援専門員は包括的・継続的ケアマネジメント業務に専門性を有する
ものとして」，「支援は専門的な知識，技術に基づいて行われる」［マニュアル
2007：10］ことが強調されると同時に，「『縦割り』で業務を行うのではなく，

地域包括支援センター全体で，高齢者に対して，情報の共有や助言等を通じて，各専門職が支援の目標に向かって連携して対応することが必須となります」[マニュアル　2007：10]と，チームワークが謳われ，役割分担と協働のバランスが要求されている。では，主任介護支援専門員はセンター内において，社会福祉士や保健師（看護師）などの他職種とどのように連携し，協働し，また専門性を発揮し役割分担をしているのだろうか。具体的には「3職種の連携と役割分担状況」「ケース受け入れルートと設立母体との関係」で尋ねた。

① センター内の3職種の連携状態と役割分担

　地域包括支援センターの基本3名体制であるのは，7カ所中の2カ所で，その他は，4名体制が3カ所，5名体制が2カ所である。これらのセンター職員数28名のうち，社会福祉士12名である。

　連携に関しては，「うまく連携している」，「ある程度連携がとれている」と回答しているのは7カ所すべてで，否定的な回答がないことからおおむね連携がとれていると考えられる。具体的な連携として情報共有があげられ，朝のカンファレンス，ミーティング，申し送りなどで行うほか，「職場のリラックスを心がけ，人間関係をよくするよう努力している」という回答もあった。いずれのセンターもミーティング等は毎日行っている。また，週1回時間を十分とってミーティングをし，徹底的に話し合う機会をもっているセンターもある。最初は，介護予防ケースの処理に追われて機械的な仕事になっていたが，2～3年経って連携を意識するようになっているという意見があった。いずれのセンターも場所として十分なスペースはないのが実状であるが，スペースが小さいからかえって情報共有がしやすく連携につながっていると回答したところもあった。連携というより仕事の分担そのものがあまりないことから「連携」という回答になっているという実態も1カ所あった。

　役割分担については，3職種の分担ができていると回答したのは1カ所のみであった。地域包括支援センターの基本である3職種がそれぞれ専門性を生かしていくのが効率的であると答えているが，3職種の分担を明確にしていないセンターが5カ所で，そのうち虐待や権利擁護もみんなで一緒にやっているセンターが1カ所，担当ケースは決まっているが全面的に任せずに4つの業務を5人で行うと答えたところが1カ所ある。また，明確な分担はできていないと

回答しつつも，特定高齢者やハイリスク高齢者は看護師，権利擁護，成年後見制度は社会福祉士が分担していると答えているセンターが1カ所ある。さらに，まだ役割分担はできていないが意識はできてきたのでこれから分担を明確にしていくと回答しているところがあった。

② ケース受け入れルートと設立母体との関係

ケースの受け入れルートは，福祉事務所で要支援認定後，センターに送られてくるのがほとんどで，居宅介護事業所からや，直接の相談は少ないが，最近になって少しずつ地元の人，関係機関からさまざまな問い合わせが来るようになった。電話相談が多く，介護予防ケースの業務も落ち着いてきた一方で，相談内容が複雑でむずかしいことが増えている。

センターの運営母体による特徴ともいえるものがあり，医療法人設立のセンターでは，母体病院の相談職からの紹介を多く受けるとのことであった。母体施設の介護支援専門員と2カ月に1回，事例検討会をもち，法人内の行事を話し合うなど，運営母体との連携の状況もみられる。

③ 「地域包括支援センター内での連携」のまとめ

包括的・継続的ケアマネジメント支援業務は，マニュアルには「介護支援専門員からの個別事例の相談に応じたり，事例検討やケアカンファレンスを開催し，ときには協働して関係機関に働きかけることが重要である。とくに主任介護支援専門員は地域の要介護高齢者を対象とするケマネジメント支援において責任をもって中心的役割を担うことが必要である」（4章，92頁）と示されているが，各センターの主任介護支援専門員は連携の必要と意義を理解しており，まずセンター内での情報共有や協力体制の方法を確立しているようである。それぞれカンファレンス，ミーティングなど話し合いの機会をもっており，連携の主導的立場を意識して担っていることがうかがえた。

このように，連携の土台となる，センター内における名称を異にする専門スタッフ間の関係をよく保ち，意思疎通を図るように努力はされているが，専門分野を明確にして，役割分担しているところは少ない。また，連携と分担のバランスはむずかしく，連携をすれば分担が明確でなくなることにもつながる状況がうかがえた。

専門的役割の明確化や仕事の分担を意識しつつ，互いの業務を共有し，より

よい支援をしていくための連携とはどのようなことか，具体的な回答は得られなかった。業務量の問題や業務の内容と資格が要請する業務の重複の問題も考えられる。たとえば，東京都社会福祉協議会により2007年8月に都内の主任介護支援専門員を対象に行われた「地域包括支援センターの包括的・継続的ケアマネジメントに関する調査」で「必置3職種の協働と役割分担」についてのアンケートでは，「役割分担ができない，専門性を生かせない」という自由記述の回答もあり，「3職種3人体制ではとてもまわらない業務内容（後略）」や「……センターの業務のすべての役割を3職種が協働で行っているため，役割分担ができず，担当する困難事例の対応にほとんどの時間を費やしている。社会福祉士と主任介護支援専門員の業務はリンクしている部分が多く，役割分担に迷う」と，役割分担が果たせない理由を主に業務量の多さに帰するものや，そもそもの業務内容から，特に社会福祉士と主任介護支援専門員の分担が可能なのか，との疑問も呈されている。

　山形市の地域包括支援センターにおける活動の報告では，センターそのものの周知・理解を図るために地域への働きかけを優先して，ネットワーク連絡会を開催（地域役員，開業医，介護保険施設，市役所で構成）し，センター事業を検討しながら，当初は3職種で4つの業務（総合相談，包括的・継続的ケアマネジメント支援，介護予防ケアマネジメント，権利擁護）を協働したという［丹野　2008：28-30］。地域や他機関との連携を進めるため，センター内では専門性確立よりもすべての業務を協働することが必要であったことがわかる。

　ケースの受け入れルートと設立法人との関係をみると，ケース送致の経緯，相談内容，地域関係機関とのつながりなどに特色がみられた。そのような違いが，地域包括支援センターが期待された公正・中立な「地域包括ケア」の業務にどのように効果的に作用しているか，検討する必要もある。「地域包括ケア」の恩恵を受けるべき人のアクセスにうまくつながり，本来の目的を達せられるように，特色が生かされているかさらなる調査や研究が求められる。

## 2 地域における連携

　地域包括支援センターはその地域支援の中核として，地域の諸機関，諸職種の人たちとネットワークを形成し，連携の基盤を作る役目を担っているが，地

域包括支援センターの主任介護支援専門員はこれらの連携をどう認識し，実行しているのだろうか．

① 地域包括支援センターと地域との連携

「どのような連携が必要か」を尋ねたところ，「地域のフォーマル，インフォーマルな社会資源をちゃんと機能できるようにすることが連携だと理解する」や，「1人の人，1つの家族を支える時に，円滑に業務分担ができて，有機的にうまく援助がまわる状態が連携と理解する．その為には地域作りが必要」と，連携によってサポート体制を整える役割を意識していた．

ある主任介護支援専門員は，連携について「とにかく，直接会い，話をし，コミュニケーションを十分にとること，何らかの情報を得るためには，電話で済まさず，出かけて行き直接会い，動いていくことが必要である」と語り，利用者の援助ができる近隣の人や資源・サービスを発掘・開発し，地域におけるフォーマル・インフォーマルな社会資源を利用可能にすることが連携の1つと捉えていた．その対象は利用者本人，その家族，サービス事業所，行政担当者，介護保険課，福祉事務所，とりわけ生活保護課，保健所，近隣住民，民生委員，老人福祉委員，団地の棟長，自治会長，病院の医師やスタッフなどである．「社会資源を知る，開発する義務も謳われているので，足で稼いで情報をとらないといけない」と，その方法を語る主任介護支援専門員がほとんどであった．また別の主任介護支援専門員は，地域における高齢者の見守りの一環として，介護予防や振り込め詐欺対策なども視野におき，地域の社会教育団体や医療機関，老人クラブやPTAなど多種の団体のみならず，コンビニエンスストア，薬局，八百屋，郵便局なども地域の社会資源と捉えている．

介護予防推進センター[2]との連携も重要だが，実際には，場所が離れており，連携できにくいのが課題の1つとしてあげられた．

従来，地域により大きな差異があるといわれている地域福祉活動の活発さは，今回のインタビューからも確認された．7人の主任介護支援専門員はそれぞれ地域のなかにいくつかある学区によるそのような活動状況の違いを意識し，観察しながら連携を進めようとしていることがわかった．

たとえば，もともと社会福祉協議会（以下，社協）により地域活動が活発に続けられている学区には，その自立的な活動展開を尊重して，補助的なサポー

ト提供だけで十分とみているという回答があった。具体的には，すでに学区社協で月1回すこやか学級が開かれているなら，それに参加し，地域包括支援センター主催の活動としては，補完的に学区社協の役員を対象とした研修会を開いたり，地域住民を対象とする懇談会や，認知症予防の人形劇などを開催する。一方，隣の学区では，学区社協の役員らの活動がさらに主体的かつ活発で，自ら独居者に配食サービスの提供をしたり，民生委員は独居者や生活保護受給者の高齢者を把握することに意欲的である。しかし，それがゆえに後発の地域包括支援センターの必要性をほとんど認めていないので，連携の進め方には相当のむずかしさがある，とその地域の主任介護支援専門員は捉えている。

また，別の地域包括支援センターの学区では，すでに実務者会議を開催しているところや，認知症の高齢者をしばしば保護するところから交番連絡会が組織されているところもあり，そのような会議にセンターが参加することもある。主任介護支援専門員は，このようにすでに地域で必要に迫られて発展してきた取り組みを尊重し，参加することで連携を高めてゆくことの大切さを認識していた。

地域連携にはまた，他のむずかしさも報告された。1つには，既存の地域活動の全貌がみえにくい地域があること，また他方では，高齢者福祉とは管轄外とされるが協働すると将来的には地域の人たちのためによいネットワークを形成できると思われる保健所や教育委員会などにもアプローチしたいが，相当の時間と労力を必要とするので，現状の忙しさでは取り組めないことである。

地域の活動の活発さの違いは，センターへの依存や利用の仕方に反映する。主体的に実践活動に取り組んでいる学区では，何か問題を抱えても，センターにすぐに相談するのではなく，ある程度自分たちで問題を解決しようと努力するが，そのような主体的な活動の取り組みがあまり行われていない学区では，たとえば姿を見かけなくなったひとり暮らしの高齢者がいると，そのことだけでセンターに相談に来ることもある，と違いをみてとっていた。

また，地域における連携や協働の際に判断に困ることの1つに情報の開示の問題がある。何らかの活動を協働で行う民生委員や老人福祉員は地域における一住民でもあり，地域包括支援センターが知りえた情報をどこまで共有できるのか，あるいはしてよいのか，という問題である。

また，地域における連携の方向性では，地域包括支援センターの設立法人の種類によることが明らかとなった。ある地域包括支援センターは，前身の在宅介護支援センター時代からの実績があり，地域住民とは顔なじみの関係にある。センターの運営母体が医療法人の場合には，地域にある開業医にもセンターのことが周知されているという。

　一方では，連携において，立場や役割を明確にする必要性が認識された。「お互いに連携先の役割や活動を理解し，目的を持って連携する。それを確認し合い，その積み重ねが連携というもの」と，相手の立場と役割を明確化することと，何でも地域包括支援センターに任せてしまおうという状況にしばしば出逢うので，自分の役割も明確に意識したうえで「私は私の職務を全うするから，あなたも全うしなさい」という必要性が明かされた。

　同区内7カ所の専門職会議で，各専門職の業務や問題を話し合う機会が専門性を高めることに有益である，との見方もあった。

② 地域包括支援センターと行政との連携

　今回の調査対象である主任介護支援専門員は，すべて市町村からの法人への委託により設立された地域包括支援センターに所属しているが，介護保険の保険者であり，委託元であり，同時に連携をしている行政との関係で，さまざまな問題が明らかになった。まず第1に，情報の取得には困難さがあると報告された。たとえば，高齢者や家族に何らかの問題が発生して，近隣から相談を受けても，当人が介護認定を受けている人なのか，家族はどこにいるのか，誰か担当の介護支援専門員がいるのか，何かサービスを利用しているか，など，行政なら知りうるような情報が何もないことに直面することがある。住民基本台帳の情報に関しては，個人情報保護法により本人の同意がなければ利用できないため，同意を得ることがむずかしい場合，即刻にサポート体制をしくことが困難になる。

　同様に，介護保険制度の給付管理に関する問題で，予防給付の担当者に情報提供を要望しても，個人情報同意書をとっていなければ，情報提供できないといわれることがあり，スタートから情報の取得に苦心することになる，とのことであった。

　第2には，介護保険制度のサービスを利用するときには，行政は受付事務だ

けに終始しがちで，行政が保険者として行うべきそこから先の制度の運用に関する判断をセンターに一任されてしまい，判断に苦慮するといったケースもみられる。逆に，虐待の問題が生じた場合などに，「虐待」についての解釈や見方について見解が異なる場合など，解決のための行政の協力が得られない場合が生じていることへの疑問が提示された。

　また，全国的にも問題になり，後に次官通達により制限が緩和された事項であるが，同居家族がいる場合の家事サービスの利用に関してなど，老老介護の現実をつまびらかに観察できる立場の介護支援専門員や主任介護支援専門員として，行政の運用判断に疑問が残る，とのことであった。

　第3に，行政との連携や協働についても，役割分担を明確にし，実践していかなければならない，との警戒心がこもごも語られた。あらゆるケースが地域包括支援センターに送られてくると感じる，という主任介護支援専門員も数人あり，行政として果たすべき相談業務についても，十分その役割を果たせていないのではないか，との疑問が呈された。

③ 地域における連携のまとめ

　まず，地域における連携では，地域の学区により要望や考え方が異なるので，それに対応したやり方で連携していくことを基本とし，電話ですまさずに，直接会って話をするために，フットワークを軽くすることに力点がおかれていた。また，連携とは，合同のミーティングを開き，利用者の援助ができる近隣の人や資源・サービスを発掘・開発することとして捉えられていた。

　さらに，あらゆる関係者との連携の必要性が強調された。介護予防推進センターという，同じく新たに設置された機関との連携や役割分担は不十分であり，運営会議で議論されていない問題も指摘され，介護保険制度のなかでの組織的整合性の問題が指摘された。

　1人の高齢者とその家族を支えるとき，関係者が円滑に業務分担ができ，有機的に援助が提供できる環境づくりが必要である。切れ目なくその人を支えることができれば最良の連携といえるだろう。関係者が連携する際は，互いに連携先の役割や活動を理解し，目的を明確にもって連携するなら，一人ひとりに必要十分なケアが行き届く。

地域包括支援センターの認知度が上がるまでには、相当の時間がかかるものと思われる。国が制度としてその仕組みを設計することと、地域社会において市民がその制度を利用して、実際に理解でき、行動できることとの間にはかい離がある。現実には、地域の成熟度により連携そのものも左右されることを主任介護支援専門員は経験もしている。連携の効果がすぐに達成できるとは思っていないが、それでも地域で10年かけて、根気よく支援のネットワークを作り上げることが、地域包括支援センターの初期の役割である、とけなげにも主任介護支援専門員は語っている。

連携において、立場や役割を明確にする必要性が示された。連携は、この場合には「高齢者の地域でのすこやかな暮らしを支える」という目的を共有する、互いに異なる主体の間での意思疎通であり、協働への基盤であるので、互いの役割が明確である必要がある。この点に向けて、介護保険制度とその保険者にかかわる人たちすべてが納得のいく説明と責任を果たす必要があるに違いない。また、長期化した高齢期に、医療や介護、保健サービスを切れ目なく利用しつつ地域でできるだけ長く暮らすことができるようにサポートするという目的のために、高齢者一人ひとりにとって、地域包括支援センターがどのような機関であるべきかについて、関係者は一致点を見出す必要がある。

## 3 介護支援専門員支援

### ① 介護支援専門員への支援

7つの地域包括支援センターに所属する7名の主任介護支援専門員に対する該当地域の介護支援専門員からの相談件数は、月に1件前後が4名、15件が1名であった。経験年数の浅いケアマネや単独の介護支援専門員からの相談に偏っている、井戸端会議のような形の会話のなかで打ち明けられる程度のものはたくさんある、との回答もあった。

該当地域の支援件数は3件が1名、5〜6件が1名、8件が1名であった。同行するようなケースはなく、助言者として担当者会議に出席を依頼されるケースはあるとの回答もあった。

相談を受ける方法は、電話連絡が7名中3名、事業所訪問時に受ける、事業者連絡会で声がかかる、他の用事での対談中に相談を受ける、といった回答も

あった。

　介護支援専門員との顔の見える関係づくりや信頼関係の構築が重要と認識し，事業所まわりや実務者会議での顔合わせに努めているが，今後もっと充実する必要性が半数の主任介護支援専門員から語られた。

　ケアマネジメント支援としては個別支援と地域連携支援の2つが必要となるが，地域連携支援が進んでいないことが明かされた。医師会などとの連携を密にしたいと思っているが，予防のケースで手がかかるものが多く，その支援に追われ，新たな連携の構築のための時間がとれない実情が語られた。消防署や警察との連携を図るにしても，地域住民全体が対象となる機関なので即座に実現できるとは考えがたく，少しずつ取り組んでも「10年，15年」というような長い時間が必要だ，との見通しが明かされた。

　地域の介護支援専門員についての厳しい言及がいくつかみられた。まず，介護支援専門員の資質に関する意見として，困難事例を持ち込んだ際に主任介護支援専門員に預けて引き取ろうとしない介護支援専門員や，コミュニケーション技術に疑問のある介護支援専門員にも会う，との指摘があった。事業所内での協議で何らかの解決が方向づけられそうなケースでも，事業所の管理者にも相談せず安易に困難事例として地域包括支援センターに持ち込む介護支援専門員も存在する，との指摘もあった。また，現在の介護支援専門員の資格取得方法では，コミュニケーション能力や倫理観などの適性や素養を審査できないまま介護支援専門員資格を与えてしまっているのではないか，との指摘もあった。介護支援専門員が困難な事例に対してもマネジメントできるような研修を行うべきであり，そもそも主任介護支援専門員を設置して介護支援専門員の指導や支援にあたることはシステム上無駄が多い，との意見もあった。

　主任介護支援専門員に対する介護支援専門員の姿勢の経験年数による違いについての言及もあった。経験の浅い新人介護支援専門員からの相談はあるが，「人に聞けない，自負心があって」支援を求めたがらない4，5年目の中堅の介護支援専門員にかかわる契機が見つからないこと，一方，ベテランの介護支援専門員からは，主任介護支援専門員が相談に応じられるだけの経験，スキルがあると思われていないという意見も聞かれた。実際のスキルの有無は別にして，アンケートをとると，「(主任介護支援専門員に) 相談してもしようがない」

という厳しい言及もみられた。

　ケアマネジメント支援における同行訪問については，比較的積極的に行っているとする回答もあったが，同行訪問が利用者と介護支援専門員の信頼関係の悪化につながる恐れがあるとして，同行はしないようにしているという意見も聞かれた。

　主任介護支援専門員としての自身のスキルを向上させたいという意見もみられた。主任介護支援専門員自身も面接技術とアセスメントに不安がある，との率直な回答もあった。家族関係がむずかしく援助が困難なケースが多くみられるが，それに対して打つ手が得られないのは，社会福祉の知識や経験，地域福祉の情報，対人援助技術などきちんと教育を受ける機会がなく主任介護支援専門員になってしまったからではないか，との懸念が明かされ，スキルアップを希望していた。また，同じ主任介護支援専門員からは，暴力団関係の事例にもひるまない度胸を備えたいとの意見もあった。

② 「介護支援専門員への支援」のまとめ

　それぞれの主任介護支援専門員により，介護支援専門員支援に対する考え方もさまざまであることがうかがえた。支援件数もばらつきがあり，同行訪問への態度も異なっていた。山形県の地域包括支援センターに対する開設当初の調査では，2006年4月から7月31日での4カ月の支援件数は最も少ないところで2名，一方最も多いところで68名とかなりの開きがあった。今回の調査では，全体として支援件数は少なめではあるが，それにも差があった。そのような差が，どのような要因によるものかを確認する必要があると思われる。

　介護支援専門員との密な関係作りが重要であるとの認識は強く，訪問し足でかせぐ，日ごろからの顔の見える関係作りなど，地道な活動を行っている様子がうかがえた。東京都での調査でも，介護支援専門員支援においては日ごろからの介護支援専門員との関係作りが課題としてあげられており，地域において常日ごろからいかによい関係を築けるかが，問題発生時の円滑な連携につながるものと思われた。

　一方，少なからずみられた介護支援専門員の資質についての言及は，逆に，主任介護支援専門員にとって，ケアマネジメント支援の機会が相当限られていることをうかがわせるものとなった。「介護保険制度の見直し」における介護

支援専門員によるケアマネジメントの評価に基づき,「地域包括ケア」において「ケアマネジメント支援」が,特に主任介護支援専門員の役割として期待されたが,それを実際に行うシステムが存在しないし,そのシステム作りが主任介護支援専門員に任されているのは,無理があると思われる。主任介護支援専門員は「ケアマネジメント支援」の要員であっても,それにいたるセッティングを行う力や時間が現在の主任介護支援専門員に十分にあるとは思えないからだ。しかも事業所にも,主任介護支援専門員は増えている［國光　2008：17］。

　ネットワークに関する言及では,特に医療機関との連携の必要性とむずかしさが語られた。今回の主任介護支援専門員には医療職が少なく,また医療法人ではない法人や団体が母体であるセンターであったこともその要因と考えられる。

　地域包括ケアのそもそもの主眼は,医療・保健・福祉の各分野の連携を図り,高齢者の円滑な入退院・入退所に資することであった。しかしながら,それを主任介護支援専門員がむずかしいと感じるのは十分理解できる。1つには,入退院・入退所の円滑化は,ネットワークや連携で簡単に容易になることではないからである。療養病床の廃止や介護施設の新設数の鈍化などで,必要なベッドやサービスとしてのパイがますます小さくなっているときに,ネットワークや連携による入退院・入退所の円滑化は焼け石に水か,弱肉強食でしかないと感じはしないだろうか。また1つには,医療は組織の力が大きく働いているために,一主任介護支援専門員がネットワークを企図しても成果が期待できにくいと思われる。おそらく,同一エリアの主任介護支援専門員が専門職会議としての動きで連携を図ることのほうが,より現実的ではないかと思われる。

　しかしインタビューからは,どの機関との連携においてもコミュニケーションが重要であることや,長いスパンでの働きかけの重要性が言及され,基本を押さえ,地道に目的に向かおうという忍耐強い姿勢が確認された。また,自分自身のスキル不足に対する言及がみられた。困難事例に立ち向かう主任介護支援専門員の思いとして,自身のスキルと度胸がほしいという意見があり,主任介護支援専門員へのスキルアップとサポート体制の整備が必要とされ,急がれる。

## 4 困難事例から学ぶ

　主任介護支援専門員は地域包括支援センターの管轄内にある事業所のケアマネジメント支援を担当し，介護支援専門員から「困難事例」についての相談にも乗っている。

　困難事例の捉え方は，「援助関係」の構築，あるいはその過程をスタート地点としてみている［岩間　2008：10］ことが特色であろう。近年メディアで頻繁に取り上げられている「ゴミ屋敷」のように，支援が必要な人自身の自発的な支援依頼によらない，近隣からの通報や苦情により持ち込まれるケースが多いようである。地域包括支援センターは「地域に住む高齢者の様々な相談をすべて受け止め，適切な機関，制度，サービスにつなぎ，継続的にフォローすることです。地域包括ケアとしての継続支援の『入り口』となるのが『総合相談』」［岩間　2008：53］とする「総合相談支援業務」に則り，「様々な相談すべて受け止め」るとされる。「援助関係」や「契約関係」にいたる以前の段階での"支援"にも責任をもつこととなった。

① 困難事例

　実際どのような困難事例が寄せられているのか，7人の主任介護支援専門員に「これまでもっとも困難だと感じたケース」を尋ねた。

　まず，困難事例をどのように定義するか，定義の仕方で，興味深い回答があった。ある主任介護支援専門員は，「困難事例というものはない」と事例の提供をしなかった。そのように困難事例を捉える主任介護支援専門員は，「手間暇はかかっても，援助が行き詰まるということはない」と言い，あくまでクライエント，あるいは焦点の人の意向を尊重することによって，何らかの解決に導くことができる，としている。また，別の主任ケアマネは，「処遇困難ケースは話を聞こうとしない介護支援専門員が処遇困難にしている」と述べて，ここでも処遇困難さは傾聴することによって困難ではなくなるとしている。

　困難事例は6人から11ケース提供されたが，1人で5件あげた主任ケアマネのケースは1つを選び，ここでは6件の困難事例の概略を記し，それぞれから傾向を知ろうとした。そしてどのような制度がかかわっているかを図表にした（図表3-2）。

　単身高齢者のケースが6ケース中3ケース（男性1，女性2）。夫婦世帯1，

図表 3-2　困難事例と要因

| | 1 | 2 | 3 | 4 | 5 | 6 |
|---|---|---|---|---|---|---|
| 事例 | 60代前半の男性。精神疾患で要介護、ヘルパー、デイサービス、福祉用具を利用中。隣家に住む昔からの知人に冷たくされたと包丁で刺した。精神疾患が疑われ受診するも拒否され、介護保険の区分変更申請に必要な病院受診への付き添いが難しく、夕食の配食サービスが利用できず、ゴミ屋敷状態になる。 | 夫65歳、妻50代で生活保護世帯。2人とも障害手帳を持ち、夫は障害者雇用中。妻は担当の介護支援専門員と妻の病気の診断により、介護保険利用を要求するが、ケアマネの変更やヘルパーに対しょっちゅう要求や変更を病院への受診など敵対的で、福祉事務所長と介護支援専門員のトラブル解決策を次々と覆す。 | 認知症の高齢女性。20年前に子どもたちが出ていき来ひとり暮らし。毎日朝夜間わず地域包括支援センターに電話し、「連絡のつかない子どもたちに帰ってきて欲しい。福祉に何とかしてほしい」と要求する。病気もあり受診勧めるが、受診を拒否。「福祉は24時間働かないといけない」と圧倒的に説教。 | 高齢でデイサービス利用の父と精神疾患をもつ娘の2人暮らし。娘は通院せず、保健所がかかわってきたが、居留守を使い会おうとせず、近隣からはトラブルの苦情が来る。デイで父に外傷が見られたが、介護支援専門員や福祉事務所などに敵対的で訪問できない。辛うじて老人ホームに入ることができ、解決した。 | ひとり暮らしの高齢女性。訪問ボランティアが訪問し、ある状態で固定してい自宅2階で叫うな状態で固定していたと。3、4日目に大声で叫ぶので隣家が老人福祉センターに通報。老人福祉センターに通報。老人福祉担当者が地域包括支援センターに。発症推定日から4日目に主任の医者の診察を。0病院に応答せず、在宅の医者の診察を。救急隊の担架での搬送を拒否。搬送時の姑が拒んで入れ、親族の姪が判明、連絡、姪の夫が羽交い締めにし、半強制的に出が、ヘルパーにも苦情が出て呼ぶので、点滴と水分補給結局近所の人に大声で叫ぶ、手足を拘束し大声で叫ぶ、精神科病院に転院、精神治療を受け、1週間で回復し0病院に戻り、脱水症状の治療後在宅となる。 | 生活保護受給の、器質性精神疾患で無職の夫と患者の妻と50歳の息子の3人家族。女性は50代だが、2号保険者として介護保険認定の申請をしたが要介護の認定を受け地域包括支援センターに通って介護の手続きだが、要介護となると最後まで金銭給付の介護に預けたが金銭給付の介護に預けたが半端になる。毎朝早く放尿するので隣家から苦情のことが夜、担当課から中途半端になる。 |
| 家族形態 | 単身 | 夫と妻 | 単身 | 高齢男性と娘 | 単身 | 夫、妻、長男 |
| 生活保護 | ○ | ○ | | | | ○ |
| 精神疾患 | ○(しかし後に詐病と診断される) | ○ | | ○ | ○ | ○ |
| 障害 | | ○ | | | | |
| 介護保険 | ○ | | | ○ | | |
| 認知症 | | | ○ | | | |
| その他の疾病 | ○ | | | | | |
| 虐待 | | | | | | |

高齢の父に娘同居の世帯，夫婦に無職の息子の3人世帯であった。生活保護受給が6ケース中3ケース，本人あるいは家族が精神疾患をもつケースが6ケース中4ケース，障害手帳の保持者が6ケース中1ケース，認知症とみられるケースが6ケース中1ケース，虐待のみられたケースが6ケース中1ケースであった。

② 「困難事例」のまとめ

65歳以上の男女であれば介護保険の第1号被保険者として，「総合相談」あるいは「ケアマネジメント支援」で地域包括支援に相談されるが，介護保険制度の第1号被保険者ではない他の家族員や関係者をも伴い（同居であれ，そうでなくても），複雑な問題として現れる。困難事例の高齢者のなかには，配偶者や自分の子どもなど同居している家族から，身体あるいは経済的虐待を受けている。また，同居の家族がいることでヘルパーの家事援助を利用できない場合があったり，家族の反対で，サービス利用を妨げられ，ADL（Activities of Daily Living：日常生活動作）やQOL（Quality of Life：生活の質）の維持が危ぶまれることもあり，同居は，高齢者にとって恩恵よりも事態を混乱させる要素となっている。

この調査の6件中4件は，介護保険被保険者本人またはその家族に精神疾患があるケースであった。ということは，主任介護支援専門員にとっては，精神疾患が扱いに困る種類の問題であったということであろう。これは，地域包括支援センターが果たすべき支援対象として想定した領域を超えると思われる。介護保険制度の見直し時の機運は，2003年の6月に世に出た高齢者介護研究会による「2015年の高齢者介護」提案を受けて，地域包括支援センターがむしろ認知症の増加に対して，有効に機能する，との判断があったものと思われる。しかし同時に，地域精神医療の推進のなかで，精神障害をもつ人々の年老いた親や親族への依存や共存が継続・進展している状況もみられ，高齢者を独立した存在として介護保険制度の対象としてサービスを提供することの困難さが確認された。

このように総合相談として直接通報される，あるいは介護支援専門員から相談を受ける困難事例には，本人および同居や周囲の人々の疾病や精神保健，あるいは経済的困難などさまざまな要因が含まれる。従来，医療機関や生活保護

課,あるいは司法などが,医療および行政措置など何らかの権限をもち,それをある種の道具として相談や指導にあたり初めて効果をあげていた性質のものも多い。現在,主任介護支援専門員が十分な情報と権限もない状況で,多くは正式な契約の締結以前の錯綜した問題状況に対して,支援の手段や解決法を探るのは至難の技である,と感じざるをえない。また,単純に1人の高齢者が支援を必要としているときに,実際には,その家族や血縁・地縁など,同居あるいは別居の周りの人たちの思惑や利害の影響が及び,介護保険制度が前提とする高齢者の判断や「自己決定」,あるいは高齢者の利害の尊重が軽んじられる場合も多い。特に日本においては,親子の独立や,心理学的あるいは社会学的な「分離」が行われないことの多い文化状況では,このような高齢者「個人」への支援は相当むずかしいことが懸念される。現在,それを担う地域包括支援センターの主任介護支援専門員をはじめとするスタッフには,十分な時間と情報,そして同僚や行政からの支援が必要だと思われる。

## 5 考察と提言

　地域包括支援センターは,長期化し,家族形態も多様化し,単身や夫婦世帯の多くなる高齢期の人々の生活をできるだけ地域のなかで支援するために設立された。同センターは,2000年に開始された介護保険制度と,それに先立つゴールドプランにより開始された在宅介護支援センターの2つの機能の見直しに基づき,現代の高齢者の生活様式や疾病構造の変化,介護を要する高齢者の増加に介護保険制度を適応させるための改革の第1歩とみなされる。特に長期化する高齢期には,生活習慣病などとともに認知症の増加も見込まれ,介護を捉え直し,地域での生活重視の支援体制の基盤として機能すると期待できる。介護保険制度が高齢者福祉の普遍性を取り込んだともいえる。

　しかしこの研究は,地域包括支援センターのスタッフの苦衷を発見するものとなった。まだ始まって3年あまりの地域包括支援センターであるが,どんな制度にもみられる最初の混乱の時期を過ぎ,落ち着きを取り戻す時期に,私たちのインタビューに答えたここに働く主任介護支援専門員からの証言から,現在の問題点を次にあげる。

第1に，地域包括支援センターで取り扱う困難事例の多くは，第4節で明らかにしたような，生命と人権の2つが危機にさらされている事態，すなわち本人の疾病や精神保健，さらには経済的困窮など多様な問題が複雑に絡む案件であり，それを支援していくには，24時間体制と関連情報の即刻の入手が大前提であり，したがって行政との連携が不可欠である。しかし，多くのセンターがとっている委託の場合，情報と権限が委譲されないままに，任務だけが移行され，さらには従来行政の役割であった貧困由来の問題への相談・対応までもが，高齢者という年齢的区分により，センターの業務として持ち込まれ，解決や支援への困難さが増すという弊害がみられた。ここに制度的な改善が求められる。当面は委託元の率先した支援と運用の改善が必要である。

　第2に，介護保険制度の見直しには，ケアマネジャーの「多忙」[見直し：8]が問題としてあげられたが，その原因としては，担当件数が多いことと，前項で述べた市町村が積極的に関与すべき支援困難ケースを取り込んでいることの2つが指摘されている。地域包括支援センターの業務として新たに給付の始まった要支援のケアプランに4分の3の仕事量をかけるという報告もあり，スタッフの人数，並行して行う業務の内容と量，そしてサポート体制の3つの点において改善すべきと思われる。

　第3に，主任介護支援専門員はケアマネジメント支援を重要な業務として課せられている。個人差があるが，その方法と手段について，十分な準備と訓練を受けていないために，率先して行うこともできず，また自信をもてずにいることがわかった。個別支援であるが主任介護支援専門員の研修はわずか7〜8日間，主にスーパービジョンについての研修ということであるが，これが十分とはいえない。スーパービジョンの実態も，行うための具体的な指針がない。また，忙しい業務のなかでは突発的に持ち込まれる相談や支援要請を間髪入れずに引き受けることは困難とみられる。人員，研修体制に改善が求められる。

　第4に，ケアマネジメント支援の第2の要素，地域連携支援のためにも，主任介護支援専門員の研修は十分とはいえないし，研修だけで地域連携が可能とはいえない。たとえば，地域の連携が提唱されたとき，特に高齢者の入退院や入退所の際には，異なる機関やサービス事業者の間で，1人の高齢者の支援の目的を共有化しつつ，それぞれの専門性を発揮することが必要であり，同時

に，高齢者の地域での暮らしを支えるために，近隣などのさまざまな人たちへの啓発も必要とされる。この聞き取りでも，そのような必要性をしっかりと実践に結びつけようとしていた。しかし，地域が見えない，という場合もあり，既存の組織による活動への参加が思わしくない地域もある。1人の主任介護支援専門員の力量だけに依存することには無理がある。最も大切な地域連携支援のためには，相当強力な支援とシステム化が必要となる。

第5に，地域包括支援センターは，その組織がある建物や地勢など，設置場所の改善が必要であるとみられる。今回協力のあった主任介護支援専門員の所属する地域包括支援センターの多くは，ビルの地階，建物の2階，あるいは人里離れた施設の中，など表通りからは見えず，気軽に立ち寄ることがかなわない所にあった。電話やFAXでの送致や相談は高齢者や高齢の家族には馴染まず，スタッフや関係者本位のセンターとなってしまうおそれがある。

第6に，今回の主任介護支援専門員へのインタビュー調査の回答により，連携状況や仕事の分担の実態を聞くことができたが，これらの結果をさらに地域包括支援センター全体の実態として検証し，センターにおけるよりよい支援，センターの体制を確立するために，他の職種（保健師，社会福祉士）の意識や意見を聞き，職種による業務内容の違いがあるのかを解明する必要もある。

## むすびにかえて

まだ始まったばかりの地域包括支援センターと地域包括支援業務を担う主任介護支援専門員には，果たすべき大きな課題があるが，それに対して十分な情報やサポートがないための苦労があると思える。高齢者はいきなり要介護になるのではなく，人によって長短はあれ，それにいたるまでに少しの支援やサポートで高齢期を味わい深く過ごすことができる。それを支えるのが主任介護支援専門員をはじめとする地域包括支援センターの職員である。介護保険が介護を必要としない人にもサービスを提供したことは，費用削減のための介護予防というだけではなく，大きな意味をもったはずだ。地域包括支援センターを，高齢者に理解の深い専門家たちや社会福祉士，保健師，主任介護支援専門員のチームを基本として，必要に応じてサービスを流用して高齢者の生活を支

えることのできる十分な人員を配置した地域の拠点へと発達させることが，次のステップではないだろうか．

　暗闇の荒海を照らし続ける灯台のような存在であり，高齢者といえども自力で人生という航海をこなし，やがて安心して港に停泊するように導くのが地域包括支援センターであるのかもしれない．

　この研究はフィールドを1つの地域とし，インタビューの逐語記録の分析をするという質的研究であり，結果は，多かれ少なかれ，この地域の特性に影響されるという限界をもつ．

【謝辞】　ご多忙ななかインタビューに協力いただいた方々にお礼申し上げます．

1)　「包括的なケアの提供」では，介護制度のサービスだけでなく，医療や生活援助サービス，さらにボランティアや地域住民などによるインフォーマルなサービスなどとも連携した対応が求められる，とし，「継続的なケアの体制」では，「高齢者が住み慣れた地域で，最期までその人らしい生活を送るためには」，要介護状態以前，要介護，ターミナルまでの，一貫した体制で切れ目なく提供されるために，「利用者一人一人について地域で主治医やケアマネージャーをはじめ様々な職種や人材が連携しながら継続的にフォローアップする体制を確立することが求められる」とし，さらに「地域を支える基盤」としても，「福祉や医療機関の施設だけではなく，『住まい』や他の公共施設，交通網，さらには，こうした地域資源を繋ぐ人的なネットワークも含まれる．地域ケアにおいては，これらが有機的に連携し，地域に住む人々の生活を支えるものとして，機能することが重要となってくる．」
2)　K市の委託により区に1カ所設置されている，介護予防に関する業務を担当するセンターで，人員配置は2名（コーディネーターと看護師又は栄養士）．

【参考文献】

石田光広［2007］「地域支援において保険者としての取り組みと関係機関に求めること」『介護支援専門員』Vol. 9, No. 139-47.

岩間伸之［2008］『支援困難事例へのアプローチ』メディカルレビュー社

鏡　諭［2008］「地域包括支援センターの現状と課題」『老年精神医学雑誌』第19巻1号

角田禎子［2007］「地域ケアにおいて地域包括支援センターが居宅介護支援事業所に求めること―保健師の立場から」『介護支援専門員』Vol. 9, No. 125-28.

國光登志子［2008］「今後求められる主任ケアマネージャーのあり方と真価が問われる包括の主任：増えてくる事業所内主任ケアマネとの役割分担と協働」『介護支援専

門員』Vol. 10, No. 2

社会保障審議会介護保険部会報告・介護保険4年間の検証資料［2004］『介護保険制度の見直しに向けて』中央法規出版（本文中では「見直し」と表記）

地域包括支援センター職員研修の研修資料［2007］『地域包括支援センター業務マニュアル（平成19年9月）』http://www.nenrin.or.jp/chiiki/sonota/manual.html「第4章 包括的・継続的ケアマネジメント」（本文中では「マニュアル」と表記）

丹野克子［2007］「地域包括ケアのための居宅介護支援事業所と介護支援専門員への期待—地域包括支援センターの現状を踏まえて主任ケアマネージャーの立場から」『介護支援専門員』Vol. 9, No. 119-24.

丹野克子［2008］「地域包括支援センターの主任介護支援専門員の立場から—2年間の振り返りと今後の抱負」『介護支援専門員』Vol. 10, No. 2.

塚本聡［2008］「地域包括支援センター検証の根本問題」『介護支援専門員』Vol. 10, No. 2.

東京都社会福祉協議会［2008］「地域包括支援センターの包括的・継続的ケアマネジメントに関する調査」

橋爪真奈美［2008］「地域包括支援センター崩壊の危機」『ゆたかなくらし』29-34

久末久美子・飯島紀子［2008］「北海道における地域包括支援センターの現状と課題～実態調査から見る社会福祉士の活動実践～」『人間福祉研究』No. 11.

守本昭生・福田由美子・三次智史・栗崎真一郎［2008］「地域包括支援センターの現状に関する研究 その(1)—広島における現状分析」『日本建築学会大会学術講演概集』

# 第Ⅱ部
## 明日の福祉を担うヒューマンパワーの育成

## はじめに

# 明日の福祉を担うヒューマンパワーの育成

黒木保博

### (1) 学校連盟が果たした役割

　1955年，戦後の新しい社会福祉理念に基づく社会福祉教育に取り組むために，福祉系大学14校で「日本社会事業学校連盟」(以下，学校連盟)を設立した。同志社大学は学部レベルとしては，1931年に文学部神学科社会事業学専攻，大学院レベルでは1950年に修士課程を設置しており，学校連盟発足とともに加盟校としての積極的活動に取り組んできた。

　学校連盟は，以来54年間にわたって学部レベル・大学院レベルにおける社会福祉育と専門職養成教育のあり方について取り組んできた。学校連盟は，2004年，任意団体から文部科学省主管「社団法人日本社会福祉教育学校連盟」となり，現在では，大学148校にて構成される団体に成長している。

　この間，高等教育機関からの社会福祉事業を担う人材の輩出に努め，かつ社会福祉専門職の国家資格実現に向けての運動を展開してきた。あわせて学校連盟加盟各校は，独自の教育理念に沿いながら，高等教育機関として幅広い教養に支えられた社会福祉学の専門研究・教育を推進してきた。具体的には，各種専門委員会での取り組み，あるいは社会福祉教育セミナーの開催によって，教育課程のあり方，カリキュラム内容の検討など，明日の福祉を担うヒューマンパワーの育成のため，わが国の社会福祉学の質の発展に大きく寄与してきたといえよう。

　1987年，学校連盟等の社会福祉関係者が長年切望してきた社会福祉専門職国家資格制度となる「社会福祉士及び介護福祉士法」が成立した。これまで21回にわたる国家試験合格者の6割以上が大学における受験資格取得者であったことからも，福祉系大学が社会福祉専門職養成教育に大きな貢献と役割を果たし

てきたことは明白である。

　学校連盟では加盟校の協力を得て，社会福祉の専門的研究・教育と社会福祉専門職者養成教育とのバランス，また講義科目・演習科目・実習科目による社会福祉学教育発展の道を進むことができるように，国内外の社会福祉研究・教育に関する情報収集・教育課程のあり方・カリキュラムとシラバスの検討・コアカリキュラムの検討・教材開発・アクレディテーション等の教育評価システム検討・実習教育のあり方などに取り組んできたし，今後もこの取り組みが必要である。

　このような学部・大学院の社会福祉教育課程における社会福祉学研究・教育充実のねらいは，社会福祉専門教育を受けた有用なる人材を社会の多方面に送り出していくことである。また，これから本格化するグローバル社会にあって，これらの人材育成が国内外の福祉社会を支える基盤となることも明らかであろう。かつ，社会福祉専門職養成教育の水準を高め，発展させることにもつながるといえよう。

## （2）大学教育の担う役割

　今日，社会福祉専門職養成教育は，大学のみならず，養成施設・専門学校レベルでも取り組まれている。しかし，社会福祉専門教育を行っている福祉系大学・大学院では，他の学問分野・領域も含めた大学教育という，いわば社会福祉士養成施設とは異なった研究・教育環境をもっている。いわゆる「近視眼的な専門家」ではなく，「幅広い視野をもった専門家」を育てるうえでは，きわめて有利な研究・教育環境であることを強調しておきたい。これまでの社会福祉学という専門分野・領域は，大学における幅広い教養教育の一環として社会福祉専門教育が行われてきたという，この幅の広さにこそ支えられてきたものである。このことは，これからもそうあるべきものと考えられる。

　しかしながら，他分野と比べて，大学レベルにおける社会福祉専門教育はまだまだ多くの課題に直面しているということも認識しておかなければならない。たとえば，医師・看護師等の専門職養成教育課程においては，その専門職をめざすための大学教育課程・内容・科目として完結している。しかし，福祉系専門教育課程を設置している大学においては，いわゆる教養としての社会福

祉学を学ぶ学生もいるという前提での大学教育が実施されているからである。社会福祉士国家資格は「業務独占の職種」ではないということもあり、かつ、卒業後の就職においても、社会福祉関連職域を希望しても就職できない現状も起こっている。

今日、人々が直面する生活問題の多様化・複雑化のなかで、大学にて社会福祉専門職者をめざして学ぶ若き学生にこそ、人間と社会に対する豊かな知見に根ざした幅広い視野をもち、個々の利用者の状況に応じて、多様な形の実践が展開できる「柔軟性」や「創造性」を培う教養教育の充実がますます求められているといえるだろう。

つまり、単なる国家試験に合格するための知識を詰め込み、伝達する人材養成ではなく、各教科目における考え方や分析力の陶冶と実践力をもった人材養成に取り組む必要がある。そのためには国家試験受験指定科目以外の、いわゆる各大学の教育理念に基づいて設置した関連科目や教養科目、専門科目とその内容の重要性も改めて問われるべきである。かつ、多様な特徴をもった大学等で、決して閉鎖的でない自由な学習や体験、研究を通して、将来は社会福祉の仕事に就くことを進路として積極的に選ぶ、確かな専門性を備えた個性豊かな社会福祉専門職者を養成する必要がある。

### (3) 研究成果から

以上のような観点からの研究成果として、第Ⅱ部においては、第4章で、まず職業としての福祉職魅力とともに、福祉職に就くことを阻害する要因について明らかにしたい。また第5章では、専門職養成における意義として、社会福祉士養成における実習教育の動向と課題を明らかにしたい。第6章では、設立された社会福祉教育・研究支援センターの取り組みの1つとして、「理論と実践の好循環」をめざすべく、事例を用いた研修モデル構築に取り組んだ成果を明らかにする。そして第7章では、ソーシャルワーカー育成に効果的な実習科目のあり方を追求すべく、新しい試みの成果をまとめてみた。

## 第4章

# 職業としての福祉職
―魅力と抵抗要因―

小山隆，阪口春彦，伊藤優子

## はじめに

　本章は，センター内の「福祉職のキャリアに関する基礎的研究」プロジェクトにおいて継続的に行われてきた研究のうち，2009年春に行われたアンケート調査および夏に行われたインタビュー調査の結果について紹介するものである。

　本プロジェクトは，福祉専門職をめざして大学・短大の福祉学科等養成課程に進んだ学生（以下，福祉系学生）が，結果的にしばしば一般企業に進んでいるといわれる現状に疑問をもったことに始まる。従来から，福祉系学生が福祉関連職に進まない理由として，給与，勤務時間をはじめとする労働条件の悪さや社会的評価（イメージ）の低さ等があいまっているのではないかと考えられてきた。

　今回のプロジェクトを立ち上げるにあたって私たちは，これら従来から語られることの多かった理由（給与，労働条件，社会的評価等）以外にも，キャリアパスの不明確さなど，職業としての福祉職に就くことを阻害する要因（裏返せば促進する要因）が何かあるのではないかと考えた。

　そこで今回の一連の調査では，福祉系学生の卒業時の職業選択要因と敬遠要因を探るとともに，現役の福祉専門職に就く者に，キャリア継続要因等を問うことで福祉職の魅力をも明らかにしようと考えた。

　3年間にわたる「福祉職のキャリアに関する基礎的研究」プロジェクトの前半には，文献講読や研究者による講義等を受けたうえでフリーディスカッショ

ンを行い，福祉系学生の職業選択に影響を与えそうな要素をいわゆる労働条件等だけではないと考え，入学前，在学中，進路決定時に分けて検討した。

　入学前の要素としては，福祉系大学等の進路を選んだ動機の強さ等であり，在学中の要素としては，正課の授業が与えた影響，特に実習体験等の影響等に加えて，課外のクラブ活動等の影響である。そして進路決定時の要素としては，給与や労働時間，社会的評価等に加えてキャリアパスの（不）明確さ等である。

　これらの基礎的検討を前提として最終年度の2009年度には，職業選択の現状とそれに影響を与えた要因を明らかにすることをめざして2009年3月卒業生に対してアンケート調査を行った。それとともに，現に福祉職に就き勤務を続けているワーカーに対してインタビュー調査を行うことで，福祉職を選択した人々がどのような動機でその仕事を選択したのかという職業選択要因を補完的に問うとともに，キャリア継続要因を知ることをめざした。

## 1　福祉系学生への卒業時アンケートから

　本プロジェクトでは，2009年3月に同志社大学社会学部と龍谷大学短期大学部の福祉系学科・専攻科の新卒業生・修了生に対して「進路に関するアンケート」を実施した。それぞれ事前に学科会議で主旨・実施内容について許可を得たうえで，各卒業式当日の学科行事会場で出席者（卒業・修了該当者）全体に対して実施した。

　「就職先として福祉関係を選んだあるいは選ばなかった理由を中心に，進路選択に影響を及ぼす要因を明らかにする」（各学科会議で配布の「就職動機アンケートの概要」より）ことを目的として選択肢方式（一部補足的記述）で8問（龍谷大学短大は年齢についても問うため9問）の調査を行った。内容は，性別，現役・浪人・編入の別，入学決定時の該当大学・学科の希望度，卒業・修了時進路先，進路決定にあたっての葛藤状況，進路決定にあたっての在学中の授業の影響，進路決定にあたっての在学中の課外活動の影響，進路決定要因についてである。

　3月12日に龍谷大学短期大学部社会福祉科卒業生および専攻科福祉専攻修了

生に対して，20日に同志社大学社会学部社会福祉学科卒業生に対して実施し，回答はそれぞれ280名と86名であり，ともに回収率は90％を超えた。

### （1）基本的属性

　男女比は同志社で女性77.9％，龍谷短大で女性86.1％であり，おおむね似た傾向であった。女性が多数を占めたことは福祉系学科としては一般的であるだろう。

　現役浪人については，同志社では現役入学者が68.6％であるのに対して，龍谷短大では95.4％と差が出た。4年制と短大の差であると考えられる。同志社では年齢は聞いていないが，龍谷短大では2名のみ40歳以上で，残り278名は24歳以下であった。

　また，入学大学・学科の希望順については，同志社の場合は同志社大学の社会福祉学科が第一希望であった者が53.5％，他大学の福祉系学科が第一希望であった者が17.4％，他大学の他学科が希望であった者が11.6％，同志社の他学科が第一希望であった者が8.1％，その他不明が9.3％であった。入学時に福祉系学科が第一希望の者が7割を超えるという事実は事前の予想より多いものであった。教員としては他の学部学科を落ちて止むをえず来る者が多く，それゆえに福祉関係に進まない者が多いという「ある種の言い訳」をもっているが，考え直さなければいけないかもしれない。一方，龍谷短大については51.8％が龍谷大学短期大学部への進学，25.7％が龍谷大学の他学部への進学，11.4％が他大学の福祉系学科への進学，8.6％が他大学の福祉系でない学科への進学を第一希望としていたと回答している。短大，4年制をあわせて福祉系学科への進学が第一希望であった者が6割強ということになるが，龍谷他学部希望者のなかには4年制福祉系学科への進学を希望していた者も多く含まれると考えられるため，現実には7～8割が福祉系希望であったと考えられる。

### （2）単純集計から

　両大学をあわせたアンケート結果について，一部大学比較を交えながら検討していくことにする。

　一般企業に進んだ者は，同志社大学では54.7％であるのに対して，龍谷短大

は17.9％と大きな差がみられた。ただし，厳密には両大学で選択肢が違うことや，進学者の占める割合が同志社が8.1％に対して龍谷短大が42.1％と大きく違うために，単純に比較できない。ひとまず進学者と不明，その他を除いた数字でいうと，同志社は71名中一般企業47名，福祉系企業3名，福祉施設・機関12名，公務員9名であり，龍谷短大は110名中福祉関係60名，福祉関係以外の就職50名となっている。就職者中一般企業選択者が同志社は66.2％，龍谷短大が45.5％である。意外と両大学に差がないとみるか，大きな差があるとみるかは意見が分かれるところであるが，すでに述べたように福祉系学科で学ぶことが第一希望であった者が7割を超えながら，福祉系以外の進路を選ぶ者が多いという現実については，やはり今後分析を加えていく必要があるといえるだろう（厳密には福祉系学科への進学が第一希望であることと福祉系就職を大学卒業時に第一希望にしていることはイコールではない。高校生はそこまで考えていないともいえるだろう。しかし，受験生の多くが国家資格取得を目的にしており，実際受験資格取得者が同志社で学科学生の8割程度いるといったことも考えるとやはり，大学入学後に進路希望の変更が行われているのではないかとも考えられる）。

次に「就職先を選んだ理由」は，両大学をあわせたとき，1位「自分の適性に合うと感じた」，2位「大学入学前からその分野の仕事に魅力・興味を感じていた」，3位「大学入学後，その分野の仕事に魅力・興味を感じるようになった」，4位「安定性を感じた」，5位「大学で学んだことを生かしたかった」までが20～30％となっている。これが同志社大学の場合は，1位「適性」，2位「安定性」，3位「入学後の関心」，4位「大学で学んだことを生かしたかった」，5位「将来性を感じた」までが2割台となっており，以下6位「労働条件がいいから」，7位「入学前からの関心」，8位「キャリアアップのため」「その分野の仕事が具体的にイメージしやすい」，10位「社会的評価が高い」，11位「その分野の職場のキャリアアップイメージがしやすい」が10％台で続いている。一方，龍谷短大では「入学前からの関心」が突出して高く4割台，以下2位「適性」，3位「入学後の関心」，4位「入学後で学んだことを生かす」が2割台で続き，5位「安定性」，6位「将来性」，7位「労働条件」「キャリアアップのため」が1割台で続いている。

自らが適性を感じ，入学後に関心をもつようになった仕事を選んでおり，そ

の選択にあたっては安定性も条件となっているといった点でおおむね両大学の卒業生は重なり合うが，入学前からの関心が与えた影響については大きな差がみられる。短大は4年制大学と比較して2年間という時間的な短さゆえに，入学前の関心が進路決定時にも大きな影響を与えているということだろうか。

進路決定にあたって悩んだかという問いについては，福祉系進路とその他進路の関係で悩んだ者が34.4%，福祉系以外の進路同士で悩んだという者が24.0%，福祉系進路同士で悩んだ者が18.3%となっている。これは両大学の間に大きな差はみられない。

進路決定にあたって正課の授業等や課外のクラブやアルバイトなどが影響を与えたかという問いには，興味深い答えが返ってきた。正課の授業等が進路決定に強く影響を及ぼしたという答えが35.2%，少し影響を及ぼしたという答えが48.4%で，影響を及ぼさなかったという答えが14.5%であり，進路決定には大学の授業等の影響がそれなりにみられることが明らかになった。そしてこれは両大学の結果に大きな差はみられなかった。

一方，クラブ等正課外の活動の進路決定への影響について問うたところ，龍谷短大では強く影響を及ぼしたという答えが31.4%，少し影響を及ぼしたという答えが30.4%，影響を及ぼさなかったという答えが36.8%であったのに対して，同志社大学はそれぞれが52.3%，18.6%，22.1%となっている。つまり，4年制大学では正課外の体験が進路決定に大きな影響を与えているということであり，すでにふれた入学前の関心が短大の場合に進路決定に大きな影響を与えていることとあわせてみて興味深い。特に4年制大学の場合には，専門職養成にあたって，大学の講義等正課授業だけでなくボランティア活動等の課外活動等もある程度意識した課程運営も必要になってくるといえるかもしれない。

## (3) クロス集計から

紙幅の関係で特徴的な項目に絞ってコメントしていくことにしたい。

### 1 男女差について

現役入学者が男性77.8%に対して，女性92.2%と違いがあることは，女性の現役志向ということで説明がつく。

一方，興味深いことは，進路決定にあたって女性が悩む傾向がみられること（特に悩まなかったという回答が男性42.6％に対して，女性が24.4％）や，授業や正課外の活動の影響も女性が男性より強く受けている傾向がみられること（正課の授業の影響があったという答えが男性77.7％に対して，女性85.7％；正課外の経験の影響があったという答えが男性53.7％に対して，女性66.6％）である。

　また，性別と就職先の選択理由のクロスも興味深い。男性が就職先の選択理由として女性より4％以上高い項目は「大学入学後魅力・興味を感じるようになった」「大学で学んだことを生かしたい」「将来性を感じた」「キャリアアップイメージがしやすかった」であった。一方，女性が4％以上高い項目は「大学入学前から魅力・興味を感じていた」「家族・親族から勧められた」「労働条件がいい」「社会的評価が高い」「安定性を感じた」となっている。

　今後さらに分析が必要ではあるが，女性のほうが家族の勧めや社会的評価といった「他者評価」，また労働条件や安定性といった「確実性」に対して反応しているのに対して，男性は将来性やキャリアアップイメージといった「可能性」に対して反応しているのかもしれない。学生が進路決定にあたってどのような情報を求めており，安心したがっているのかといったことは今回の結果を参考にしながらももう少し検討していく必要があるだろう（なお，入学前からの魅力・関心と入学後の魅力・関心についていえば，同志社も女性が77.9％と多数を占めながら入学前からの魅力・関心の継続が進路決定要因となっている者が15.5％に対して，入学後の魅力・関心が33.8％となっていることから，男性か女性かの差というよりは，4年制か短大かの違いと考えられる）。

## 2 進路との関係

　進路先と進路決定にあたって悩んだかについてのクロスも興味深い。福祉系の就職を選んだ者の38.3％は福祉系の進路とそれ以外のどちらに進むかで悩んだと答えており，福祉関係以外の就職を選んだ者も，実は39.0％が福祉系の進路とそれ以外のどちらに進むかで悩んでいる。つまり，結果的に福祉に進んだ者も進まなかった者ももう1つの選択肢について一度は悩んでいる場合が多いのである。特に4年制大学においては，すでに述べたように進路決定要因に入学前からの思い・関心の影響が下がり入学後の体験の重みが増すという事実か

## 図表4-1 性別と就職先を選んだ理由

上段：実数（件）／下段：構成比（％）

問8 就職先を選んだ理由（問4で1か2を選んだ人）

| | | 1. 大学入学前からその分野の仕事に魅力・興味を感じていたから | 2. 大学入学後にその分野の仕事に魅力・興味を感じるようになったから | 3. 大学で学んだことを生かしたかったから | 4. 就職することが容易だったから | 5. キャリアアップのため（資格取得や将来就こうと思っている仕事・ボランティア活動等に生かすため） | 6. 大学の教職員から勧められたから | 7. 家族・親族から勧められたから | 8. 労働条件がよいから | 9. 社会的評価が高いから | 10. 将来性を感じたから | 11. 安定性を感じたから | 12. 自分の適正に合うと感じたから | 13. その分野の仕事がどのような業務なのか具体的にイメージしやすかったから | 14. その分やその職場ではどのようにキャリアアップしていくのかがイメージしやすいから | 15. 求人の時期や方法などとの関係から | 16. なんとなく | 17. その他 | 不明・無回答 | 合計 |
|---|---|---|---|---|---|---|---|---|---|---|---|---|---|---|---|---|---|---|---|---|
| 問1 性別 | 1. 男性 | 6<br>28.6 | 7<br>33.3 | 8<br>38.1 | 1<br>4.8 | 3<br>14.3 | 0<br>0.0 | 1<br>4.8 | 2<br>9.5 | 0<br>0.0 | 7<br>33.3 | 4<br>19.0 | 7<br>33.3 | 1<br>4.8 | 4<br>19.0 | 0<br>0.0 | 1<br>4.8 | 0<br>0.0 | 0<br>0.0 | 21<br>100.0 |
| | 2. 女性 | 55<br>34.4 | 46<br>28.7 | 38<br>23.8 | 7<br>4.4 | 20<br>12.5 | 2<br>1.3 | 14<br>8.8 | 23<br>14.4 | 12<br>7.5 | 25<br>15.6 | 44<br>27.5 | 56<br>35.0 | 11<br>6.9 | 7<br>4.4 | 3<br>1.9 | 7<br>4.4 | 3<br>1.9 | 12<br>7.5 | 160<br>100.0 |
| | 不明・無回答 | 0<br>0.0 | 0<br>0.0 | 0<br>0.0 | 0<br>0.0 | 0<br>0.0 | 0<br>0.0 | 0<br>0.0 | 0<br>0.0 | 0<br>0.0 | 0<br>0.0 | 0<br>0.0 | 0<br>0.0 | 0<br>0.0 | 0<br>0.0 | 0<br>0.0 | 0<br>0.0 | 0<br>0.0 | 0<br>0.0 | 0<br>0.0 |
| | 合計 | 61<br>33.7 | 63<br>29.3 | 46<br>25.4 | 8<br>4.4 | 23<br>12.7 | 2<br>1.1 | 15<br>8.3 | 25<br>13.8 | 12<br>6.6 | 32<br>17.7 | 48<br>26.5 | 63<br>34.8 | 12<br>6.6 | 11<br>6.1 | 3<br>1.7 | 8<br>4.4 | 3<br>1.7 | 12<br>6.6 | 181<br>100.0 |

らも，教育課程の早い段階で進路について決断させていく「振り分け」型または「切り捨て」型の対応ではなく，ぎりぎりまで教育プロセスのなかで学生の悩みの相談に乗り，進路について考えられるようにしていく仕組み作りが大切になってきそうである。

また，授業や正課外活動の影響とどのような進路を選んだかの関係も興味深い。福祉関係の就職を選んだ者のうち，授業が強く影響を及ぼしたという答えが61.7％に対して，影響を及ぼさなかったという答えは7.4％であった。一方福祉関係以外の就職を選んだ者の場合は，授業の強い影響を指摘する者は18.0％しかおらず，影響がなかったという答えは22.0％であった。当然ともいえるが，授業の影響を強く受け福祉進路を選ぶというタイプが1つの典型的なパターンとして指摘できるだろう。一方，正課外の経験が進路に及ぼした影響は，強く影響があったという答えは福祉関係に進んだ者では33.3％に対して，福祉系以外に進んだ者では50.0％であり，影響を及ぼさなかったという答えは，それぞれ32.1％，31.0％であった。福祉関係以外の進路を選んだ者は授業の影響よりは正課外活動の影響を多く受けているということがいえそうである。ただ，影響を受けなかったという答えが3割にとどまるように，福祉関係の進路を選んだ者も課外活動等の影響をそれなりに受けている。これは，ボランティア活動等の福祉関連の体験が含まれているからであろう。

進路決定先の分野と進路決定先の分野への就職を選んだ理由をクロス集計した結果は，図表4-2のとおりである。

福祉関係の就職をする学生では，「大学入学前からその分野の仕事に魅力・興味を感じていたから」「大学で学んだことを生かしたかったから」「大学入学後，その分野の仕事に魅力・興味を感じるようになったから」の回答が多く，福祉関係以外の就職をする学生では，「安定性を感じたから」「自分の適性に合うと感じたから」の回答が多い。

また，福祉関係の就職をする学生は福祉関係以外の就職をする学生と比べると，「安定性を感じたから」や「労働条件がいいから」の回答が少なく，安定性や労働条件の面で福祉関係の就職を避けている学生が一定数いるのではないかと思われる。

なお，福祉関係の就職をする学生，福祉関係以外の就職をする学生とも，

第4章 職業としての福祉職　91

図表4-2　進路決定先の分野と進路決定先の分野への就職を選んだ理由

上段：実数（件）／下段：構成比（％）

問8　　　　　　　　　　　　　　　　　就職先を選んだ理由（問4で1か2を選んだ人）

| | | 1. 大学入学前からその分野の仕事に興味・関心があったから | 2. 大学入学後にその分野の仕事に魅力を感じるようになったから | 3. 大学で学んだことを生かしたかったから | 4. 就職することが容易だったから | 5. キャリアアップのため（資格取得や将来就きたい仕事・ボランティア活動等につなげるため） | 6. 大学の教員から勧められたから | 7. 家族・親族から勧められたから | 8. 労働条件がよいから | 9. 社会的評価が高いから | 10. 将来性を感じたから | 11. 安定性を感じたから | 12. 自分の適性に合うと感じたから | 13. その分野の仕事が具体的にイメージしやすかったから | 14. アルバイト等でその職場のイメージがつかめたから・キャリアアップしたいから | 15. 求人の時期や方法などの関係から | 16. なんとなく | 17. その他 | 不明・無回答 | 合計 |
|---|---|---|---|---|---|---|---|---|---|---|---|---|---|---|---|---|---|---|---|---|
| 問4 | 1. 福祉関係（介護、保育、福祉関係の企業等を含む）の就職 | 52 | 28 | 38 | 4 | 8 | 1 | 5 | 3 | 2 | 12 | 6 | 25 | 2 | 3 | 0 | 0 | 2 | 2 | 81 |
| | | 64.2 | 34.6 | 46.9 | 4.9 | 9.9 | 1.2 | 6.2 | 3.7 | 2.5 | 14.8 | 7.4 | 30.9 | 2.5 | 3.7 | 0.0 | 0.0 | 2.5 | 2.5 | 100.0 |
| | 2. 福祉関係以外の就職 | 9 | 25 | 8 | 4 | 15 | 1 | 10 | 22 | 10 | 20 | 42 | 38 | 10 | 8 | 3 | 8 | 1 | 10 | 100 |
| | | 9.0 | 25.0 | 8.0 | 4.0 | 15.0 | 1.0 | 10.0 | 22.0 | 10.0 | 20.0 | 42.0 | 38.0 | 10.0 | 8.0 | 3.0 | 8.0 | 1.0 | 10.0 | 100.0 |
| | 3. 福祉関係（介護、保育、福祉関係の企業等を含む）の進学 | 0 | 0 | 0 | 0 | 0 | 0 | 0 | 0 | 0 | 0 | 0 | 0 | 0 | 0 | 0 | 0 | 0 | 0 | 0 |
| | | 0.0 | 0.0 | 0.0 | 0.0 | 0.0 | 0.0 | 0.0 | 0.0 | 0.0 | 0.0 | 0.0 | 0.0 | 0.0 | 0.0 | 0.0 | 0.0 | 0.0 | 0.0 | 0.0 |
| | 4. 福祉関係以外の進学 | 0 | 0 | 0 | 0 | 0 | 0 | 0 | 0 | 0 | 0 | 0 | 0 | 0 | 0 | 0 | 0 | 0 | 0 | 0 |
| | | 0.0 | 0.0 | 0.0 | 0.0 | 0.0 | 0.0 | 0.0 | 0.0 | 0.0 | 0.0 | 0.0 | 0.0 | 0.0 | 0.0 | 0.0 | 0.0 | 0.0 | 0.0 | 0.0 |
| 進路について | 5. 進学（進学先不明） | 0 | 0 | 0 | 0 | 0 | 0 | 0 | 0 | 0 | 0 | 0 | 0 | 0 | 0 | 0 | 0 | 0 | 0 | 0 |
| | | 0.0 | 0.0 | 0.0 | 0.0 | 0.0 | 0.0 | 0.0 | 0.0 | 0.0 | 0.0 | 0.0 | 0.0 | 0.0 | 0.0 | 0.0 | 0.0 | 0.0 | 0.0 | 0.0 |
| | 6. その他 | 0 | 0 | 0 | 0 | 0 | 0 | 0 | 0 | 0 | 0 | 0 | 0 | 0 | 0 | 0 | 0 | 0 | 0 | 0 |
| | | 0.0 | 0.0 | 0.0 | 0.0 | 0.0 | 0.0 | 0.0 | 0.0 | 0.0 | 0.0 | 0.0 | 0.0 | 0.0 | 0.0 | 0.0 | 0.0 | 0.0 | 0.0 | 0.0 |
| | 不明・無回答 | 0 | 0 | 0 | 0 | 0 | 0 | 0 | 0 | 0 | 0 | 0 | 0 | 0 | 0 | 0 | 0 | 0 | 0 | 0 |
| | | 0.0 | 0.0 | 0.0 | 0.0 | 0.0 | 0.0 | 0.0 | 0.0 | 0.0 | 0.0 | 0.0 | 0.0 | 0.0 | 0.0 | 0.0 | 0.0 | 0.0 | 0.0 | 0.0 |
| | 合計 | 61 | 53 | 46 | 8 | 23 | 2 | 15 | 25 | 12 | 32 | 48 | 63 | 12 | 11 | 3 | 8 | 3 | 12 | 181 |
| | | 33.7 | 29.3 | 25.4 | 4.4 | 12.7 | 1.1 | 8.3 | 13.8 | 6.6 | 17.7 | 26.5 | 34.8 | 6.6 | 6.1 | 1.7 | 4.4 | 1.7 | 6.6 | 100.0 |

「その分野の仕事が具体的にどのような業務なのかがイメージしやすいから」「その分野の職場ではどのようにキャリアアップしていくのかがイメージしやすいから」「求人の時期や方法などとの関係から」と回答した学生は非常に少なかった。そのため，これらは進路決定にあたっての重要なファクターではないように思われる。これも，事前の私たちの予想とは必ずしも一致しないものであった。しかし，現実的に福祉系進路を希望していた者が先に大手の一般企業の内定が早い段階で出たため，福祉関係への就職活動をやめた学生がいることも確かである。今後もう少し検討が必要な項目ともいえるだろう。

### （4）自由回答から

次に，進路決定にあたって授業や正課外活動の影響を受けたと答えた学生について，その講義・演習・実習の別，自由回答について検討してみる。

同志社大学の進路決定にあたって授業の影響を受けたと答えた学生のうち，講義・演習・実習の別を答えた者の内訳は，講義17名，演習14名，実習37名となっている（重複回答あり）。やはり，実習の与えたインパクトは大きい。詳細をここでふれることはできないが，実習については「実習での体験が人生観を変えた」「実際に福祉の現場を体験してこういう仕事もいいかもしれないと思った」とされ，講義・演習・実習をすべて選び「社会福祉という考え方みたいなものに全ての授業において影響を受けた」等という答えもあった。

しかし一方，企業を選んだ者の回答に「実習で福祉の実際の現場を見たことで考え方が変わった」という意見もあった。このことも忘れてはいけないであろう。実習体験はしばしば学生の将来設計を考えるにあたって正の体験になるだけでなく負の体験にもなりうる。そのことに気づかないまま，学生に実習体験をさせてフォローをしていないといったことがないか，振り返る必要があるだろう。

また龍谷短大について，福祉関係の就職をする学生60人のうち，10人（16.7％）が講義が進路決定に影響を及ぼしたと回答し，5人（8.3％）が演習が進路決定に影響を及ぼしたと回答し，33人（55.0％）が実習が進路決定に影響を及ぼしたと回答した。他方，福祉関係以外の就職をする学生50人のうち，9人（18.0％）が講義が進路決定に影響を及ぼしたと回答し，4人（8.0％）が演

習が進路決定に影響を及ぼしたと回答し，19人（38.0％）が実習が進路決定に影響を及ぼしたと回答した。

また，福祉関係の就職をする学生で実習が進路に決定を及ぼしたと回答した学生の自由回答をみると，「現場での様子を見て，早くこういった仕事に就きたいと思った」「福祉の仕事をしようと思うきっかけになった」「実習を通して現場で働きたいと強く思った」といった記載があったが，講義や演習についてはそのような記載はなかった。また，1人だけだったが，福祉関係以外の進学をする学生の自由回答に「実習に行って，私は向いていないと実感できたので，そういう意味で影響を及ぼしたと思う」というものがあった。

### (5) 小　括

就職がどのような要因に影響されているのかについてみると，入学前の動機の強さは短期大学では大きく影響しているが，4年制大学ではそれほど大きくないようであった。就職を決定する要素としては，適性という自己覚知的要素，大学入学後の学んだことを生かす，関心をもつようになったという入学後の獲得要素，そして安定性というその職場自身のイメージ等から構成されていることが明らかになった。プロジェクト内で事前に可能性が語られていた，家族や教員等による進路への影響は必ずしも決定的な要因とはなっていなかったようである。また，性別と進路選択要因の間には一定の傾向がみられた。

加えて，授業が進路選択にあたって大きな影響を与えていることや，学生がどのような進路を選ぶにせよ悩みを抱えながらの決断であることなども明らかになった。

## 2　社会福祉士へのインタビュー調査から

### (1) 社会福祉士へのインタビュー調査の実施

社会福祉の専門職に対しては，複雑化・多様化する福祉ニーズに応えるための専門的技量が求められており，専門職養成課程において習得すべき技量も高水準のものが期待されている。それに応えるべく，授業時間数や科目数の増加，実習演習系科目の厳格化といった社会福祉士養成課程の大幅な見直しが行

われている。一方で，福祉系大学における学生数の減少傾向が著しいといわれている。さらに，社会福祉士受験資格の取得が可能な学科やコースを卒業した学生の福祉領域への就職も減少している。その要因として，社会福祉領域の3K職場や低賃金，非正規雇用の増加など，学生の職業選択を憚る現状やイメージがあげられる。

そこで，本調査においては，学生にとってはモデルとなるであろう，社会福祉士養成課程を卒業し，資格取得した社会福祉士にインタビューを行うこととした。それぞれの職業選択のきっかけや職務を続けていくうえでの思い，これからのキャリアデザインについて語ってもらうことで，職業選択にはどのようなことが影響しているのか，福祉領域での職務を続けていくうえで，どのような要因が影響しているのかについて明らかにすることをめざした。

## 1 インタビューの概要

2009年8～9月にかけて，大阪・京都に勤務地がある，実務経験5年以上の社会福祉士を対象にインタビューを行った。本調査は，「福祉職のキャリアに関する基礎的研究」を受け，インタビューの対象者を，福祉系大学等社会福祉士養成課程を卒業したのち，資格取得した者とした。また，職業継続要因を知ることを目的としたため，実務経験が5年以上の者に限定した。インタビュー調査協力者の属性は図表4-3にまとめた。

インタビューの方法としては，①現在の職場を選んだ理由，②福祉職に就こうと考えた時期とその動機，③入職前とのギャップ，④現在の職務において，大学等の養成課程での授業はどの程度生かされているか，⑤これまでに離・転職を考えたことがあるか，⑥これまでのキャリアアップへの取り組み，⑦スーパーバイザーの存在，⑧これからのキャリアデザイン，以上8点を軸に半構造化面接を実施した。インタビュー実施時に，インタビューの意図と内容，ICレコーダーへの録音，匿名性の保持について口頭で説明し，本人の同意を得た。

## 2 インタビューの結果と分析の方法

ICレコーダーに録音したインタビュー内容を文章化しデータとした。本研

第4章 職業としての福祉職　95

図表4-3　調査協力者の属性

| | 性別 | 年齢 | 勤務先または種別 | 職種 | 取得資格 | 経験年数 | 養成機関 |
|---|---|---|---|---|---|---|---|
| A | 女 | 31 | 社会福祉協議会 | 生活支援員 | 社会福祉士<br>臨床心理士 | 9年 | 大学・大学院 |
| B | 男 | 29 | 障害者, 授産施設 | 職業指導員 | 社会福祉士<br>介護支援専門員 | 7年 | 大学 |
| C | 男 | 36 | 高齢者施設, 特養 | 施設長 | 社会福祉士<br>介護福祉士<br>介護支援専門員<br>精神保健福祉士 | 10年 | 専門学校 |
| D | 女 | 36 | 高齢者施設, デイ | 生活相談員 | 社会福祉士<br>介護福祉士 | 6年 | 専門学校 |
| E | 女 | 36 | 高齢者施設, デイ | 生活相談員 | 社会福祉士<br>介護福祉士 | 13年 | 大学 |
| F | 男 | 32 | 高齢者施設, 特養 | 特養ケアマネ | 社会福祉士<br>介護支援専門員 | 9年 | 大学 |
| G | 女 | 28 | 高齢者施設, 特養 | 特養生活相談員 | 社会福祉士 | 7年 | 大学 |
| H | 女 | 28 | 高齢者施設<br>ケアハウス | ケアハウスの相談員 | 社会福祉士<br>介護福祉士 | 7年 | 大学 |
| I | 男 | 31 | 居宅介護支援センター | ソーシャルワーカー | 社会福祉士<br>介護支援専門員 | 7年 | 大学 |
| J | 女 | 34 | 病院 | ケアマネジャー | 社会福祉士<br>介護支援専門員 | 11年 | 大学・大学院 |
| K | 女 | 57 | 高齢者施設, 特養 | 実習生・研修生の担当 | 社会福祉士<br>介護福祉士<br>介護支援専門員 | 20年 | 大学 |
| L | 男 | 33 | 病院 | 医療ソーシャルワーカー | 社会福祉士 | 11年 | 大学・大学院 |
| M | 女 | 29 | 地域包括センター | ケアマネジャー | 社会福祉士<br>介護支援専門員 | 7年 | 大学 |
| N | 女 | 30 | 地域包括センター | ケアマネジャー | 社会福祉士<br>介護福祉士<br>介護支援専門員 | 8年 | 専門学校 |
| O | 男 | 29 | 救護施設 | ソーシャルワーカー | 社会福祉士 | 6年 | 専門学校 |

究においては,「福祉職のキャリアに関する基礎的研究」の福祉系学生へのアンケート調査を補完することを目的としたため,職業選択要因と職業継続要因に引きつけて分析し考察を行った。発言内容については,インタビュー協力者の言葉を生かしていくため,できる限り忠実に掲載した。語りが長い場合には,中途の省略や日常語によるコーディングを行った。インタビュー内容については,共同研究者と一部のインタビュー協力者に確認しながら行った(発言内容中の傍線は筆者による)。

## (2) インタビュー結果の分析と考察
### ❶ 職業選択要因

まず,現在の職場を選んだ理由,福祉職に就こうと考えた時期とその動機を中心に分析と考察を行った。福祉系大学等養成課程での経験についても,職業選択の要因に関連する発言について,分析の対象とした。

① 時代背景による影響

高校から大学への進路を選択する時期が,職業選択を行う1つのきっかけとなっている。学部・学科を選択するにあたり,それまで漠然としていた将来像に向き合う様子がうかがえる。

・大学に入る前から,普通の会社に就職するのはおもしろくなさそうだったので,福祉に行こうと思いました。(B)
・家が福祉施設をやっていた。ちょうど,介護保険制度が始まる時期で,これから福祉の改革が始まるという時期だった。(C)
・大学に行く時,福祉なら失業することもないだろうし,迷わず福祉を選びました。(E)
・医師や弁護士など色々考えて,消去法で考えて,国家資格が取れるし,食いっぱぐれがないと思ったから。(J)

(C),(E),(J)などの実務経験が10年強の者は,社会福祉の領域において,社会福祉士・介護福祉士という国家資格が制定され,介護サービスに従事する人々の教育が4年制大学,短期大学,および専門学校の福祉学科において

整備された90年代に，福祉系大学等を進路として決定している。福祉分野については，「安定した職場」「これからは福祉だ」というイメージをもっていた。福祉系学生へのアンケート調査結果には，福祉関係の就職には安定性や労働条件において，肯定的な回答は少なかった。職業選択において，福祉職のおかれている労働環境が大きく影響していることが示される。

② 環境や経験による影響

福祉系大学等への進学や職業選択には，それまでの環境や経験も影響していた。

・中学生の時，聴覚障害をもつ人が甲子園を目指す映画を見て，聴覚障害者の支援に興味をもちました。それまで，ボランティアをしたこともなかったのですが，それをきっかけにボランティアをするようになって，そこから福祉に興味をもちました。（A）
・テレビでMSWの仕事を見たことがあって，なんとなくかっこいいイメージがあって，それでソーシャルワーカーの仕事っていいなと思いました。（N）
・高校の時に震災があって，ボランティアを体験した。その時に福祉もいいかなと思った。（L）
・祖母が認知症で，当時は精神病院に入院していて，お見舞いに行って衝撃的で，そういう世界に飛び込んでいくのもいいかなって思いました。あと，福祉が人を殺すときっていう本を高校の時に読んで，面白いなって思ったのもきっかけですね。（J）

「ボランティアの経験」が福祉系大学等への進学のきっかけとなっている。ボランティアを始めたきっかけは，「映画（A）」や「テレビ（N）」，「本（J）」などの情報としての体験と，「祖父母とのかかわり（J）」や「震災（L）」，学校の授業の一環としての施設体験など，自らの体験のいずれかであった。体験するにいたった環境も1つの要因である。

・ボランティア先で仲良くなった障害者の方に，僕は歩けないと言われた。そ

の時の返事に困って，ソーシャルワーカーに相談した。その時のソーシャルワーカーにあこがれて，福祉を学ぼうと思った。(M)
・MSW の仕事に就きたかったが，実習先が特養で，なんとなくこういうのもいいなって思いました。(N)

　ボランティアや実習などは，単に経験するだけではなく，どのような経験をしたのかという経験の質が影響する。福祉系大学等での実習やボランティア経験は，「色々な施設に実習やボランティアに行きながら，自分がどの分野に関心が高いのか考えることができた(O)」，「実習は児童施設だったから，今の職場(高齢者)とは分野も違うけど，虐待をとらえる視点や，最後までその人の可能性を信じる視点を学んだ。それは，今も自分の軸になっている(M)」など，より具体的な職域選択や福祉観の形成にも影響している。
③ 福祉の必要性を感じる機会があった
　他領域での職務経験から，社会福祉に興味をもって社会福祉士の資格取得をめざした者もいる。

・教員の仕事をしていたが，色々な家庭を見ていて，勉強するためには家庭環境や生活の基盤が必要だなって思いました。そのためには福祉が必要だなって思って。(D)
・病院の事務をしていたが，ちょうど介護保険制度が導入された年で，介護支援専門員の方と連携しているうちに相談員の仕事に興味をもって大学に編入した。(I)

　福祉系大学等の社会福祉士養成課程は，社会人経験がある者の入学や，他の学部を一度卒業した後の再入学者が多い学部・学科の1つである[川廷 2008：35]。入学時から資格取得やその後の職業選択の目的意識の高い群である。

　ここまで，職業選択の要因をみてきた。現在の職場を選んだ理由については，「特養に入ってまずは介護の仕事をした，相談員の仕事がしたかったが，空きがなかったので，現在の職場に転職した(E)」「権利擁護の仕事がした

いと思ったので社会福祉協議会に転職しました（A）」「（救護施設だと）幅広い支援が求められていると思って……ソーシャルワークが展開できる場所だなと思った（O）」というように，目的意識をもって職場を選んでいることがわかる。

　介護福祉士等現況把握調査の結果によると，社会福祉士の56.2％が1～2回の介護・福祉分野での転職経験があった。社会福祉士は資格取得時から専門職としての意識が高く，その力量を発揮できる場を求めている実態が指摘されている。本調査からも，長期に継続している者は，職場選択においても，専門職としての目的意識が高いことがうかがえた。

## 2　職業継続要因

　本調査においては，同一事業所での継続ではなく，社会福祉士という職業継続に焦点をあてて分析を行った。インタビュー対象者の前職の退職理由には，先に述べたように社会福祉士としての専門性をより発揮し，職業継続していくための積極的なものも含まれているからである。

① 同僚や仲間の存在

　職業を継続していくにあたって，職場の環境は大きな要因となる。そのなかでも，同僚や仲間の存在といった人的環境が大きい。

・上司は誰もいないので，同期で入職した同僚が相談相手になっています。（F）（I）
・先輩にもスーパーバイザーはいますけど，同期の仲間とは，相談する内容も話し方も違う。相談する人がいることで仕事も続けていけるんだと思います。（D）
・待遇面が変わった時，転職したいと考えた。でも，新設の特養だったので，同僚と相談しながら乗り越えた。（I）
・何度か転職を考えたが，その都度仕事仲間に励まされたりして乗り越えられた。（G）

　職場にスーパーバイザーが存在していても，（D）のように「相談相手とし

ての同僚の存在」が支えになっていることや，(I)(G)のいずれも「乗り越えた」と表現していることから，離職を考えたときに同僚の存在が大きかったことがわかる。

さらに，同僚や仲間の存在は，職業継続のうえで，スーパーバイザーとしての機能やキャリアアップにおいても大きな役割を担っていることが，以下の発言からうかがえる。

・スーパーバイザーになる上司はいなかった。でも，議論を交わしたりするのは好きなので，友達とそういう話をしたりしてきた。(C)
・年の近い同僚が多いので，みんなでレベルを上げていきたいと考えています。(J)
・スーパーバイザーではないけれど，この人には負けたくないっていう人をもってましたね。ライバルというか，いろんな意味でそいつと肩を並べていたい。(中略) お互いに高めあえる仲間をもっていたことが幸せだと思いますね。(L)

相談員は一人部署であることも多いことから，職務についての上司がいない場合もある。スーパービジョンについて，「上司はいないのでスーパーバイザーはいない (F)」と，上司からの指導や助言と捉えている一面もうかがえた。

相談業務のような一人部署においては，処遇困難事例などへの対応などでストレスを処理できず燃え尽き症候群に陥ってしまう可能性も高いという指摘もある [南・武田 2004：195]。本調査において，スーパーバイザーはいないと認識していた者も，同僚や仲間と議論を交わしたり，相談するなど，ピア・スーパービジョンが機能していた。さらに，「みんなでレベルを上げていきたい (J)」「お互い高めあえる仲間 (L)」という点では，同じ専門職として，専門性の向上をともに図れており，スーパービジョンの機能を相互に発揮できていることがわかる。

② スーパーバイザーの存在

次に，具体的なスーパーバイザーの存在について，みていきたい。これまで

にも，専門職性の向上や離職防止においてもスーパーバイザーの必要性は指摘されている。

・（わからないことは）他のいくつかの病院のワーカーに聞いて，一から自分で作りました。（L）
・仕事に関するスーパーバイズは，他の社会福祉士や社会福祉士会の相談窓口，役所などに相談しています。（M）
・相談員自体がどちらかというとスーパーバイザーの役割になることが多いので（中略），他の施設の相談員や同じ仕事をしている友達に相談することが多いですね。（N）
・領域が広いので，外部の専門領域の人に指示を仰いだりすることもあります。（O）

　インタビュー協力者の多くが，職務に関しては，他の職場の同職種の者への相談や，専門領域に助言を求める（コンサルテーション）ことで，自己の課題に対応していた。

・大学院の先輩にスーパーバイズを受けている。大学院が心理系で，心理の領域では身銭を切ってでもスーパービジョンを受ける必要があると言われていたので（中略）そうしたらいろいろ整理がつくし，自分を振り返って自分の答えが見つかる。（A）
・ベテランのワーカーさんがいて，聴いてほしいんですけどって話を聞いてもらっています。答えは自分で出すんですけど，聴いてもらうことは大きい。そういう人を自分で見つけていくことが大切。（E）
・辞めずに続けていくためには，同じ職場のなかに相談できる人が必要だと思います。それが無理なら社会福祉士会など，外でスーパーバイザーを見つけるなり，そういう人がいないとしんどいと思う。（J）
・自分の思いを聞いてくれる人を見つけています。全然専門とは違う領域の人なんですけど，その人と話していると「こういう風に考えたら」と，思考を整理することができる。でも，結局最後は自分で決めています。（M）

内部・外部にかかわらず、スーパーバイザーの存在が職務を継続していく大きな要因になっていることがわかる。特に、スーパーバイザーを「自分で見つけている（A）（E）（J）（M）」点と、職場内部に限らずスーパーバイザーの存在を認めている（A）（J）（M）点は特筆すべき点である。

上司の存在や職務を教えてくれる人ではなく、社会福祉士としての自己の成長において、スーパーバイザーの存在は大きい。スーパービジョンを受けながら、「自分自身で答えを見つけている（A）（E）（M）」ことが、専門職としての自己の成長につながるのである。

③ 専門性への周囲からの承認

次に社会福祉士の専門性に対しての周囲からの承認について、以下の発言がみられた。

・社会福祉士として認められる職場に転職したい。（I）
・社会福祉士としてのやりがいや専門職としてプライドをもって働くには、自分の努力が当然必要だが、周囲がワーカーの役割を認めてくれることも大きいと思う。（J）
・自分にとっては（社会福祉士資格は）、他の専門職とかかわる時のプライドというか、1つの支えになっている。自分はその視点から支援をするんだという気持ちで関わらないと多職種連携はできないし、他職種からも専門性を認めてもらいたい。（O）

自己実現には社会的承認が大きく影響しているように、他職種からの承認や職場環境が、社会福祉士の専門職性の構築や職業継続の要因となっていることがわかる。また、他職種から承認を受けるためには、社会福祉士自身の自己研鑽による専門性の構築と専門職団体として組織率を上げ、社会に対し強く要望していくことも重要である。

④ 明確なキャリアデザイン

これまでのキャリアアップの取り組みとしては、「職能団体への所属」と「資格取得」「大学院への進学」があげられた。社会福祉士の専門職団体の組織率は約3割と低いことが専門性の構築と社会的認知の低さに影響していること

が指摘されているが，本調査においては，対象者の3分の2が職能団体に所属し，関連学会にも参加していた。

・働きながら大学院に行きました。自分自身は叩き込まれて，自分自身でやっていくしかなかった。アカデミックなものがなかったので学をつけるためです（中略）。40歳までには博士課程に進みたいですね，これまでMSWでやってきたことを高めたいっていう感じですね。（L）
・社会福祉士の評価を上げるために何かできることがあれば関わっていきたいと思っています。（K）
・教育と福祉の両方の資格をもっているので，もっと経験を積んでですけど，時期が来たら生かしていきたいと思う。（D）
・実習生を教えたり，後輩をしっかりと育てていくことがスキルアップとして自分自身が考えていることです。（J）

　本調査において，職業を継続しているものは自身のキャリアアップについて，自己の専門職性の研鑽のみならず，「後進の育成（J）」や「専門職性の構築（L）（K）」にも目を向けていた。
　「社会福祉士の人は，介護で入っても，何年目に相談員になれるかなど入職時にキャリアのビジョンをもっている人が多いと思う（C）」というように，明確なキャリアデザインを描いている。事業所として職能団体として，キャリアが描けるような仕組みを作っていくことが，専門性の構築と職業継続の要因として重要であろう。

## （3）小　　括
　本調査は，実務経験が5年以上の社会福祉士を対象にインタビューを行い，職業選択要因と職業継続要因を探った。職業選択には，「時代背景」と「環境や経験」が大きく影響していることがわかった。本調査の対象者は，「社会福祉士及び介護福祉士法」が制定され，福祉の専門職種が国家資格によって承認された時期に進路を選択しているか，介護保険制度が制定され，福祉に民間活力が導入された時期に進路選択している。医療も含めて，福祉・介護サービス

は制度の枠組みのなかの1つとして機能している。そのため，経営としての裁量は制限されており，制度・政策に左右されやすい。安定した労働環境と専門職として承認されることが求められる。また，祖父母とのかかわりや，ボランティア体験など環境や経験が職業選択のきっかけとなっていたことから，テレビや書籍を含め，福祉にかかわる機会をつくることも必要であろう。

職業継続要因には，同僚や仲間の存在，スーパーバイザーの存在，周囲からの承認，明確なキャリアデザインが影響していることが示唆された。キャリアデザインを描くためには，社会福祉士としての専門職意識が影響している。「社会福祉の仕事をしたいと考えている仲間と勉強できたことや，大学で授業を受けながら自分の福祉観が芽生えたのだと思う（H）」と，養成課程において福祉観が形成されたという発言が多くみられた。今回は紙幅の都合により，社会福祉士養成教育における学生の体験や経験，福祉観の形成については分析や考察を加えていない。職業継続要因に対して，社会福祉士養成課程において，どのような教育的要素が求められるのか明らかにすることを今後の課題としたい。

【謝辞】 インタビューにご協力くださった皆様に改めて感謝いたします。

# おわりに

以上，本プロジェクトで行ってきた研究のうち2009年に実施したインタビューとアンケートの結果について一部ふれてきた。

まとめにあるように，職業継続要因には同僚や仲間，スーパーバイザーといった支えてくれる「人」の存在に加えて，専門職としての社会的承認や明確なキャリアデザインをもてていることの必要性などが示唆された。言い換えれば，現場でたくさんの人々がやりがいをもって専門職としてその職を継続しているのである。

これを学生の職業選択理由と照らし合わせると，昔からいわれる「やりがいがある」といった包括的で曖昧な言葉のレベルにとどめず，スーパービジョンシステム等の存在や充実，また専門性への周囲からの承認の構築等を学会，専

門職団体等が連携して図ると同時に，そのことを学生たちに伝えていく仕組み作りこそめざしていく必要があるのではないだろうか．

　福祉を学び（おそらくある程度は）国家資格をとり，福祉関係に進みたいと思って大学（短大）を選んだ学生が，情報の伝わらなさがゆえに，進路決定にあたり悩み，現場で働く自信をなくしていくとしたら残念なことである．今回明らかになったことを出発点に，もう少し私たちのなすべきことなどをプロジェクトとしては検討していきたいと思う．

【注】　龍谷大学短期大学部は4年制の龍谷大学に併設されており，2年制の学科である社会福祉科と1年制の専攻科である専攻科福祉専攻を設置している．社会福祉科では社会福祉士受験基礎資格や保育士等の資格を取得することができる．専攻科福祉専攻は介護福祉士資格を取得することができる．また，4年制大学の龍谷大学の福祉系学科に卒業後編入学する学生が毎年度30名ほどいることが1つの特徴である．
　同志社大学社会学部社会福祉学科は社会福祉士受験資格，精神保健福祉士受験資格，高校教諭1種免許（福祉）等を取得することができる．総合大学内に位置づけられるため，社会福祉学科が設置する科目，資格等だけでなく，他学科・学部が設置する多くの科目・資格を履修・取得可能であることが1つの特徴である．

【参考文献】
秋山智久［2007］『社会福祉専門職の研究』ミネルヴァ書房
川廷宗之編［2008］『社会福祉士養成教育方法論』弘文堂
染谷俶子編［2007］『福祉労働とキャリア形成』ミネルヴァ書房
南彩子・武田加代子［2004］『ソーシャルワーク専門職性自己評価』相川書房
社団法人日本社会福祉教育学校連盟［2008］『社会福祉系学部・学科，大学院卒業生の進路等調査報告書』
財団法人社会福祉振興・試験センター［2008］『介護福祉士等現況調査報告書』

## 第5章

# 社会福祉士養成における実習教育の動向と課題
## ―専門職養成におけるその意義―

空閑浩人，尾崎慶太，黒田将史，黒田由衣

## はじめに

　「社会福祉士及び介護福祉士法等の一部を改正する法律」が2007（平成19）年12月に公布されたことに伴い，2009年度から新カリキュラムでの社会福祉士養成が，大学等の各養成校でスタートしている。この新しいカリキュラムでは，従来の指定科目や実習教育の内容が見直され，今日的な生活問題や生活課題に対応しうる社会福祉士養成のための教育内容が示されている。本章では，特に実習教育に焦点をあてて，改めて実習で何を学生たちに伝えるべきかについての考察から，社会福祉士養成における実習教育の意義やそのあり方を再考したい。

　まず最初に，新カリキュラムにおける教育内容をふまえつつ，実習教育における課題について検討する。そのうえで，実習教育を構成する重要な要素である「課題設定」から「評価」までの教育課程について，次に，学生の社会福祉現場におけるさまざまな体験が，まさに実習として深まるために欠かせない「記録」の作成指導に関する考察を行う。最後に，実習を通して，学生たちが「ソーシャルワーク」をどのように学んでいるのかについて，学生の体験に基づいた考察を行うこととする。

　新しい教育内容が示されたといっても，実習教育が社会福祉士養成において重要な位置を占めていることや，それが学生と社会福祉施設・機関，および大学等の養成校との三者で構築されることに変わりはなく，また学生たちが利用者や地域住民とのかかわりを中心として現場実習を体験することにも変わりは

ない。その意味で、今後の実習教育において、「変わること（変わるべきこと）」と「変わらないこと（変えてはいけないこと）」を明らかにし、改めて社会福祉士養成における実習教育の意義を通して、そのあり方を検討したい。

## 1 社会福祉士カリキュラムの見直しと実習教育の課題

### （1）養成課程に求められる教育内容と実習教育のあり方

　社会福祉士とはソーシャルワークを行う社会福祉専門職であり、社会福祉士養成における実習教育とは、このソーシャルワークの価値や知識、技術に関する実践的な学びの場と機会を提供することである。ソーシャルワークとは、何らかの生活上の困難を抱える利用者に寄り添い、その利用者の立場に立ち、利用者が体験している困難状況に向き合い、その生きづらさや生活のしづらさを生み出す社会環境的な要因を見極め、そしてさまざまな社会資源を活用して利用者の生活を支えようとする実践である。それは、個々に異なる人々の生活や人生、さらに生き方にもかかわる営みであり、さまざまな生活問題を抱える人々にかかわり続けながら、その安定した生活を取り戻すための援助のあり方を常に見出し続ける、いわば試行錯誤の実践である。そして、実習における学びとは、人々が抱えるさまざまな生活問題の現実にふれ、利用者の思いや援助者の思いにふれ、利用者とその生活にかかわる援助活動の実際にふれることを通しての、知識や技術の確かな学びである。加えて、それらの知識や技術を駆使する基盤となる生活問題への視点や、ソーシャルワークの思想や価値の実践的な学びでもある。

　法改正に伴って厚生労働省が示した社会福祉士養成カリキュラムの見直しに関する資料のなかでは、今後の社会福祉士養成課程に求められる教育内容として、以下の6つがあげられている［厚生労働省　2007］。
① 福祉課題を抱えた者からの相談への対応や、これを受けて総合的かつ包括的にサービスを提供することの必要性、そのあり方等に係る専門的知識。
② 虐待防止、就労支援、権利擁護、孤立防止、生きがい創出、健康維持等に関わる関連サービスに関わる基礎的知識。
③ 福祉課題を抱えた者からの相談に応じ、利用者の自立支援の観点から地域

において適切なサービスの選択を支援する技術。
④　サービス提供者間のネットワークの形成を図る技術。
⑤　地域の福祉ニーズを把握し，不足するサービスの創出を働きかける技術。
⑥　専門職としての高い自覚と倫理の確立や利用者本位の立場に立った活動の実践。

　これらは，現代社会において複雑化・多様化する生活問題に対応し，人々の安定した生活を支援する役割を担う社会福祉士に求められるソーシャルワークの知識と技術である。そして，実習のなかでは，これらの知識や技術を，学生が社会福祉の現場に身をおくことを通して，体験的に理解することが求められる。しかし，ソーシャルワークとは単なる一定の知識や技術，あるいは手続きの寄せ集めではない。その意味で，社会福祉施設や機関における実習のあり方にしても，ただ上の項目がちりばめられた実習プログラムを作成して，それに沿って学生に体験させればよいというものではないであろう。それらの知識や技術の内容もさることながら，実習教育において大切なのは，なぜ社会福祉士にそのような知識や技術が必要なのかということと，いかにそれらを実践のなかで活用していくのかということ，また，上の⑥にあるような，専門職としての自覚や倫理に基づく利用者本位の実践とはいかなるものか，さらにどうしたらそのような実践が可能になるのかということを実践的に学ぶことである。すなわち，単なる「社会福祉の現場体験」とは異なる，事前・事後の学習内容も含めた実習教育のあり方が問われるのである。そして，そのような学びの機会を可能にする実習教育を通して，将来ソーシャルワークを実践する社会福祉士となるための土壌が学生のなかに育まれるのである。

### （2）生活支援における「臨床の知」の学びを与える実習教育

　人々の生活支援を担うソーシャルワークの学びのなかでは，何より「生活」への理解が重要である。なぜなら，それこそが「人と環境との相互作用」にその介入の焦点をおくソーシャルワークが対象とするものであり，他の対人援助専門職とは異なる社会福祉士の専門性や固有性もそこにあると考えるからである。ソーシャルワークとは，利用者が暮らす家庭から地域，社会へといたる生活の空間的・場所的な広がりと，そのなかでの家族関係や地域や学校などにお

ける対人関係の状況を視野に入れつつ、さらに、過去から引き継がれ、未来につながっていくその時間的な流れのなかで、現在（いま、ここ）の生活状況を捉えると同時に、何が生活問題を生み出しているのかを見極め、そしてどのような支援が求められているのかをその時々で判断し、実行していく社会福祉援助の実践なのである。つまり、ソーシャルワークにおける生活理解とは、抽象的・普遍的な概念としての、あるいはそのような概念理解にとどまる生活理解ではなく、援助者としてかかわることになる個々の利用者や家族に、個別具体的なものとして体験される生活への現実的な理解である。その意味で、実習教育のなかで伝えられるべきことは、「個々の場所や時間のなかで、対象の多義性を十分考慮に入れながら、それとの交流のなかで事象を捉える方法」［中村　1992：9］である「臨床の知」としての、生活理解とその支援の方法ということができる。

　また、ソーシャルワークの学びにおいては、「ライフ（Life）」の概念を重視する必要があると考える。「ライフ」とはいうまでもなく、生活や人生、また生命を意味する英語である。そしてその言葉は、人の生命（いのち）を、生活や人生と重ね合わせることで、その社会的な性格を表し、「ひとのいのちが、他人のそれに育まれ、他人のそれと根本のところで支え合う関係にある」［鷲田　2002：86］ことを示している。さまざまな生活問題を抱える人々にソーシャルワークはかかわっていく。それは、個々人の人生や生き方にもかかわる営みである。しかし、そもそもそのような営みが容易であるはずはなく、また今日における生活問題の多様化、複雑化のなかでは、ますます困難を伴う。しかし、ライフの言葉が意味するように、生命（いのち）ある生活、そして人生の安定や豊かさが、他者との社会的なつながりのなかで成り立つものであるならば、そこにソーシャルワークがかかわり続ける意味がある。

　実習とは、さまざまな社会福祉の現場のなかで、たとえ困難を伴いながらも、利用者にかかわり続ける援助者の姿とソーシャルワークの実践を目のあたりにする体験である。その生活支援の実際にふれながら、「臨床の知」としての、利用者にかかわり続けるその意味、そしてさまざまな知識や技術とそれが求められる意味、あるいは他専門職などとの連携や地域への働きかけの実際とそれが必要な意味を理解し、さらにソーシャルワーク実践の魅力をも肌で感じ

られる体験を，学生たちが享受できるような実習教育をめざしたいと考える。

### （3）ソーシャルワークの学びと実習教育の課題

　新しい社会福祉士養成カリキュラムにおいては，ソーシャルワークの学びが中心とされ，実習内容もそれに沿った形で行うことが求められている。もちろん，施設や機関の種別によっても異なってくるが，多くの社会福祉の施設や機関では，ソーシャルワークの機能だけが独立して行われているわけではない。たとえば入所型の施設であれば，そこが利用者にとっての「生活の場」となるためのさまざまな機能が遂行されている。それぞれの施設や機関の役割や特徴のなかで，利用者支援のためのさまざまな機能（たとえば，介護や保育などのケアワークや，送迎，事務的業務，また清掃や営繕なども含めて）と連動して，ソーシャルワークが行われているという理解が大切である。すなわち，施設や機関が担っているさまざまな機能のなかから，ソーシャルワークの機能だけを分離して，それだけを実習で体験して学ぶというのでは意味がない（それこそ，ソーシャルワーク的ではない）と考えるのである。施設や機関には，その目的や役割に応じて，相談援助や生活支援のために，さまざまな機能が相互に関係し，連動しながら，その施設や機関の目的に沿った支援が行われている。実習のなかでは，施設や機関のさまざまな機能との関係性や連動性のなかで機能するソーシャルワークの実際を体験することが重要であろう。

　また，社会福祉の学びとは，さまざまな人間の「ライフ」とその豊かさを，思想的・理論的・制度的・実践的に探求していく営みであると考える。そして，社会福祉施設や機関は，その営みが社会福祉実践という形で凝縮された場所であるといえよう。そして，そのような場所に一定期間身をおき，ソーシャルワークを中心とする生活支援の実際を体験する実習とは，いわば「歴史性をもった社会や地域の中でのわれわれ人間の，現実との凝縮された出会い」[中村　1992：70]としての実践である。学生たちが，自らの身をもって社会福祉の現実との凝縮された出会いを体験し，自らの身をもって社会福祉専門職である社会福祉士としての使命や役割を学び，そして自らの専門職としての可能性を現実的に拓いていく実践の機会と場を提供していくこと。このような社会福祉士養成における実習教育の意義を改めて認識するところから，そのあり方や

課題を共有していきたい。

## 2　学生による実習課題の設定から自己評価にいたる教育過程の考察

### (1) 実習指導における実習課題の設定

　現場実習に際して，学生は自らの実習課題を設定することになる。そしてその多くは，厚生労働省や日本社会福祉士養成校協会が示しているような教育指針に示される習得すべき内容をふまえつつ，個々の学生の興味関心に重点をおいた形で設定されていると思われる。しかし，その設定する実習課題の内容は，「施設概要を学ぶ」や「対人援助の方法を学ぶ」など，実習のなかで学生自身が何をどの程度習得するのか，具体性に欠けることも少なくない。そのようななかで，日本社会福祉士養成校協会実習教育部会は，2008年3月に厚生労働省が示した指針内容をもとに，「ねらい」と「含むべき事項」を中項目と小項目で設定し，学生が具体的に習得しなければならない「到達目標」を示している。その項目は，学生の到達度を明確にするため，「～を説明することができる」「～が実践できる」「～の課題を検討することができる」といった表現で記されている。つまり，設定する課題は，学生が何をどうしたら達成できるのかを具体的に示したものである。また，このような課題設定は，社会福祉士養成カリキュラムにおける講義系科目と連動していなければならない。すなわち，講義で学んだことが社会福祉現場でどのように実践されているのかを学び，学生自身がその学びを検証する必要がある。

　しかし，実習課題をより明確なものにし，実習に取り組む準備をしていたとしても，それ以外の部分でジレンマを感じる問題がある。竹内一夫は，実習中に問題が起きた学生の課題を「社会人としての常識，もっと厳しくいうと社会生活技能に欠ける」[竹内　1998：22-26]と述べている。これについては，実習生を受け入れている多くの現場の声としても，聞かれることだろう。本来，専門職養成のための実習の機会が，このような社会人としての基本的なマナーに関する問題が出てきてしまえば，実習そのものが成立しかねないのである。また竹内は，福祉専門職養成を実現させていくためには，「現在の学生の成熟度と発達段階に合わせた専門性習得段階の組み立て」が必要であると述べてい

る。すなわち,実習計画・目標を立てる段階での達成基準の明確化,事前・実習中・事後の学生の状況に合わせた柔軟な指導が求められているのである。

さらに,実習課題の設定に関連してくるのが,学生が自分自身で行う自己評価である。これに関して,川崎愛 [2008] と梅澤嘉一郎 [2007] は,それぞれの在職大学独自の評価表を用いて分析を行っているが,両者に共通している点として,学生の自己評価の点数が低い項目に「利用者理解」や「専門技術の習得」があげられている。評価が低い理由として,1つには,そもそもこのような内容が,約1カ月間(180時間)の実習で習得可能かどうかということが考えられる。また,それとは別の視点として,達成基準が明確になっていないことがあげられるのではないだろうか。「利用者理解」についていえば,利用者の生活背景を理解するためには,十分な時間が必要である。また,別の観点からいえば,何を理解することができれば達成したのかという評価尺度がないため,学生自身が判断できていない現状にあると思われる。

このように,実習に臨むには,社会人としての基本的な姿勢を前提とし,実習生それぞれが成熟度に応じた目標設定と達成基準を明確にできるような実習指導が必要となろう。

### (2) カリキュラム上での実習教育の位置づけ

ここで,筆者が所属する大学(関西国際大学)での実習指導の授業が,どのような位置づけとなっているのかについて述べる。従来の社会福祉士指定科目をもとにした本学でのカリキュラム編成では,実習指導は,3年次秋学期の週2コマの授業となっている。さらにこれまでの現場実習の時期が,3年次の春休み期間(2~3月)もしくは4年次の夏休み期間(8~9月)に設定されていたため,実習指導の授業は実習時期を考慮すると,事前指導しての位置づけにとどまっていた。事後指導については,授業としては実施されておらず,個別指導になっているのが現状である。また,4年次の夏休みに現場実習を行う学生については,実習指導を履修した時期から,1学期分の期間を空けた状態で実習に臨むということになる。つまり,実習指導を受けてから半年間は実習準備をしないままで,4年次に実習を行っているという現状である。

養成校によってカリキュラムはさまざまであると思われるが,実習教育にお

いて実習の事後指導，たとえば，実習で学んだことに対するスーパービジョンや個人のふりかえり，学生同士の情報の共有などが重要な役割と機能を有しているのはいうまでもない。この事後指導を実現させるため，このたびのカリキュラム改正に伴い，3年次秋学期の実習指導の授業を分離させ，4年次春学期にも週1コマの実習指導を時間割上におくことになった。この授業のなかでの事後指導の充実とあわせて，実習指導全体をさらに充実させていきたいと考えている。

### （3）学生の実習目標とそのふりかえり

次に，実際に学生が実習前に設定した実習目標と，その実習目標に対する実習後のふりかえりについてみていくことにする。

本学では，2007年度から実習に関係する書類（実習個人票，実習日誌等）を改訂した。特に，学生が作成する実習目標の作成と実習後のふりかえりを定着させるため，実習目標を3つ，そして1つの目標を達成するための方法を3つ設定するようにした。実習後のふりかえりとしては，実習前に設定した3つの目標それぞれについて，実習のなかでどのように取り組んだか，また具体的にどう学んだかを書かせるようにした。

学生は，自分の進路や興味・関心に合わせて実習先を選択する。これは，実習目標にも表れており，学生は現場実習で何を学びたいかによってさまざまな目標を設定する。ここでは，「援助技術に関すること」を目標として設定した事例をあげてみたい。

【A学生の場合　実習先：特別養護老人ホーム】
実　習　目　標：利用者と信頼関係を築くための働きかけや工夫を学ぶ。
達　成　方　法：・職員の方の働きかけを観察し，考察する。
　　　　　　　　・利用者とのコミュニケーションを通じて，特徴やニーズを把握・理解する。
　　　　　　　　・利用者との信頼関係を深めるための工夫を実践してみる。
ふりかえり：まず，職員の方の働きかけを観察して，職務が忙しい中でもすれ違うときや仕事の合間等に利用者とコミュニケーションを図るなかで，いかに利用者に対して「大切に思っている」ということを伝えられるかが重要である（中略）。まずは自分から利用者のことを知ろうと思うこと，知

りたいと思うことが大切であり，そのように思いながら利用者と関わっていくことが利用者の言語・非言語的メッセージに気づくことができるようになる。そして，利用者のさまざまな想いや変化に少しでも早く気づき，対応していくその積み重ねが，利用者と職員とのより良い信頼関係の構築に繋がっていくということを学んだ。

　実習課題を達成するための方法を考えさせることで，実習中に学生自身が何をやらなければならないのかが明確になる。その意味でも，実習目標に対する達成方法を設定することは重要なことであると考える。
　この事例での「ふりかえり」については，目標がどの程度達成しているのかが明確でないといえる。目でみたことや聞いたこと，感じたことを中心にふりかえっている状況にある。実習前に設定した目標とそれに向けた達成方法を実践しているはずであるが，実習中は実習先の実習プログラムに合わせた内容をこなし，そこで発見したこと・学んだことが中心となっていると思われる。常に動き続ける対人援助の現場であるため，もちろんその瞬間での発見や学びは重要であり，そこで得るものは大きい。ただし，そこから先の深化が必要なのであり，その学びを自分自身のものにするためにも，実習目標と照らし合わせながら自らの体験と学びをふりかえり，考察する必要性があると思われる。

## （4）問題点と課題
### 1 事前指導に関する問題点と課題
　厚生労働省が示した「相談援助実習指導」の教育内容に含むべき項目の多くは，事前指導に関する内容となっている。これは，実習自体が学生にとって初めての経験であり，また実習先で何をしてきたらよいのかわからない状態では，講義系科目と実習との連動性がなくなるため，そうならないような十分な事前指導が必要であることを意味する。このことについて柏女霊峰は，「実習体験は，学生がソーシャルワーカーとしての人生を選択するにあたって重要な位置を占める体験である。その配属実習を有意義なものとするための事前学習の意義は，限りなく大きい」[柏女 2002：77] と述べており，事前学習時の指導は実習中，実習後の学生がどのように学びを深め成長していくかという意味でも重要である。

本学の事前指導では，実習目標の作成段階で徹底的な個別指導を行っており，その意味では十分な指導を行っているといえる。ただ学生の目標からみると，そこには個人差があり，一人ひとりの将来の進路に関する意識の違いによるところもあると考えられる。たとえば，現実的な問題として，将来は企業就職を希望しているが，受験資格取得のみを目的として実習を行う学生がいる。このような場合には，事前学習や目標設定に少なからず影響が出る可能性がある。

　また，実習目標の設定方法について，岡田まり［2002］は，課題設定時に留意する点として①明快な記述，②時間的枠組み，③めざす変化・行動が明確，④測定可能，⑤現実的，⑥責任の6つをあげている。これらを考慮すると，実習目標作成に「達成課題」という項目を新たに設ける必要性があるのではないかと考える。前述した事例のふりかえりからもわかるとおり，学生が実習中にどのレベルまでできるようになるのかが明確になっていないため，目標を達成しているかどうかを判断できない。目標にあわせて「〇〇が説明できるようになる」といった達成課題を設定することで，実習中に取り組む内容や実習後どの視点からふりかえるかが可能となるであろう。これは，実習の評価にもつながってくることである。

　このようなことから，実習の事前指導としては，学生が「実習目標」「達成課題」「達成方法」の3つを設定するための指導が必要になってくると考える。

### 2 事後指導に関する問題点と課題

　事後指導のなかでは，学生自身のふりかえりだけでは不十分であり，それをもとにしたスーパービジョンを行う必要性がある。もちろん学生が自分自身で実習をふりかえって言語化することも求められるが，うまく言語化できない思いや感じを抱いたことがあるはずである。そのような学生の学びを実習後に深化させ，具体的には実習での体験を講義系科目とリンクさせ，社会福祉士になるための必要な学びへと導くことが重要である。そしてその体制と指導教員の力量の向上が求められる。

　今後の課題としては，まず実習目標作成段階における指導のさらなる充実で

ある。それは，学生が実習時に何を目標にし，どのレベルまで達成する必要があるのかを明確にしておくことで，実習の質の向上が期待できるだろう。次に，事後指導の体制づくりの必要性である。本学の現状では，事後指導が不明確であり，学生自身は実習日程が終わるとそこですべて終わるという感覚をもっているおそれがある。しかし，事前学習で学んだことを実習で実践し，事後学習段階でふりかえるところまでが，実習のすべてである。そして事後指導では，1年次から学習してきたものを総括的にまとめる段階でもあり，それは学生を将来のソーシャルワーカーとして指導する最終段階である。

実習それ自体が学生にとってよい体験となることは確かであるが，その前後である実習事前・事後指導は他の講義系科目と連関させる重要な役割をもっており，今後さらなる検討が必要であると考える。

## 3 実習における「記録」作成指導

### (1) 実習における関係者間での記録の意義

社会福祉関連の講義科目で学ぶ全般的な（ジェネラリストの視点に基づく）知識とは異なり，実習の場は個々の福祉現場がもつ特殊性（スペシフィック）に溢れている。そのため実習に際しては，そのような特殊性に関する知識や技術を，講義科目とは別に，学生に伝える必要性があり，それに応える実習教育の内容と方法を用意する必要がある。すなわち，実習教育には，総合的かつ包括的な視点のもとにある特殊性をどのように学生に伝えていくかが課題となる。この課題をふまえつつ，本節では，現場でのさまざまな体験を深めるために欠かせない実習記録の作成指導のあり方を，筆者の体験をふまえて論じていきたい。

実習の場は，学生，利用者と実習指導者（以下，指導者），実習担当教員（以下，教員）によって成り立つといわれる。まず，この実習をめぐる関係者間で「記録」が果たしている機能についてみていきたい。実習生は日々さまざまな体験をし，自らが体験した事柄やそれに基づく考察を記録に書く。この作業を通して，実習生は実習の場での生の体験や，それに対する自分の思いや考えを言語化し，表現することになる。さらに，提出した記録を指導者に読んでもら

うことにより，実習生が体験した事柄，それを通じて感じたこと考えたことを伝えることができる。提出を受けた指導者は，その内容について自らの現場での経験や倫理観に基づき，書かれた内容を支持したり，助言を与えたりするなどの内容を含んだコメントをその記録に加える。そして，実習生は返却された記録を，指導者のコメントとともに再読し，自らの考察を深める。加えて，教員による訪問指導時や実習後のスーパービジョンを通じ，実習生は自分の記録を再度吟味し，実習での学びを深めるのである。この一連の流れのなかで，「記録」は実習生と指導者・教員との，それぞれの思いや考えを「つなぐ」機能を果たしている。つまり，「記録の過程は，学生の知覚的および概念的な技能を上達させ」，情報を収集し記録を書くことで，「クライエントとその状況とサービスとの関係の重要な側面に焦点をあてることや，学生がクライエントや自分自身の理解の上達を促すこと」に役立っているのである［ケーグル　2006：101］。

　また，間接的ではあるが，実習生が利用者との体験や利用者への思いを「記録」を通じて指導者に伝えることによって，日々かかわっている指導者が利用者との関係に新しい気づきを得る契機となることがある。つまり実習生の「記録」には，それを媒介にして職員（指導者等）と利用者の間をより豊かに「つなぐ」可能性もあると考える。

　このように実習生の書く記録は，関係者間で，思いや考え，関係を「つなぐ」機能を果たす重要なツールの1つであるといえる。実習生は記録を通じての関係者とのつながりを通して，「専門職としての高い自覚と倫理の確立や利用者本位の立場に立った活動の実践」を理解していくのである。

## （2）学生が抱える記録への不安と記録指導の際の留意点

　このように，実習生にとって重要な機能を果たしている「記録」であるが，「記録」を書く主体である実習生は，記録に対しての意識が必ずしも前向きであるとはいえない。実習に臨むにあたって，何に不安を感じるかと学生に問うと，「日誌に何を書いていいのかがわからない」「自分が書いたことにどのような評価をされるのかが心配」等，「記録」への不安を感じる学生が多い。加えて，担当教員による訪問指導の際の面談でも，多くの学生が「毎日，記録を書

くのが予想以上に大変」「記録を書くのに時間がかかり,寝る時間を削るしかなく体力的に厳しくなってきた」と日々の記録を書くことの困難さを述べている。このような現状から,記録作成指導に際しては,その意義を説明することにより動機づけを高めるとともに,学生が抱える不安の解消を念頭におく必要がある。

　この不安に対処する方法として,過去の実習生の記録を閲覧することは有効な手段の1つであると考える。それにより,学生自身が記録をとるために,記録の書式や項目などの必要な事柄を抽出し,確認することができる。そして,記録作成に対しての不安も軽減される可能性もある。しかし,このような実習記録の閲覧を可能にするためには,十分な管理体制や指導体制が必要となり,そのような体制を構築できない養成校もあるであろう。そのような場合には,実習前・実習中の指導に,学生の不安に寄り添いながらも,実習記録の大切さとその作成方法を伝えていく必要がある。その方法として,これまで多くの養成校が行ってきたように,事前学習のなかで記録についての学習の機会をしっかりと設ける必要があるのはいうまでもない。そこで実習記録は「実習生自身にとっての実習内容の記録であるという側面と,それを実習生にとっては他者である実習指導者に提出して理解してもらわなくてはならない」［深谷　2002：157］という性質や,その意義について説明を行う必要がある。さらにその際に,記録の文体や様式,加えて記録に書く内容についても説明する必要がある。記録に書くことが期待される内容について,豊福義彦［1985：265］は以下のように述べている。

① クライエントに代表される対象者のニーズとその生活状況,およびその対象者にかかわるソーシャルワーカーの援助の具体的事実を把握し,実習生が知りえた実習施設(機関)における対象者処遇について,事実関係や実態を客観的事実に基づき記述する。

② 実習生は,①における諸事実に対して,実習生という立場から,主観的,客観的に洞察を加え,ソーシャルワーカーの働きを総合的に理解する。

③ 上述の①および②から,実習生は自己の実習態度や,実習で得た知識や技術について自己洞察を加え,ソーシャルワーカーの働きを学ぶ実習生として自己覚知および自己評価を記述する。

しかしここに，学生が記録に対して不安を覚える要因，つまり記録作成指導における留意点がある。確かに実習記録指導に関する多くの出版物には，客観的事実とは「行ったこと，起こったこと」であり，主観的考えとは「感想，考察など」のことである等の説明がなされ，客観的事実と主観的考えを分けて記述する必要性を述べている。しかし，一部の学生はここで実習における客観的事実とは何なのか，それを主観的考えとどのように分けて書くのかという疑問が生じ，不安を抱える。その背景には，「事実」という言葉に，自分が事実だと下す判断そのものがはたして正確なのかという点に不安を抱えているということが考えられる。

確かに，自然科学分野における実験等の記録であれば，導き出される数値等のデータが客観的事実であるとみなされる。なぜなら，その数値の基準（単位等）には，これまでの経験から導き出された実証性があるからである。また，その結果を用いて論じられる考察は，記録者の主観的な考えとしての考察となりうる。必然的に両者は容易に区別することができる。加えて，そのような実験には再現性があるために，もし導き出されたデータが客観性や正確性に欠けている場合は，繰り返し行うことで客観性を補い，それを通じ，正確性を高めることが可能になる。

しかしながら，社会福祉実習の場では，実習生は自らが得た情報を，自らによって選別し記述しなければならない。さらに，そこで客観的事実と判断したものでも，社会福祉の現場がさまざまな環境の影響を受けながら変化する生活支援の場である限りにおいては，客観的であると判断した実習生自身も，いわばその環境のなかに含まれているのである。そのような理由から，社会福祉実習においては，両者の明確な区別を学生の記録に求めるのは困難ではないかと考える。言い換えれば，実習生が積極的に利用者や現場にかかわるほど，自らをその場から客観的な位置におくことはむずかしくなるのである。また実習の場での経験は再現性に乏しく，加えて次々と新しい体験への対応が必要とされることから，自分の判断基準についても，確固たる自信をもちにくいというのが実情である。それゆえに学生がそのような不安を想定するのは，必ずしも不思議なことではない。

そのために，上記の従来の実習指導における記録の意義等に関する講義に加

えて，学生の不安を軽減し，自信を与えるために，たとえば記録の書き方の疑似体験の機会などを設ける必要があると考える。具体的には，本人が客観的な事実の判断に自信をもつことができるようなワークがふさわしい。その実践例を3つ紹介したい。
① 客観的事実と主観的な考えとの区別を明確にするために自分がかかわった前日の出来事を思い出し，各々を区別して学生に書かせるワーク。
② 面接の逐語録を用意し，ワーカーの主観部分を推測させ記入させるワーク。
③ 4名程のグループを作り，そのメンバーそれぞれに他のメンバーにはわからないように役割を与え，その役割を遂行する体験をさせ，その体験した内容を客観的事実と主観を区別して書かせ，役割を意識した記録を書かせるワーク。

さらに，この効果を高めるためには，可能な限りワークごとに，教員が添削を行い，本人の実習先の指導内容に適した指導を行うことが有効である。それによって学生の不安を軽減し，自信を与えることができると考える。さらにこれを実習担当教員が行えば，実習生のコンピテンスを事前に理解することができ，担当教員による訪問指導とも，有機的な連続性を担保するものになると考える。

これらのワークを通じて，記録の中で客観的事実を意識して区別できるようになることは，逆説的であるが，実習生の主観的な考えの所在を明らかにさせることにつながる。つまり，主観的考えが記録に書かれていなければ，それを本人が自覚できるようになり，書く必要性を意識できるようになる。もちろん，その逆も意識できるようになる。ひいては，主観的な考えを表明する能力を引き出すことにもなる。その結果，実習の目標の1つである「専門職としての高い自覚と倫理の確立や利用者本位の立場に立った活動の実践」のあり方を自分の言葉で表現することになり，専門職としての土台作りにつながる。言い換えるならば，特殊性が溢れる社会福祉現場での生の実習の体験を，学生が自らの言葉で表現することにより，社会福祉にかかわる者としてふさわしい，主観的な考えの表し方の基準，すなわち社会福祉に携わる者の価値観の基礎が形成されるのである。

## (3) ソーシャルワークの「価値」を育む記録作成指導

　社団法人日本社会福祉士会は，新カリキュラムにおける「相談援助実習」に対応する新しい実習モデルとして，「職場実習」「職種実習」「ソーシャルワーク実習」の3段階モデルを提案している。そして，「相談援助」に関する部分でかかわりが深いのは，社会福祉士の中心的業務としてのソーシャルワーク実習であり，そこには当然のことながらさまざまな記録作成業務に関する学びも含まれる。ここで実習生は，社会福祉の最前線の現場で用いられている記録を閲覧し，そこで使われているさまざまな記録の方法や記述の内容を実際にみることによって，記録を書く技術を向上させていくことができる。このように，現場の生の記録にふれる機会は学生に多くの学びを与える。しかしここでは，ソーシャルワーク実習における記録作成指導のねらいについて改めて検討しておきたい。

　副田あけみ［2006］によると，1930年以降50年代半ばごろまでは，「記録は一義的には専門職が専門性を向上させるためのもの」であった。1960年，70年代になりそれは変化し「広く，資金提供団体や政府，国民一般，そしてクライエントや家族に対し，支援活動の内容とその影響・成果を示すもの，つまり説明責任（アカウンタビィリテイ）の道具としてとらえられるように」なったとある。このようにソーシャルワーク記録の目的はソーシャルワーカーとしての資質の向上から，「説明責任」を果たすためのものに変化してきているといえる。

　新カリキュラムにおいては，相談援助を行ううえで，必要な技術を獲得するための実習が強調されており，記録作成に関しても同様である。それに伴い，実習記録に対する評価基準も，現場で実践されている記録作成の方法や記録の内容をもとにして設定される傾向があると感じる。しかしながら，このような「説明責任」を果たすためのソーシャルワーク記録のねらいと，実習において記録を作成することの意義や目標とは異なるように思われる。すなわち，実習とは社会福祉が「価値の実践」と呼ばれる意味を自らの体験を通して感じ取ること，そしてそれにふさわしい価値観を形成していくことを基礎にして，実習先で求められるスペシフィックな技術や知識を習得する場であると考える。実習生自身は実習記録を作成することで，自己の実習態度や実習で得た知識や技

術について自己洞察を加え，ソーシャルワークを学ぶ実習生として，自己覚知および自己評価を記述することにより，福祉に携わる者としての価値観の獲得をしていく。実習記録の役割は最終的に実習生とそこに求められる価値観を「つなぐ」ことにあるのではないだろうか。

　特殊性に溢れる実習の場での「知識」や「技術」の獲得が強調される今日であるがゆえに，今ここで，その基礎となる「価値」の獲得に向けての実習のあり方を再考する必要がある。だからこそ，その価値を形成する過程で重要な役割を果たす記録作成のあり方，そしてその教育方法を見つめ直す時期ではないかと考える。記録作成指導に関する効果的な方法を開発することも，今後の実習教育の場に課せられてくる課題である。

## 4　学生の実習体験からみる「ソーシャルワーク」の学びとそのあり方

### (1) 実習体験による学生の「学び」

　社会福祉士養成においては，180時間の社会福祉施設・機関における現場配属実習が課せられている。そのため学生は，社会福祉の現場，つまり「福祉実践の最前線」であり「現実を目のあたりにする場」に一定期間入り込み，現場実習を行う。この体験を通して学生は，講義やテキストから思い描いた社会福祉現場への漠然としたイメージを，具体的なもの，現実のものとして受け止めていく。本節では，筆者が所属する同志社大学の学生たちが社会福祉士実習の体験を通して，どのようなことを「学び」として体得しているのか，またそのような「学び」にいたる背景にはどのような実習体験があるのかについて，学生たちが実習後に綴った実習報告レポートに記してある言葉より考察を進めたい。なお，紙幅の都合上，ここでは特別養護老人ホームにおいて実習を行った複数の学生を対象とする。

　社会福祉士実習といっても，現在，多くの特別養護老人ホームでの実習内容には，そこに入居している利用者とのコミュニケーションから始まり，掃除，レクリエーション，着脱介助，そして三大介護と呼ばれている食事介助，入浴介助，排泄介助といった日常生活支援（いわゆるケアワーク）が含まれていることが多い。このような利用者の日常生活を支えるケアワーク実習において学生

は，利用者と直接言葉を交わし，利用者の肌に直接触れることになる。また利用者の悲しみや喜びといった感情を，利用者の表情や行動，そして言葉によって受け止めることにもなる。学生はこのような利用者への日常生活支援の実際を通して，利用者の思いをまさに全身の感覚をもって"実感する"という体験をする。そして，このような体験を通して，学生は「コミュニケーションの大切さ」「関係性の構築の大切さ」「クライエントの人生に寄り添うことの大切さ」などを学ぶのである。

　それでは，このような「学び」の背景には，どのような利用者とのかかわりがあったのだろうか。学生たちの記述を通して，実習体験についてふれてみたい。まずは，利用者とのコミュニケーションや関係性，およびそれに基づいた信頼関係の構築の大切さについて語った記述である。

・冷房もなく蒸し風呂状態の中汗だくになりながらの作業で初めはこんなことをしにきたのではない……，という思いを抱いた。しかし日を追うにつれ，その掃除という業務の重要性に気づいた。掃除をしていると，日頃居室からあまり出てこられない利用者が声をかけてくれたり，最中に偶然出くわした利用者と気軽にコミュニケーションをとることができた。
・利用者の過去の楽しかったこと，苦しかった経験，結婚してからの人生等を教えていただくことで，利用者との会話における接点が増えていくことを，日に日に実感し，それが信頼関係の構築につながることを感じた。
・「認知症」の利用者の方が，自分が一番輝いていた頃を懐かしく思い出され，そのことをいきいきと話される。そしてそのことに対して，「すごいですね」という言葉を交わすと，満足気な様子をされる。それは「あの頃に戻りたい」というニーズの表出ではないか。"今現在"の利用者しかわからなかったが，その背景に隠れている出来事を知ることによって，コミュニケーションの幅が広がり，また信頼関係の構築においても重要だと感じた。

　次に，クライエントの人生に寄り添うことの大切さについて語った記述である。

・一日中，そして数週間にわたって同じ利用者と関わり，食事，入浴，排泄などの介助を行った。1人1人に適した介助があり，そのときどきによって対応は異なる。そのことを通して，1人1人の症状や性格などを理解し，日々関わる中で利用者との信頼関係が生まれることを実感した。すべてのケアは信頼関係のもとに成り立っており，そのためには常に相手の立場に立ち，寄り添うことが大切だということを学んだ。

　このようにして学生たちは，社会福祉士実習として現場に身をおき，利用者とのコミュニケーションや居室掃除，食事・排泄・入浴介助などの日常生活支援をするなかで，「コミュニケーションの大切さ」「関係性の構築の大切さ」「クライエントの人生に寄り添うことの大切さ」など，現場でしか経験できないことを体験し，利用者と直接かかわってこそ得られる「学び」を体得している。社会福祉の現場とは，「一人ひとりのクライエントが自己実現をめざす場であり，職員と利用者とが福祉理念の具現化をはかる場である」との共通認識がある［尾崎　2002：2-3］が，それに加えて，「現場は本来さまざまな葛藤や矛盾が存在する場」であるとも述べられている［尾崎　2002：10］。
　このように社会福祉の現場で実習を行うことは，利用者がまさに日常生活を営んでいるその空間において，福祉実践を目のあたりにする体験をするということなのである。そのような現場に，学生は4週間どっぷりと漬かる。そして利用者との直接的なかかわりを通して，利用者の生活を直接目で見て感じ，利用者と言葉を交わすことで自分の耳で利用者の声を聴き，そして自分の言葉で利用者に語りかける。またその場のさまざまな音を聴き，利用者の肌に直接触れ，その温かさを感じる。このように学生は利用者がまさに実際に生活をしている場において，その現場のリアリティを自分自身の感覚で「実感する」という体験をし，現場ならではの「学び」を体得しているのである。

### （2）新カリキュラムにおけるケアワークの捉え方

　歴史的にみてわが国の社会福祉実践は入所型施設における施設処遇を行ってきており，その点において，日本の社会福祉現場については，「（入所型）施設」なくしては語れない。「住み慣れた家」ではなく「施設」という場で日常

を送っている人たちにとって，そこはまさに「生活の場」であり，日常を営む空間なのである。そのような入所型の施設においては，利用者に対する直接的な支援（日常生活支援），いわゆるケアワークが第一義的な機能となっており，「相談援助」を主としたソーシャルワーク機能は第二義的な位置づけとなっている。このような現状が，ソーシャルワーク機能が施設では曖昧ではっきりとみえにくく，社会福祉士がいったい何をする人なのか，そして何をすれば社会福祉士たるのかが不明瞭であるといわれてきた理由の１つであろう。また従来の実習内容においても，利用者への日常生活支援を体験させることが中心的であったといえる。このような入所型の施設における実習形態が，学生が社会福祉士実習においてソーシャルワーク機能を体験し，実感できないという状況を招いてきたとされている。

　以上のようなことへの反省により，実習内容においても「相談援助」を主としたソーシャルワーク機能を体験するソーシャルワーク実習へとカリキュラムが見直された。この見直しのなかでケアワークは，ソーシャルワーカーという専門職の立場からすれば他の専門職種の１つであり，実習においては職場の機能と構造を学ぶ職場理解のために行われるべきものという位置づけとなっており，ソーシャルワークの機能を学ぶための社会福祉士実習の実習内容には適さないとされている。また，実習生にケアワーク実習を行わせることは，以下のようなリスクがあるとも主張されている。第１に，社会福祉士の養成課程においては介護や保育，療育等の技術指導は行っていないため，未習者にこれを行わせることは，利用者に大きなリスクが生じること。第２に，ケアワーク実習を体験させることで肝心のソーシャルワーク実習の時間が短縮されてしまうこと。第３に，短時間で社会福祉士としての専門的な実習を行うべき状況のなかで，他の専門職の実務を経験させることは，その専門職の専門性を否定することになること。第４に，ケアワーク実習は利用者理解につながるという肯定論があるが，社会福祉士独自の利用者理解があり，そのような教育・指導がなされなければならない，というようなことである。

　このような考え方が背景にあるなかで作られた実習のモデルプログラムにおいては，相談援助業務を中心とするソーシャルワーク機能の体験を目的とした，ソーシャルワーカー養成としての社会福祉士実習の内容が組み立てられて

いる。

### (3)「実習体験」をソーシャルワークの「学び」へ

　今回の法改正によって，相談援助業務を主としたソーシャルワークの専門家たる社会福祉士養成のための「相談援助実習」へとカリキュラムが見直された。そこで提示されている実習内容は，ソーシャルワークを体験させることを目的とした実習プログラムである。それは，ケアワークなどの利用者への日常生活支援は他職種の専門領域であり，社会福祉士の実習内容としては適さないという捉え方である。しかしながら，社会福祉の援助は社会で生きていくうえでの人々の日々の生活における生きづらさや困難さに焦点をあて，その社会との接点に介入することである。このことは入所施設の利用者に対しても同じである。

　社会福祉士実習において学生たちは，「生活支援の最前線」である社会福祉現場に入り，利用者がまさに日常生活を営んでいるその空間に1カ月間身をおく。そこでの利用者とのかかわりを通して，利用者の思いやニーズを目のあたりにし，利用者の生活を全身の感覚を以て「実感する」という体験をする。そして確実に「コミュニケーションの大切さ」「関係性の構築の大切さ」「クライエントの人生に寄り添うことの大切さ」といった「学び」を体得している。そのようにして学生が築いた利用者との関係性は，閉じられた空間における短時間の支援によって築かれたものではなく，利用者の日常生活に寄り添い，利用者との相互作用によってともに築きあげた関係性であるといえよう。このように利用者の日々の生活の支援を通して構築された関係こそ，利用者の社会生活を支えるソーシャルワーク実践を行ううえでの基盤となるのではないだろうか。

　高口光子は，職業としての介護（ケアワーク）の専門性の1つは，お年寄りと職員の「あなたと私という固有名詞の関係の集合からなるチーム（＝共同体）作りへと続く，個別の関係の充実」［高口　2008：42］であると述べている。学生たちは現場実習での利用者との直接的な日常生活支援を通して，このような関係性の構築を多く体験している。しかし，利用者とのコミュニケーションの充実や関係性の構築それ自体は，ソーシャルワーク援助を行ううえで

の，利用者を社会的な存在として捉え，全人的に理解するための方法・手段であり，目的ではないであろう。学生が現場実習において利用者と直接かかわることによって得た気づきや体験をソーシャルワークの「学び」へ応用・発展させるには，高口のいう「あなたと私という個別の関係性」をさらに社会的な関係性の充実へとつないでいくといった経験や体験をすることが重要なのではないかと考える。そして，なぜ利用者とのコミュニケーションが大切なのか，なぜ利用者への生活支援を行うのか，そしてなぜ利用者との関係性を構築することが大切なのかといった行動に対する目的をそのつど意識化させ，社会的な視点をもてるようになることが，ソーシャルワークの「学び」の経験へ近づくためには大切ではないかと考える。

　いうまでもなく，4週間の現場配属実習だけが，社会福祉士実習ではない。実習に臨むまでの事前学習，実習後にその体験をふりかえり「学び」としていく事後学習を通して初めて，実習体験を経ての「学び」をソーシャルワークの「学び」とできるのではないだろうか。そしてその学びを支援する役割を現場における実習指導者，大学の実習担当教員が担っているのではなかろうか。このような意味において，社会福祉実習における実習生，大学（養成校），実習先施設・機関という三者関係が重要であり，その三者間の連携が社会福祉士実習における学生の「学び」をより充実したものにさせるのではないだろうかと考える。

## （4）同志社大学の財産としての『実習簿』から

　同志社大学では，社会福祉実習を履修した個々の学生による実習中の記録（実習日誌）や実習先施設・機関の実習プログラムなどの関係書類が閉じられた『実習簿』を，実習終了後は資料として大学で保管するという伝統がある。古くは1955（昭和30）年度のものから始まり，歴代の実習簿が今では数え切れないほど多く保存されている。それはまさに，同志社社会福祉における実習教育の歴史であり，現在，そしてこれからの同志社社会福祉教育のあり方を問うていくための財産である。それらの実習簿に閉じられた膨大な実習日誌のなかには，その時々の時代や社会状況のなかで，さまざまな場所で人々が生活を営み，援助者がその生活を支えているようすが映し出されている。そしてそのこ

とは，半世紀もの時代を経ても変わらずにあり続けている。

現在，社会福祉実習のあり方が変わっていく状況のなかだからこそ，社会福祉の現場で日常生活を送る人々の生活にしっかりと目を向けなければならない。そして，それをふまえたソーシャルワークの学びでなければならないと考える。今後，これらの歴代の実習簿に書かれている内容から，学生たちが実習によって何を「学び」として体得してきたのか，そしてその時々で職員は何を伝えてきたのかを読み解くことを通して，本学での実習教育の歴史をたどる作業を行いたい。それを通して，時代を超えて継承されるべきことと，時代の変化のなかで新たにされるべきことを明らかにしながら，実習教育のあり方をさらに検討していきたい。

## おわりに

学生にとっての現場実習の意義とは，さまざまな生活問題を抱える人々に寄り添い，その生活を支援するという社会福祉実践の現実にふれることにより，机上で学ぶさまざまな社会福祉制度や理論と実践とのつながりや矛盾を肌で感じることにある。その体験は，教室のなかでの学びを発展させ，深めることにつながり，さらに自分自身を見つめ直し，将来社会福祉専門職として働く意欲や能力の形成を育む土壌となる。実践の学としての社会福祉学の学びと社会福祉専門職養成のための教育は，決して大学等の養成校でのキャンパスのなかだけで完結するものではない。

これからの社会福祉現場を担う社会福祉士養成のために，社会福祉実践現場としての社会福祉施設・機関と，社会福祉教育現場としての大学等が，それぞれの「現場の力（実践力と教育力）」を向上させていくことが必要である。そのためにも，新しい社会福祉士養成カリキュラムを，改めて社会福祉施設・機関における実習指導，および大学等における教育過程のそれぞれのなかで，どのように具現化していくかが課題となる。ソーシャルワーカー養成という目標を共有しながら，これまで以上に，実習内容や実習指導のあり方についての両者の意見交換や協働作業による実習教育体制の構築や実習教育内容の充実が求められる。現代社会におけるさまざまな生活問題を抱えながら生きる人々と寄り

添い，社会福祉専門職としての確かな力を備えたソーシャルワーカー養成をめざして，さらなる努力を重ねていきたい。

## 【参考文献】

梅澤嘉一郎［2007］「『社会福祉援助技術現場実習』及び『精神保健福祉援助実習』の実習課題の自己評価に関する比較研究―実習学生の自己点検確認調査から」『川村学園女子大学研究紀要』18（2）

岡田まり［2002］「第4章　実習計画の作成」岡田まり・柏女霊峰ほか編『ソーシャルワーク実習』有斐閣

尾崎慶太［2009］「社会福祉実習教育における事前・事後指導の現状と課題―学生が設定する実習目標とそのふりかえりから」『関西国際大学教育総合研究叢書』2, 57-69

尾崎新［2002］「序章　葛藤・矛盾からの出発」尾崎新編『「現場」のちから：社会福祉実践における現場とは何か』誠心書房

柏女霊峰［2002］「第3章　事前学習」岡田まり・柏女霊峰ほか編『ソーシャルワーク実習』有斐閣

川崎愛［2008］「社会福祉現場実習の評価の視点―他者評価と自己評価を活用するには」『コミュニティ振興学部紀要』8

ケーグル，J.D（久保紘章・佐藤豊道訳）［2006］『ソーシャルワーク記録』相川書房（Kagle, J.D.【1991】*Social Work Records*, WaveLand Press Inc.）

厚生労働省：社会福祉士養成課程における教育内容等の見直しに関する作業チーム【2007年12月】「社会福祉士養成課程における教育内容等の見直しについて（案）」

社団法人日本社会福祉士会編［2008］『社会福祉士実習指導者テキスト』中央法規出版

副田あけみ［2006］『ソーシャルワーク記録―理論と技法』誠信書房

空閑浩人編著［2009］『ソーシャルワーク入門―相談援助の基盤と専門職』ミネルヴァ書房

高口光子［2008］「介護の専門性」上野千鶴子編『ケアすること』岩波新書

竹内一夫［1998］「ソーシャルワーク教育における実習の現状とあり方を考える」『ソーシャルワーク研究』24（2），22-26

豊福義彦［1985］「第3章第2節　実習記録」大島侑編『社会福祉教育論』海声社

中村雄二郎［1992］『臨床の知とは何か』岩波書店

日本社会福祉実践理論学会監修／米本秀仁・高橋信行・志村健一ほか編［2004］『事例研究・教育法―理論と実践力の向上を目指して』川島書店

深谷美枝［2002］「第5章　4　実習ノート，サブノートの書き方」岡田まり・柏女霊峰ほか編『ソーシャルワーク実習』有斐閣

宮田和明・野口定久・柿本誠ほか編［2005］『5訂 社会福祉実習』中央法規出版

米本秀二［2008］『ソーシャルワーク実習のあり方に関する共同研究報告書』文部科学省平成16年度「特色ある大学教育支援プログラム」採択事業，北星学園大学社会福祉学部米本研究室

米本秀仁・牧野田惠美子・川廷宗之ほか編［2002］『社会福祉援助技術現場実習』建帛社

鷲田清一［2002］『死なないでいる理由』小学館

## 第6章

# 事例を用いた研修モデルの構築

野村裕美,片岡哲司,堀善昭,田中希世子

## はじめに

　近年,事例検討(会)やケースカンファレンスは,対人援助を専門とする職種にとってはなくてはならないものとなりつつある。ソーシャルワークの支援が「あくまでも何らかの援助を必要とする人や利用者の現実の生活状況とそこへのかかわりを出発点」[空閑　2009:26]とするとの指摘は,ソーシャルワーカーが,クライエントとそれをめぐる人々の間で起こっているさまざまな事態,すなわち事例を適切に認識することができるかどうかが支援の質を左右することを意味している。社会福祉の現任のソーシャルワーカーは,日常的に事例に接し,さまざまな社会的困難から人々の生活を守るため,いち早くその事例に描かれた生活上の課題を検討し,支援計画を立て,専門的介入を行わなくてはならない。重層的にさまざまな課題が絡み合う生活上の困難な状況に対し,迅速で的確な解決をめざすには,もはや,ソーシャルワーカーだけの手では負うことはできず,さまざまな専門家がそれぞれの専門性を持ち寄って事例の検討を行う。このように,職種や部署・組織を超えて支援にあたる光景は,今では日常的になってきている。

　本学に社会福祉教育・研究支援センターが設立されたのをきっかけに,「理論と実践の好循環」をめざすしかけとして7つのプロジェクトが立ち上がった。そのなかの1つである「事例研究・研修」プロジェクトは,専門職としての学びの素材は事例のなかにあるとの認識から,「理論と実践の好循環」を生む糸口を,「大学付設のセンターにおける事例を用いた研修事業の提供」に見

出し，本学院生の職業的スキルとモチベーションの涵養ならびにソーシャルワーカーの現任訓練・教育への寄与を目的として活動してきた。

社会福祉専門職は，社会福祉士や介護福祉士，精神保健福祉士等の国家資格制度の成熟期をむかえ，重層的・複合的に絡み合う複雑な社会福祉的課題に対し，より高度な専門性を発揮することを求められている。いわゆる専門職教育における卒前の教育機関においても，事例を用いた演習・研修は，教育現場と実践現場をつなぐ重要な役割を担っているというのがほぼ共通認識であるといえる。大橋謙策は，「事例を持たない教員」という表現を用い，社会福祉教育実践においてどのような事例を通して教員が学生に教授することができるかが，日本の社会福祉教育の質を決定づけると指摘し[1]，教育における，学ぶ意欲の醸成と学び方の習得がますます求められるとしている。卒後，現任ソーシャルワーカーになると，たとえば，日本社会福祉士会や日本精神保健福祉士協会，日本医療社会事業協会などの職能団体では，専門職業人として充実を図っている生涯研修制度に出会うこととなる。各団体では，キャリアを質的に積み上げ，さらなる成長への意欲につなげる研修体系の構築にそれぞれ着手している。医学や看護学の領域では先行して行われている「認定」・「専門」などの認証制度の導入，更新制・ポイント制の導入などへも着手し始めている。また，社会福祉法第93条に定められている都道府県福祉人材センターは，都道府県社会福祉協議会に位置づけられ，各地域の社会福祉人材の掘り起こし等人材の確保やその育成を任務とし，各種研修の提供をきっかけに具体的雇用へと結び付けていく役割を担っている。

以上のように，地域では実に多くの機関や組織・団体が，社会福祉職の専門性の向上に応えるため，また，キャリアの継続を図るため，さまざまな研修の機会を提供している。研修の形態も，施設外に受講しに行く形態から，講師を招聘して施設や法人内で研修を実施する形態，通信形式とスクーリング形式の組み合わせ，単発研修，一定期間の長期研修等多様な形で展開されている。なかでも，事例にかかわる学びの機会は，各学会の大会等で事例報告という形式で行われたり，職能団体・学会発行の機関紙等の紙面上でのスーパービジョンが行われたり，地域の専門職団体等において事例検討会形式のグループワークが開催されたりと，参加者側の意欲と条件が整えば，参加できる機会が身近に

## 第6章 事例を用いた研修モデルの構築

図表6-1 「事例を用いた研修モデル」図

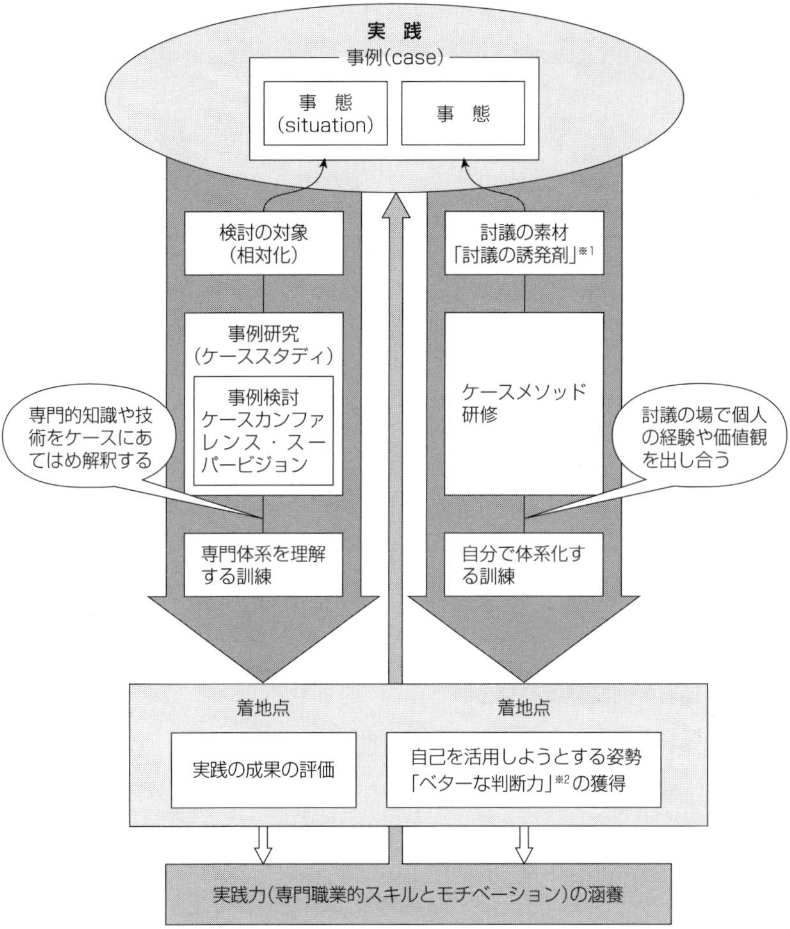

**実践**
- 事例(case)
  - 事態(situation)
  - 事態

左側の流れ：
- 検討の対象（相対化）
- 事例研究（ケーススタディ）
  - 事例検討 ケースカンファレンス・スーパービジョン
- 吹き出し：専門的知識や技術をケースにあてはめ解釈する
- 専門体系を理解する訓練
- 着地点：実践の成果の評価

右側の流れ：
- 討議の素材「討議の誘発剤」※1
- ケースメソッド研修
- 吹き出し：討議の場で個人の経験や価値観を出し合う
- 自分で体系化する訓練
- 着地点：自己を活用しようとする姿勢「ベターな判断力」※2の獲得

↓

実践力（専門職業的スキルとモチベーション）の涵養

※1　[高木・竹内　2006] を参考
※2　[上野　2008] を引用参考
出所：野村作成

たくさんある時代となってきた。

　それでは，選ばれる研修の場となるにはどのようなしかけが必要なのか。本章では，GPの取り組みのなかで整理され，生涯学習理論や成人学習理論を参考にして作成した「事例を用いた研修モデル」（図表6-1）についてふれたい。まず第1節では，古くから現任訓練プログラムの企画運営に取り組む大阪府社会福祉協議会の社会福祉研修センターの実績を紹介し，生涯学習の1つの形態である現任訓練の役割と課題を整理する。続いて，「専門体系を理解する訓練」で現任者は何を獲得することができるのかを検討するため，第2節では事例検討会，第3節ではスーパービジョンで育まれるべき実践力（情報収集力，推察力，観察力）について課題を整理する。そして第4節では，「専門体系を理解する訓練」に平行して，なぜ「自分で体系化する訓練」が必要なのかについて，前節では「自己実現」「成長力」「自分で結論を導き出すことができる力」という言葉を用いてふれられてもいるが，1つの研修モデル試案を示したい。

## 1　社会福祉研修センターにみられる現任訓練の役割と課題

### （1）本節での問題意識とねらい

　福祉人材の養成・確保が喫緊の課題である。近年では，2007年の『新人材確保指針』（厚生労働省告示）でも指摘されているとおり，福祉・介護サービス分野での離職率の高さは依然として高く，一方で多様な就労形態の従事者の増加をふまえた人材育成，職場定着の促進，キャリアアップの仕組みの構築が求められており[2]，多くの都道府県・指定都市社会福祉研修実施機関（社会福祉研修センターや福祉人材センター）で，職場研修，福祉職員研修の充実が図られてきている。福祉現場では，めまぐるしく変わる制度への対応も含めて，職員体制をいかに確保・整備し，専門的な知識や技術，価値を職場全体で共有し，個々の職員の資質向上はもとより，組織全体としての専門性の向上を図るかが大きな課題となっている。

　本節では，こうした状況をふまえ，研修実施機関における現任訓練の役割と課題について，大阪府社会福祉協議会（以下，大阪府社協）での実践から，特に

"ゼミナール形式での事例研究"に焦点をあてて検証することをねらいとする。

## （２）大阪府社協における現任訓練の系譜（1980年代〜90年代前半）

　大阪社会福祉研修センター（以下，研修センター）は1981年に開設され，当時よりゼミナール形式の研修（研修による多少の違いはあるが，少人数の参加型の演習形式の研修）がいくつか実施されてきた。また，ゼミナール形式での事例研究を中心とした現任訓練としては，大阪府市町村社協職員連絡協議会（以下，職員連協）による"業務研究会"も実施されていた。ここでは，"ゼミナール形式での事例研究"の実践の継続，蓄積が専門職の現任訓練として有効であることを，1982年度から93年度までの12年間実施され，市町村社協職員の資質向上と大阪の地域福祉の進展に大きな功績を残した業務研究会の取り組みから考察したい。

　職員連協の業務研究会では，少人数による継続的な業務研究活動を通して，日常業務の問題を解決し，あわせて社協職員としてふさわしい専門的能力を培うことを目的として開催された[3]。初年度には，「小地域活動・地区福祉委員会」（14名），「ボランティア活動」（25名），「貸付業務」（24名），「財政問題」（24名）の4コースに分かれて，毎月1回の研究活動を行っている。この業務研究会の特徴は，当時，地域福祉や在宅福祉が国の政策としても注目される情勢のなか，職員連協という社会福祉協議会の現場の第一線の職員集団のなかからの内発的な高い問題意識と危機感とを背景に，自主的・主体的なものとして開催されており，参加者が相互に研究課題を出し合い，討議や記録，まとめを行った点にある。2年目の報告書を見ると，当時の職員連協会長の言葉に「焦るな。我々は継続できる。継続しながらコツコツと小さな経験を積み重ねて素晴らしいものを手に入れよう」[4]とある。研究活動の苦労とともに，地道ではあるが確かな手ごたえがうかがえる。同報告書のアンケート結果や感想を見ても，約6割の参加者が「参加してよかった」とし，「他職場の職員との交流」「職場では学べない点を討議できる」といった点が高く評価されている。一方，「まあまあ普通」「期待ほどではない」とした参加者も4割弱あるが，「さらにテーマを深める必要がある」「メンバーが固定してきてしまっているので，もっと意識

的な参加を」といった前向きな問題意識のある職員からの声が目立っている。

　この業務研究会は，1994年に市町村社協職員研修体系がまとめられたことを受けて発展的に解消したが，現在，大阪府内各地において取り組まれている小地域ネットワーク活動も，こうした研究活動が十数年もの間行われ，そこでの職員の成長と同時に経験の蓄積，共有が図られたことが基盤にあるといえるであろう。ここで大事なポイントは，定例開催での主体的，継続的な事例研究の積み重ねという部分であり，こうした実践の系譜が次代の研修に引き継がれている。

## （3）スーパーバイザー養成のための専門ゼミナールの開催へ（1990年代後半〜現在）

　研修センターでは2000年3月に「研修体系等改定プラン」（以下，改定プラン）を策定し，社会福祉基礎構造改革に対応した人材養成を目的とした研修の実施に努め，ゼミナール形式の研修としては保育関係の各種ゼミをはじめとして認知症高齢者ケアゼミやケアマネゼミ，児童ゼミを実施してきた。その後，福祉を取り巻く状況の変化をふまえ，2005年9月に「民間社会福祉施設等職員研修の再構築推進計画」（以下，再構築計画）を策定した。この再構築計画では，施設のコアとなる人材を養成する研修の充実・強化を目的に，スーパーバイザー（指導的職員。以下，SV）の養成研修を重要視した。SV研修とは「大学・大学院等と協働して，少人数によるゼミナール形式などで開講し，事例研修などを通じて受講者自身が主体的に学習したり教えあう能力を身につける研修」[5]と位置づけている。

　再構築計画後には，前出の既存のゼミに加えて，新たな専門ゼミナールとして，施設種別を問わないSV養成研修をはじめ，障がい専門ゼミや高齢福祉施設職員向けのSV養成研修，成人施設専門ゼミなど多くの研修が新規開講され，2009年度までにいくつかの統合・整理をしながら，継続的に専門性の向上に毎年取り組んでいる。

　また，2004年度より大阪府社協老人施設部会で取り組まれている"社会貢献事業"においても，高齢福祉施設に配置されているコミュニティソーシャルワーカーを対象に，府内を8ブロックに分けて定期的に研究者等をSVに招いて事例研究を開催し続けている。社会貢献事業におけるコミュニティソーシャ

ルワーク実践を支えてきた力の1つがこの事例研究の積み重ねであったことは、その実践をまとめた社会貢献事業報告書を見ても明らかである。さらに、2009年度後半からは、コミュニティソーシャルワーカーをはじめ地域福祉のセーフティネット構築に資する幅広い福祉専門職の現任訓練として、事例研究を研修の大きな柱の1つに定め、コミュニティソーシャルワーク実践における事例研究の手法やテキストの開発にチャレンジしていくこととしている。

このように、業務研究会などにおいて実証されたゼミナール形式での事例研究という方法は、福祉専門職養成の1つのスタイルとして大阪では根づいてきており、研修実施機関は常に新しい福祉の動向や現場の状況に応じて、丁寧な研修を開発・実施していく役割が求められている。

## (4) 今後の課題

SV養成のシステムが十分であるかというと、まだまだ基盤が脆弱であるといわざるをえない。受講者の主体的な参加と同時に、それを指導し、ともに研究する立場にある研究者の、ゼミナール形式での研修、事例研究にかける時間や労力は相当のものがある。現状では、研修実施機関や現場の福祉施設と一部の研究者との信頼関係のなかで共同研究が行われているが、研究者を取り巻く環境その他の変化によってやむなく継続が困難になる可能性がある。また、少人数による継続的な研修の実施には、研修受講料プラスアルファ(行政からの補助金、ほか)が不可欠である。SV養成には、明確なビジョン・受講生の主体性(さらに、それをバックアップする職場の体制)・困難な研究課題を引き受けてくれる研究者・時間・お金などが必要である。

今後は、社会福祉全体の社会的認知を高め、専門性の確立をさらに図っていく観点からも、安定的・継続的に経験交流や共同研究が実践できる現任訓練のシステムを開発することが課題であろう。たとえば、1つあるいは複数の研修実施機関と、できれば複数の社会福祉系大学等とが連携共同した、社会人教育の一環としての専門職養成のシステムを開発していくことが必要ではないだろうか。

## 2 社会福祉施設職員に求められる視点と課題―事例が組織を育てた実践から

### (1) 本節での問題意識とねらい

　社会福祉施設に限らず，福祉職場に勤務する専門職に求められる視点としては，利用者に対して「自己実現」をどれだけ演出できるかであると考える。「自己実現」とは，古典としてユングやマズローなどの論説を思い浮かべるが，ここでは，単に人が生きるうえで，生きる気力を見出す活力と捉えていきたい。特に社会福祉施設の利用者は，地域社会との関係性を閉ざしたとしても施設内では生活がしやすいことから，施設職員はより一層の「自己実現」を図ることができるような方策を考えることが求められている。

　社会福祉施設において，最も利用者に対する「自己実現」を考えている場面は，多職種がさまざまな英知を出し合い作り上げる援助計画（以下，ケアプラン）ではないだろうか。施設職員にとってケアプランは利用者の生きる活力を見出す実践の道しるべになるはずである。とかく施設内においては，食事，排泄，入浴といわれる三大介護をはじめレクリエーション等のサービスを施設内ですべて解決してしまう場合が多い。確かに近年叫ばれているリスク管理上を考えると，施設内だけでサービスを提供することを主眼におくほうがよいという施設管理者および職員が多いのも現実であろう。しかし，利用者の「自己実現」という視点からみると，施設内だけのサービス提供では生きる活力をなかなか見出せず，職員側からの都合のよい視点になりがちである。職員都合の視点にならないためにも，ICF（国際生活機能分類）の視点といった全国的な指標を意識しながらケアプラン作成を行うことも有意義ではないだろうか。ICFの活用においては，利用者の価値観や生活リズムのなかに存在する家族，友人，施設職員といった周囲の人たちや地域住民，ボランティアその他，さまざまな要素とのかかわりのなかに，ADL（日常生活動作）回復や生きる活力向上の手がかりを見出し，それを出発点にした総合的なケアプランとなるような心がけが大切であろう。

## （2）ケアプランを立てる際のポイント[6]

ケアプランを立てる際のポイントはおおむね以下のとおりである。

① 利用者や家族の意向欄には，それぞれの生の言葉を括弧書き（「　　」）で記載し，プランへの参加意識を書面上においても高めてもらう。また逆に特に注意している目標設定に関しては，職員の思いや解釈を押しつけないよう心がける。できる限り利用者本人のニーズを引き出すことができるように意志を表明しやすい雰囲気づくりをし，さまざまなことができることを丁寧に説明し，選択肢を付与すること。

② 生活全般の解決すべき課題については，とかく身体的なマイナス部分が目立ちやすいが，できるだけ精神的に安定できるためのニーズを捉えることに気をつける。

③ 目標については，利用者本人がイメージしやすい表現や形にする。具体的には，施設において職歴・生活歴，日課や趣味・特技等のこれまでの行動パターンを聴き取る。聴き取ることが困難な利用者の場合は，家族や友人から内容を聴き取る。その聴き取った内容を具体的な活動ポイントとして，抽象化して長期目標や短期目標に掲げ，継続できる，もしくは再開できるものを検討していく。利用者の日常生活を観察するなかで，利用者の表情が明るいときの場面をとらえて何が利用者の感情に働きかけたのかを探っていく。さらにその点を１つの切り口として家族に対して聞き取り情報の範囲を広げ深めていく。

④ 目標に向けての援助内容設定では，「今後チャレンジしてみたいことは何か？」「もう一度行ってみたいところは？」などポジティブな内容を盛り込み，具体的なイメージを膨らませてもらえるような，夢や希望のもてる内容を掲げられるようにする。

　主に上記の点を中心に立案し，社会福祉士，介護支援専門員，介護福祉士，看護師，栄養士といった専門職がそれぞれの立場から意見をすり合わせて正式なケアプランとする。その際，現状では困難ではあるが，将来的に導入を検討すべきサービスや将来的に必要と思われる支援策なども，忘れず記録しておくことも大切である。

### (3) ケアプラン会議で職員の気づきを促した事例

【事例対象】A氏（年齢90歳代前半／女性／20XX年現在，認知症重度で要介護3）

特別養護老人ホームに入所から約半年がたった。入所後，A氏による他の利用者に対して怒鳴る，机を叩く行為が次第にめだつようになる。これらの行為をきっかけとして20XX年10月，ケアプラン会議を開催した。会議においては，目標にもある「安心して暮らす」ことができているのか話し合った。担当ケアワーカーHからは，怒鳴ったときや机を叩くなどの行為があったときに失禁がみられる報告があった。失禁に着目して，今のままの下着でよいのか，それともオムツにしたほうがよいのか，トイレへの促しはできているのかといった問題に対して，いかに介護方法をよりよいものにするのがよいかについて，現場のケアワーカー同士がある程度話し合う場面があった。しかし，この行為の本質は，精神的ストレス，苛立ちの点にあると捉えた管理栄養士Ｉから，ストレス軽減のため，A氏の好物である「うなぎ」や「お寿司」を召し上がってもらうために，一度外食に行くもしくは出前から始めてはどうかとの問いかけがあった。このような検討のなかで，A氏は不安をもちながら日々の生活を送っているのではないかとの共通の認識がもてた。

そこで管理職兼介護支援専門員Ｋから，A氏の今まで暮らしてこられた生活歴を考えてみようと情報収集の提案がなされた。施設に入所する前は，夫に早く先立たれひとり暮らしをしていたが，遠方に一人息子が住んでいるということがわかった。孫も1人おり，その孫たちがA氏の自宅へ来ることを心待ちにしていたとのことであった。そこでケアワーカーHは「そういえば，お孫さんがアルバイトへ行くと言って帰ってこなくなった，とポツリと食事中に小声でつぶやいておられた」ことを思い出した。次に社会福祉士Ｏが施設利用時の面接に行った際，A氏がいつも仏壇の前におられたことを会議の場で伝えた。管理職Ｋが「何かお孫さんの件と先祖供養に関連することはありませんか」と深く推察するように促した。社会福祉士Ｏが「そういえば，お彼岸とお盆の時期になるといつも怒鳴ったりしていないですか？」との問いかけがあり，会議に出席している職員一同「そうかもしれない」と口ぐちに言った。職員一同は，施設内でも毎日ご主人やお孫さんを拝むことで安心した暮らしを過ごしてもらえるのではないかと考え，さらにお彼岸やお盆の日は菩提寺へ行き拝んで

もらえるようなケアプランに書き換えていった。同時にA氏に対して仏壇購入を依頼しようと提案した。

　後日A氏にお仏壇を買ってもよいかと確認したところ，快く了承をくださった。社会福祉士Oが，A氏の菩提寺住職に相談し，仏壇購入や月参りに来ていただく段取りを行っていった。仏壇購入後のA氏は怒鳴るや机を叩くといった行為はまったく見受けられず，笑顔が見られるようになった。職員は仏壇に供える仏花やご飯の用意をすることは苦手なため，A氏自ら進んで仏花の手配やご飯の用意を行い，逆に職員に指導をするようになっていった。この指導がA氏にとって生きがいにもつながっているようである。

### （4）今後の課題

　上述の事例での目標は「安心した生活を送る」から「お墓参りに行く」と利用者のこだわりを反映した目標に変更されていった。今では車いすから歩行できるように自ら進んで訓練中である。このことは（2）-③にある利用者本人がイメージできるケアプランになった成果ではないかと自負している。

　利用者に生きる活力を見出せるよう「自己実現」を認識してもらうには，施設職員の「情報収集力」と「推察力」が大切ではないだろうか。少なくとも先の事例においては，この2つの力がうまく重なり実践できた成果だと考える。

　確かに，「情報収集力」と「推察力」は必要だが，離職率が高い職場には日々の実践で精一杯で情報の蓄積と共有ができていないという現場の声が聞かれるかもしれない。しかし，だからこそ日々の実践の記録が大切であり，ケアプランが重要だと考える。利用者の「自己実現」を目のあたりにした施設職員自身の「人格的成長」にもつながるものだと考える。日々の実践のなかに「お孫さんがアルバイトへ行くと言って帰ってこなくなった……」といった身近な人への関心事項，普段の会話と異なった特徴のある事項等の会話が落ちていないか，という「情報収集」を欠かさず行い記録をする。その記録から他の職員と本人の会話の意味を「推察」し理解する。そういう過程によって，本人のこだわりを発見し，それが利用者の生きる活力になり本人が元気になっていく姿を体感していく。このことこそが職員の「人格的成長」になるのではないだろうか。なぜなら，本人の日常的な会話などから特徴的な話題を拾い上げ，その

意味を理解していくことは，人間に対する共感力・洞察力を身につけ，人間らしさを深めていく過程ともいえるからである。

加えて，事例では管理者が参加していたことも特筆すべき点であろう。さまざまな専門職である職員が話し合い，検討を行ってきた内容について，リスク管理ばかり重視することですべて駄目出しをすることがあってはいけない。たとえ管理者が計画の不出来をわかっていても，大枠があっていれば，職員が検討し実践している内容を支持し応援しなければならないと考える。支持し応援し壁にぶちあたった職員に対し，違う道筋を伝えて方向修正する。福祉施設管理者には大きな度量が求められていると考える。事例のように管理者が会議に出席し，決定場面に同席することは，その場が職員を最も応援しやすい場面になるだろう。いわゆる一般企業のようなピラミッド組織というより，逆ピラミッド組織をめざすことが施設全体の「組織的成長」になると考える。

利用者，職員の「成長」をかなえることが施設全体の「組織的成長」につながり，ひるがえっては施設が地域に対して「何があってもあそこにいけば安心」という地域の「地域福祉推進（成長力）」の一翼を担っていけるのではないだろうか。

## 3　スーパービジョンにおける後継者育成の視点

### (1) 本節での問題意識とねらい

2008～09年度にわたる2年間，当プロジェクトでは，福山和女氏を講師にむかえ，継続的にスーパービジョン研修会（スーパーバイザー養成講座）を開催した。健やかなる社会福祉専門職の成長を考慮した場合，スーパービジョンの充実化は欠かせないものである。本研修会では，福山氏の提案のもと，「よいスーパーバイザーをめざして」ではなく，「よいスーパーバイジーをめざして」とテーマを設定したが，このテーマこそが本研修会を開催するにあたっての基盤となる考え方となった。出席者のなかには，長年にわたって社会福祉の現場に従事してこられた知識と経験豊富なソーシャルワーカーも多く，なかにはすでにスーパーバイザーとして活躍の方もおられる。

そもそも，スーパービジョンはマニュアルどおりにものごとが進められてい

くわけではない。あくまでもケース・バイ・ケースであり，スーパーバイジーの思考や価値観に応じた柔軟性がスーパーバイザーに求められる。本研修会では，理論だけを学ぶのではなく，ソーシャルワーカーとして成長を促したと実感できるよきスーパービジョン体験をし，その経験をいかして優れたスーパーバイザーとなっていただくことが大きな目的の1つであった。今回のスーパービジョン研修を通じて，出席者が「よいスーパーバイジー」を体験し，本研修会が「優れたスーパーバイザー」としての大きなステップとなることを期待している。

　本研修会では，根拠（エビデンス）に基づいたソーシャルワークに必要となる観察力を習得することが，スーパービジョンの重要な取り組みの1つであることを学んだ。これは，利用者をしっかりと観る冷静な眼を身につけるために，五感を研ぎ澄ますトレーニングの集積といえる。しばしば，スーパーバイジーの感覚に焦点をあててスーパービジョンを行うケースがみられる。しかしながら，スーパーバイジーの感覚に焦点化させた話し合いでは，発展性のあるスーパービジョンとはいいがたい。一場面について違和感を抱いたスーパーバイジーの感情は，あくまでもスーパーバイジーの主観的評価にすぎない。スーパービジョンにとって重要なのは，違和感を抱いたときの状況をしっかりと把握し，違和感の要因を追究する過程なのである。この過程に時間と労力を注ぐことが，スーパービジョンの醍醐味といえる。

　スーパービジョンを通して観察力の向上をめざしたトレーニングを積むことで，相談援助ケースの状況を正確に把握する力を高めることができるのである。

◀FKグリッドの活用（MSW版）▶

スーパービジョンで検証すべき具体的な内容については，FKグリッドを活用することが有効である。能力養成の段階に応じて関心の焦点別に要点化されており，その内容1つひとつをみていくことによって，検証すべき内容を明確にすることができる。

## （2）スーパービジョンにおける留意点

　スーパービジョンが「管理機能」，「教育機能」，「支持機能」の3機能を有し

ていることは周知のところである。スーパービジョンにおいて，これら3つがバランスよく機能することによってスーパーバイジーの成長を促すと考えられている。

　ここで留意すべきは，スーパービジョンの場合，「管理機能」，「教育機能」，「支持機能」をバランスよく機能させ，その際に上司としての「管理」方法を用いないことである。

　村井美紀は，「実習生の『語り』に対して，その是非や正誤をスーパーバイザーが指摘するのではなく，本人が考え，結論を導き出すような指導も重要」とし，「非審判的態度で臨むこと」の必要性について述べている［村井　2009；222］。ここでは社会福祉現場実習に臨む実習生がスーパーバイジーとなっているが，現場職員の場合であっても同じことがいえる。施設内の上司がスーパーバイザーとなった場合，どうしても「上司としての顔」でスーパービジョンを遂行する可能性が高い。しかしながら，上司としての「管理的」指導とスーパービジョンにおける「管理機能」を意識的に使い分ける力量が必要である。

　スーパービジョンにおける管理機能について，萬歳芙美子は「スーパーバイザーは組織や職員の業務レベルを把握し，担当職員が所属組織の利用者の利益をはかり，利用者に対する責任を果たすように促す。担当者の企画能力の把握や，機関間や専門家間のネットワークの把握をおこなうことも含まれる。これにより，スーパーバイザーは組織から委託された一定の責任を果たし，利用者の利益を守り，<u>スーパーバイジーの成長を促す管理機能を果たしているといえる</u>」［福山・萬歳ほか　2005］（下線─著者）と述べている。

　上司としての指導では，利用者や所属先施設・機関の利益を最優先するとともに，所属先の方針を徹底して教えることが重要な課題となろう。スーパービジョンの場合においても利用者や所属先の利益が優先されるが，同時に，スーパーバイジーが自らの力で結論を導き出すことができるように支持することが重視される。スーパービジョンの趣旨について，スーパーバイザー，スーパーバイジーの両者が共通の認識をもつためには，十分に事前説明（契約）を行うことが必須である。

　このように，スーパービジョンでは，スーパーバイザーが一方的に知識提供（管理・教育）を行うのではなく，スーパーバイジーの成長（スーパーバイジーの

内なる力を信じ，スーパーバイジーが自分で結論を導き出す力を養う過程）を促すことが重要な課題となるのである。

## （3）今後の課題

　スーパービジョンは誰のためのものか。前述では，スーパーバイジーの成長を促すことが重要な課題である旨を述べた。しかしながら前節の考えは，スーパーバイジーの成長が利用者に対する有意義な支援活動につながると信じるがゆえのものである。

　わが国では，スーパービジョンはまだ個人的な取り組み（組織内スーパービジョンの場合は，組織上の契約に則ったものではない上司と部下間の取り組み，組織外スーパービジョンの場合は，研修等への個人的な自主参加）である場合が多い。しかし，利用者に対するサービスの質を確保するという点を考慮した場合，スーパービジョン・システムの構築には組織（施設・機関）ぐるみの関与が必要である。組織で活躍するための人材育成という視点から，組織がスーパービジョン・システムに深く関与し，その内容について正確に把握しておくことが重要である。しかしながら，組織のみがスーパービジョン構築に力を注ぐことは困難であり，ここで教育機関の出番となる。卒後教育の観点からみても，教育機関側の積極的な関与が必要となる。

　今後の課題として，教育機関側が積極的かつ主体的にスーパービジョン・システムの構築にかかわり，組織内外に関係なく，有意義なスーパービジョンが遂行されるように取り組む必要がある。教育機関―組織間で連携を密にし，お互いの役割を認識・確認し合いながら，社会福祉専門職の有意義な業務活動に必要となる環境づくりについて議論を深めていくことが大切である。その一手段として，教育機関と組織が一致協力して「スーパービジョン・システム」を構築していくことが重要な課題なのである。

　卒後教育をどのように捉えるか。キャリア年数に関係なく，「よいスーパーバイジーをめざす」志（こころざし）を忘れない社会福祉専門職を支持するために必要な取り組みについて討議を深め，システムの構築を図っていくことが教育機関および組織にとっての責務といえよう。

## 4 事例を通じて学べるもの

### (1) 事例検討やスーパービジョンは専門家らしくなるための訓練

本節では，これまで述べてきた事例検討やスーパービジョンなどの「専門体系を理解する訓練」に加えて，「自分で体系化する訓練」がなぜ必要かを整理することを意図している。

改めて，事例とは何であろうか。支援の対象となる問題，課題，障害を「例」という言葉で表現するとすれば，それらの問題例を人・家族・地域等の対象が具体的にもったときに「症例」となる。その症例は，ソーシャルワーカーがその症例を対象に，具体的支援関係を構築した際に「事例」となる，と米本は定義している［米本 2004：17-18］（図表6-2）。つまり，事例とは，支援関係を構築しているクライエントとソーシャルワーカー等の当事者が創出する事態のことであり，個人・集団・組織・コミュニティなどの単位（ユニット）をなしているものと定義される［山本 2001：15］。事例はケース（case）と同じ意味で使われるが，事例と症例を大きく区別できるのは，事例の場合，そこに必ず支援をしているソーシャルワーカーが登場し，支援関係の営みが描かれているという点である。

次に，事例報告・事例検討・事例研究の関係を確認したい。現任者は，日々実践を行い，その営みを記録として残し，日々の事例の報告記録（事例報告）を積み重ねている。その事例を素材として，問題解決能力や意思決定能力を発

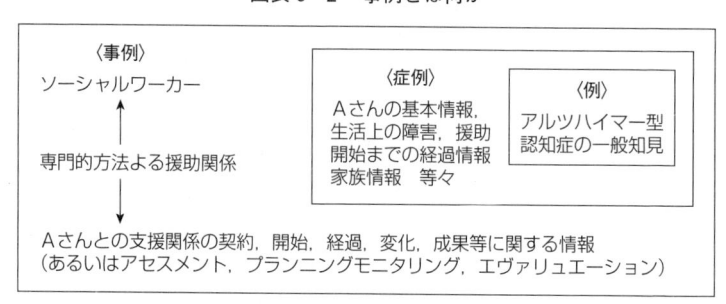

図表6-2 事例とは何か

〈事例〉
ソーシャルワーカー
↕
専門的方法よる援助関係

〈症例〉
Aさんの基本情報，生活上の障害，援助開始までの経過情報家族情報 等々

〈例〉
アルツハイマー型認知症の一般知見

Aさんとの支援関係の契約，開始，経過，変化，成果等に関する情報
（あるいはアセスメント，プランニングモニタリング，エヴァリュエーション）

出所：米本秀仁の概念整理をもとに，堀越由紀子が作成

図表6-3　事例研究・事例報告・事例検討の関係

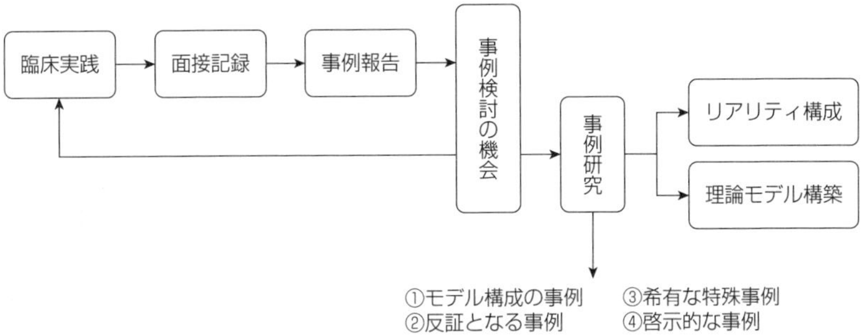

```
臨床実践 → 面接記録 → 事例報告 → 事例検討の機会 → 事例研究 → リアリティ構成
                                                          → 理論モデル構築
      ↑_____|
                        ↓
              ①モデル構成の事例    ③希有な特殊事例
              ②反証となる事例      ④啓示的な事例
```

出所：二人称の事例の「報告」と「研究」　山本力作成

動させ，個人あるいは集団で問題点を分析したり，支援計画を立案したりするのが，事例検討の機会である。この機会は実践的・教育的な場として位置づけられ，そこから次の実践につなげる，という循環を繰り返している（図表6-3）[山本　2001：16]。岩間伸之はこの循環を「理論と実践を結ぶ（理論と実践のスパイラル）」[岩間　1999：25，27]と表し，渡部律子は理論を「実践のなかで応用する」[渡部　2007：10]と表し，ソーシャルワーカーは「理論から応用，そして応用したことの振り返りを継続していかなければならない職種」[渡部　2007：10]であるとし，事例検討の機会は専門職としてなくてはならないものとしている。

ここで事例研究と事例検討の位置づけを確認しておくと，事例研究（case study）は，「事例検討を含む上位概念」[岩間　1999：22]となる。「支援―支援の記録―事例の検討」という過程を繰り返し行う実践の過程から，何らかの新しい知見の抽出が予測され，事例を通して証明することができるとき，新しいアイデアを抽出するアプローチが事例研究ということになる[山本　2001：16]（図表6-3）。したがって，そこからリアリティが構成され，また新たな理論モデルの構築がなされていくのである。当プロジェクトが当初研修事業の対象としたのは，現任者が日常的に携わる営み，つまり，ケースカンファレンスやスーパービジョンを含む事例検討（casemethod for practice）についてであった。

実践的・教育的な主旨で行われる事例検討で獲得できる力はさまざまなものがある。第2・3節では「情報収集力」，「推察力」，「観察力」と整理されてい

た。つまり事例検討の場は，アセスメントの力を鍛えるための訓練であると言い換えることができる。事例検討会は，何らかの理由で支援に行き詰まった事例提供者が，他の参加者とともに取り組むアセスメントのやり直しのプロセスであるということができる。したがって，事例検討のプロセスでは，社会福祉の価値と倫理に照らして検討し，事例の抱える困難な状況を適切に説明でき，クライエントがその課題や困難な状況に立ち向かうために活用できる意欲や能力・資源等にも気づき，それらを説明できるようにならなければならない。きちんとアセスメントをやり直し，次なる方針を提案できることができるか，ここに専門職としての責務があるといえる。渡部律子は，事例検討の機会は「クライエントと，クライエントを取り巻く環境の再アセスメント」［渡部 2007：46］であるとしている。岩間伸之は「事例に関する客観的な情報を確認し，整理し，再構成するプロセス」［岩間 1999：37］と表し，事例検討によって支援のプロセスを追体験することで，「事例の解釈力」［岩間 2007：737］が獲得できるとしている。

　ただし，ここで注意しなければならないのは，この事例検討のプロセスにグループワークやピアスーパービジョンの力の活用を取り入れた場合，着地点を見誤り，的確なアセスメントに導けない場合があることである。たとえば，解釈の押し付けが行われ，不十分なアセスメントで終わってしまったり，現任者側の単なるカタルシスの場で終ってしまう例である。確かに，事例検討の過程において，さまざまな見方や評価，解釈，アイデア等を膨らませることができる創意発想の力が求められる。これは，その場に参加したすべての現任者の経験知を共有し，発展的に討議できる力のことである。渡部は，参加者による問いかけや質問が重要であるとし，事例検討のなかで意識的に問いかけを行うことを提唱している。また，堀越はブレーンストーミングの手法を導入することを提唱している［堀越 2008：153］。高室成幸は，広げ・深める発言，主張する発言，補足する発言を適宜使い分ける技術の必要性を述べ［高室 2007：80］，発言の技術が備わってくると，ケア会議が創造的な場になることにふれている。事例検討の過程では，参加者のイメージを共有しアイデアを膨らませることができる力を総動員し，非常にダイナミックな過程をたどるが，あくまでも着地点は的確に事例を評価し解釈することであることを忘れてはならない。

## （2）「自分で体系化する訓練」を取り入れることの提案

　プロジェクトの座談会において，現任のソーシャルワーカーから以下のような発言があった。

「現場に密着している者同士，互いのしんどい立場もわかりあいながら，でも何を，その中で大事にして進めていかないといけないかということを，もうちょっと話し合いたいと思います。『こうすべし』という形式的で一方的な内容だけが出てきてしまうのは，時に痛ましい状況を生み出してしまいます。それに<u>支配されてしまって</u>，本当に自分が果たさないといけないソーシャルワーカー，社会福祉士を職業としているものとしてのありようがとても薄っぺらになって，変形して，歪みを感じます。そういう状況からも，今こそ，社会福祉士（ソーシャルワーカー）として事例を通して語り合うことの大切さを感じている」（太線・下線―筆者）

　この発言は，ともすると，専門家らしくなろうとすることが，時にソーシャルワーカーとしての価値や倫理に基づいた実践から遠ざかることになってしまうおそれについて示唆していると思われる。バーンアウト研究のマスラーク（Christina Maslach）が，人と仕事のズレという表現を用いてバーンアウト要因を整理しているが［マスラークほか　1998：28］，専門職としての自分に磨きをかける訓練と平行して，その仕事（使命）とそれを選んだ自分との間や関係性，その時どきのズレや葛藤等を取り上げてじっくりと吟味をする場が求められているのではないかとの認識にいたった。それが事例を用いた研修モデルであげているもう1つの柱「自分で体系化する訓練」である。これは，道具の点検という意味では，スーパービジョンと一見似ている部分もある。スーパービジョンは，事例におけるかかわりについて教育的・支持的・管理的な視点から指摘や助言を受けることであり，専門家らしくなることをめざす指標のなかに位置している。ところが，討議を用いたケースメソッド教授法による「自分で体系化する訓練」がめざすところは，いったん，専門家らしくなることの支配から自分を解放し，自分の今の考えや価値観を声に出して表明し，また他者の今の考えや価値観をも共有し，結果的に，改めて自分を起点にした「専門家としての自分像」を再構築することにある。読み込んだ事例（ケース教材）をもとに，こんな状況では自分だったらどうするか，を徹底的に考え，その道筋を組み立てる訓練である。

　上野哲が看護学専門職倫理教育の失敗として，正しい看護職像を押し付ける

ケーススタディを主体とした看護職倫理教育にケースメソッドを導入する有用性を述べている。ケーススタディではあるべき姿像を学ぶことはできるが，「個人の対立というよりも職業組織上の対立が道徳的葛藤を引き起こす」看護職従事者が直面する道徳的葛藤は，「葛藤処理能力を看護職の専門性として求める視点がなければ現実的な解決にはつながらない」と指摘する［上野 2008：75］。専門家らしくなることももちろん大切であるが，らしさに支配されるのではなく，「状況打開のためのベターな考え方」を模索する力［上野 2007：97］を鍛え，最も自分らしい専門家像を構築していく訓練が必要であると思われた。相対する状況が刻一刻と変わり，かかわる支援者が多種多様ななかで，クライエントの生活を守るために価値と倫理を発動することが仕事である社会福祉領域の現任者にも，同様のことがあてはまると思われる。

### （3）センターを生涯学習・成人学習の場として

「人は生涯を通じて必要に応じて多様な学習機会を自由に持つべきだ」［岩永 2003：197］とは，生涯学習の理念である。従来の「一方的に教える場」という教育観は，今では参加者が学びたい希望や要望を出し合う場作りと変わり，学校は地域のさまざまな人々が交流する場として開放されている。かつて，生涯学習は生涯教育と呼ばれていたが，1960年代に2つの国際的機関，ユネスコとOECDの寄与により，人の学びの原点を教育から学習へとパラダイムを転換させ，生涯学習という呼称を推奨するようになった。1973年にはOECDが，労働期間と教育期間を交互に繰り返すリカレント教育を提唱し，教育と労働の相互作用のもと，各世代にわたる教育機会の保障と個人の潜在能力の開発の必要性を訴えた。特に初期の生涯学習の理念に影響を与えたノールズ（M. Knowls）の成人教育の理論は，成人の学習者においては学習者の自己決定性が学習の中核概念であることを論じ，「教える―教わる」という関係性から成立する，という認識から世の人々を解放した。

以上のような経過で理念の発展を遂げた生涯学習の1つに位置する現任職業教育という側面から，研修プログラムの組み立てに関して検討した場合，以下の3つの指摘は大きな示唆を与えてくれる。

1つは，場の特徴に関する示唆である。岩永雅也が指摘する「フロントエン

ド型教育へのアンチテーゼとしての生涯学習」[岩永　2003：197] の場という点である。フロントエンド型教育観とは，青年期を過ごす学校までの段階で教育は完了し，もっぱら成人期においては生産活動に従事するべきだという考え方である。この教育観のもとでは，卒後の現任教育は，学校教育段階でなしえなかった「補填」という扱いとなる。しかし，現任者の学びの必然性は，日々の実践における悩みや失敗のなかから沸いて出てくるものである。つまり，フロントエンド型教育へのアンチテーゼとして，「生産活動の開始後であっても自由に学習の場に帰ってくることができるという回帰性（リカレント）」[岩永　2003：197] を承認する場であることが求められている。そして，帰ってきたその場は，さまざまなキャリアの人々がそれぞれに熟達した技や編み出した工夫等について共有し合い，参加者同士で新たな力量形成を図ることができる場 [三輪　2004：40] は，「同質集団では味わえない醍醐味」[赤尾　1998：217] を体験できる学びの共同体をなしているといえよう。通常のグループ活動は違いを抑圧してしまう活動に終わる場合もあるが，院生と現任者が学び合う集団は，違いを創造のきっかけとしてなすコミュニティ（共同体）となる可能性を帯びているといえる。

　２つ目は，形式・方法に関する示唆である。「自由な内容・方法を追求する自発的な学びとして発展し，学校のオルタナティブを実現した」[佐藤　1998：8] 生涯学習の功績を，大学開放の機会に積極的に取り入れるべきであるとの佐藤一子の指摘である。公開講座等，大学を開放する事業は以前にもみられた。しかし，組織・GPなどによる財政基盤や事業の体系性を整備し，そこに成人学習者独自の学習欲求へのアプローチを意識したプログラム作りを行えば，「単発の公開講座の域を越えた成人大学としての内実」[佐藤　1998：143] が結実すると指摘する。佐藤は，従来の大学開放とは異なり成功した例を以下の３点あげている。
① 勤労者・成人にとっての教養の意義が著しく高まっている動向をいちはやくとらえた。
② 既存の大学の外部に，教育課程や単位認定等にとらわれない成人のための独自の大学を作り出し，より自由で開放的なネットワークを構築し，教員にとっても緊張感のある創造的活動を展開した。

③ 討論，課題・グループ研究，実演，実習，ゼミ，クラス会，フィールド調査，劇場や施設見学，海外研修などを含む多彩な教育方法を取り入れ，学習者中心で参加型になっている。　　　　　　　　　　　　［佐藤　1998：142-144］

　大学開放という機をとらえ，大学教員は学びに本質的に重要な参加型学習の機会の提供を労を惜しまず行い，大学教員と成人学習者が相互理解を深めるプロセスに意義を認めていく。この姿勢が，佐藤は「ネットワークの構築」を創出するとしているが，センターにおける研修会という場が，大学教員・院生・現任者が事例を媒介に相互に学び合う機会となれば，研究・教育・実践が好循環を生む仕組みの創出につながると考えられる。

　3つ目は，参加者に関する示唆である。赤尾勝己が指摘する「成人学習者の参加の内実」［赤尾　2004：27］の検討という点である。ノールズの提唱した，自己決定に基づく意思を強くもった参加者が成人教育を支えていた時代とは異なり，現代は，資格取得主義・専門職主義が横行しているため，その身分や取得資格の再認定等の手続きのため，義務的に学習の場に参加しなければならない成人が多くでてきたことを指摘している。となれば，より選ばれる研修の場になるためには，成人が学習しようとする条件に，①時間，②学習の場，③費用，④情報，⑤仲間と講師に関する条件整備［山本　1998：16-18］，つまり，学びたい中身プラスアルファの部分が非常に重要になってくることの示唆を得た。

## （4）事例を用いた研修の1つの試案

　以上のような概念整理をふまえ，センターでの事例を用いた研修モデルを考案した。この研修モデルでの学びの目標は，多様なキャリアの参加者が，①事例を通じて専門体系を理解すること，②事例を通じて自分で専門職像を体系化することをめざすことである。形式は，参加型を用い，少人数の演習形式（10〜15人）をできるだけ取り入れ，研修時間についても仕事の休みや，仕事を終えてかけつけやすい時間帯をねらい，土曜日の午後や日曜・休日に主に設定した。場所は，最寄の駅から徒歩3分程度の校内会場に確保するように心がけ，費用については，1年目は半日講座を3000円でスタートしたが，現在は半日講座で1000〜2000円に負担を下げた。

具体的には,「連続講座」と「特別講座」の2本立てとした。参加対象は,一部を除いて特に制限をしなかった。まず,連続講座は,講義形式での「理論編」と実際に事例検討の過程を体験する「実践編」(定員20名)の2部構成とし,事例検討に関する理論や方法,アセスメントに関して理論的・実践的に学ぶ機会を設けた。さらに特別講座では,討議による学びを通じて他者の経験知に学び,自らの実践経験や専門知識を自分で再体系化することを学習するケースメソッド教授法を採用した。採用に適していた理由は,1つはこの手法には,自らのフレームワーク(専門職としての価値や倫理をいかに体現しているか)を点検できる討議の場が展開できる点である。参加者も多様な現場経験やキャリアをもつメンバーからなり,討議の場は互いの経験知を披露する場となる。討議中心であることを打ち出すことで,実践に戸惑った熟達者や初心者など多様な人々が,いつでもこの場に回帰できる安心感と,多様な人と学び合うという理念が参加者のなかにも育ち,生涯学習の理念を支える重要なしかけとなっていると考える。

## おわりに

　このモデル試案をもとに,2009年度は定例カンファレンスとしてセンターでの研修,また施設内研修の機会を得て試行しているところである。2年間で提供してきた各種研修では,のべ360名を超える人々が受講した実績を残し,事例を用いて学びたい現任者のニーズを強く感じているところである。講座受講者のアンケートでは,「学生や現場の人,研究者等が入り混じってワークショップみたいな,学会とまではいかない規模で,議論できるような場があればいい」「現場実践者の交流機会の充実をセンターと参加者で作っていければよいですね」「現職者との交流,意見交換の機会」「グループワークを通じて他の参加者の意見をきけること,それを通して新しい気づきが生まれればよい」など,まさに多様な参加者同士で新たな力を育み合うことができるような学びの場を求める声が寄せられてる。生きた事例を用いるからには,個人情報保護の課題等整備しなければならない問題もあるが,現任者が自由に戻ってきては,専門家らしさを学び合い,また最も自分にしっくりとくる専門家像を吟味でき

る場作りをめざせればと考えている。

1) 大橋謙策は，2008年2月23日に開催された日本社会福祉教育学校連盟近畿ブロック支部および日本社会福祉士養成校協会近畿ブロック主催第3回近畿ブロック社会福祉教育セミナーの基調講演「今後の社会福祉専門職養成のあり方を考える―社会福祉士・介護福祉士法改正を踏まえて―」において，社会福祉教育実践では今後ますます「学ぶ意欲の醸成と学び方の習得」が重要となることを力説した。特に，どのような事例を通して教員が教えることができるかがその鍵となることを示唆し，「事例を持たない教員」という表現を用いて，現在の社会福祉教育の質的側面に対し警鐘を鳴らした。
2) 「社会福祉事業に従事する者の確保を図るための措置に関する基本的な指針」（厚生労働省告示第28号，2007年）
3) 「職員連協のあゆみ　大阪府市町村社協職員連絡協議会40周年記念誌」（大阪府市町村社協職員連絡協議会，2008年）
4) 「市町村社協業務研究会報告書（昭和57年度・昭和58年度）」（大阪府社会福祉協議会大阪府市町村社協職員連絡協議会，1983年・1984年）
5) 「民間社会福祉施設等職員研修の再構築推進計画」（大阪府社協大阪社会福祉研修センター，2005年）全国社会福祉協議会中央福祉学院がまとめた「2009年度　社会福祉研修事業アンケート調査結果」をみても，全国的にもコア職員の育成を視野に入れたスーパーバイザー養成等の取り組みが積極的に展開されつつあることがわかる。
6) 堀善昭［2009］「地域福祉を推進するネットワーク構築の取組みと介護予防支援」上野谷加代子・村川浩一・鎌田ケイ子・山崎美貴子編『地域包括支援・総合相談事例集』第一法規株式会社

【参考文献】

赤尾勝己［1998］「パラダイム転換としての生涯学習」「学びのデザインとは何か」赤尾勝己・山本慶裕編著『学びのデザイン―生涯学習方法論』玉川大学出版部

赤尾勝己［2004］「成人教育学」赤尾勝己編『生涯学習理論を学ぶ人のために』世界思想社

岩永雅也［2003］「生涯学習社会の展望」岩永雅也ほか『教育社会学』放送大学教育振興会

岩間伸之［1999］『援助を深める事例研究の方法』ミネルヴァ書房

岩間伸之［2007］「事例研究の意義」仲村優一ほか編『エンサイクロペディア社会福祉学』中央法規出版

上野哲［2007］「ケーススタディに基づく看護職倫理教育の課題と展望」『医学哲学医学倫理』第25号

上野哲［2008］「倫理の専門的教育」越智貢ほか編『教育と倫理』ナカニシヤ出版

上田敏［2005］『ICFの理解と活用―人が「生きること」『生きることの困難（障害）をどうとらえるか』萌文社

大阪府社協［2002］「50年のあゆみ」
大阪府社協［2005～2008］「社会貢献事業報告書」
大阪府社協大阪社会福祉研修センター［2000］「大阪社会福祉研修センター　研修体系等改定プラン報告書」
大橋謙策編著［2000］『コミュニティソーシャルワークと自己実現サービス』万葉舎
空閑浩人［2009］「ソーシャルワークの基本スキルの向上と現任研修―OJTの視点から―」『ソーシャルワーク研究』Vol. 35, No.1．
クリステンセン，C.Rほか（高木晴夫訳）［1997］『ケースメソッド実践原理』ダイヤモンド社
厚生労働省大臣官房統計情報部編集［2009］『国際生活機能分類児童版』厚生統計協会
国立特殊教育総合研究所・世界保健機関編著［2005］『ICF（国際生活機能分類）活用の試み―障害のある子どもの支援を中心に』
佐藤一子［1998］『生涯学習と社会参加―おとなが学ぶことの意味』東京大学出版会
社会福祉研修センター調査専門委員会［1978］「社会福祉研修センター（仮称）に関する報告書」
『新版・社会福祉学習双書』編集委員会編［2008］『第14巻社会福祉施設運営（経営）論』全社協
高木晴夫・竹内伸一［2006］『実践　日本型ケースメソッド教育』ダイヤモンド社
高室成幸［2007］「発言の技術」野中猛ほか『ケア会議の技術』中央法規出版
田中雅文ほか［2008］『テキスト生涯学習』学文社
林道義［1998］『図説ユング：自己実現と救いの心理学』河出書房新社
福山和女編著・監修［2001］『スーパービジョンとコンサルテーション―理論と実際〔改訂版〕』FK研究グループ
福山和女・萬歳芙美子ほか［2005］『ソーシャルワークのスーパービジョン』ミネルヴァ書房
フランク・ゴーブル（小口忠彦監訳）［1972］『マズローの心理学』産能大学出版部
堀越由紀子［2008］「医療ソーシャルワーク実践と事例検討」『2008年度医療ソーシャルワーカー基礎講座I』テキスト日本医療社会事業協会
三輪建二［2004］「成人学習論の展開」『成人の学習と生涯学習の組織化』東洋館出版社
村井美紀［2009］「実習指導方法論3―実習スーパービジョン―」日本社会福祉士養成校協会編『相談援助実習指導・現場実習教員テキスト』中央法規出版
山本慶裕［1998］「学びのデザインとは何か」赤尾勝己・山本慶裕編『学びのデザイン―生涯学習方法論』玉川大学出版部
山本力［2001］「研究法としての事例研究」山本力・鶴田和美編『心理臨床家のための「事例研究」の進め方』北大路書房
米本秀仁［2004］「事例の三層構造」米本秀仁ほか『事例研究・教育法』川島書店
渡部律子［2007］『基礎から学ぶ気づきの事例検討会』中央法規出版

マスラーク，C，ライター，M.P（高城恭子訳）[1998]『燃えつき症候群の真実』トッパン

マズロー，A.H（原年廣訳）[1967]『自己実現の経営——経営の心理的側面』産業能率短期大学出版部

## 第7章

# 実習科目における新たな試み
—ソーシャルワーカーを育てるために—

マーサ・メンセンディーク，田島望，山村りつ

## はじめに—2つの新たな実習科目

　同志社大学では，2006年度の社会学科から社会学部への改組と同時に，社会問題実習と国際社会福祉実習の新たな2つの実習科目を設けている。これらは「実習」とついているが，従来の社会福祉士および精神保健福祉士の資格取得のために必要な実習とは別の科目である。この2科目が実習として位置づけられているのは，これらがいわゆるフィールド・ワークを目的とした科目であるためである。
　2つの科目の詳細は以下第2・3節で述べるが，いずれの科目も国内外という違いはあれ，その焦点を人々の生活に根ざした社会問題におき，実際にフィールドに身をおくなかでそれに向き合い，これからのソーシャルワーカーに求められる視点や価値観を得ようとするものである。
　このような科目の目的に沿うように，また少人数クラスでの実施ということもあり，資格実習とは異なり柔軟性のある授業内容が，両科目の1つの特徴でもあるが，一方でそれぞれに手探りのなかで始まり，試行錯誤を繰り返しながら，いわば学生とともに作り上げてきた科目でもある。そしてこの3年間の取り組みのなかで，将来のソーシャルワーカーとしての活動において必ず役に立つ貴重な体験を，参加した学生たちには提供することができただろう。
　実践から生じ実践に戻る学問である社会福祉学において，フィールドにおいて学びを得ることは不可欠な要素である。このことは，専門職教育において実習が必修となっていることからも明らかである。フィールドワークを基礎とす

る科目の，ソーシャルワーカー育成に果たす役割を考慮にいれつつ，ここでは，それぞれの科目の概要とこれまでの活動を紹介し，そのなかでみえてきた科目としての課題について整理したうえで，今後の両科目の方向性を示していきたい。

## 1 「社会問題実習」の可能性―開講3年をふりかえって

「社会問題実習」は2006年度から，現在のさまざまな社会問題に関心のある学生に対し，実際に地域のNPOなどで実践経験を積む機会を提供することなどを目的として開講された。

本稿では，これまでの講義や学生の実習先などを紹介するとともに，その内容をふりかえってみたい。そのなかで，社会問題実習のもつ意義や，今後よりよい講義内容・実習としていくための課題を見出していきたいと考える。そのため，社会問題実習がめざしたものや実習先の紹介，また，自身の経験をふりかえると同時に，学生が実習後にまとめる報告書や同志社大学内の学会で報告した内容なども参考にしながらまとめていくこととする。

### (1)「社会問題実習」のねらい

現代の「社会問題」とはどのくらいあるのだろうか。おそらく私たちが日頃意識しているもの，もしくは意識していないものも含めて多様に存在している。そのなかで，社会福祉に関する活動は，法律に定められた支援を中心としながらも，NGO/NPOなどの民間あるいは非営利団体に期待される役割が年々大きくなっている。特にこれらの団体は，その性質上，「社会問題」とされるもののなかでも，国や行政の支援が届いていない人々の問題により早く注目し，そのニーズをつかみ活動を行ってきた。たとえば，在日コリアン，部落問題，外国人，ホームレス，HIV/AIDSなどの問題においては重要な役割を果たし，現在こういったNGO/NPO団体の存在なしには，彼らへの支援は成り立たないといっても過言ではない状況にある。

「社会問題実習」の授業は，「社会問題」に興味のある学生がこのような地域のNPOなどに入って実習を通年で行い，実践経験を積む機会を提供すること

を目的として開講されている。また並行して行われる教室での授業では、学生同士がその体験を共有し、「社会問題」への理解を深めることもこの科目のねらいの1つとなっている。

このような目的を具体化するために、①対象者理解を深める、②市民団体においての支援のあり方について学ぶ、③関連分野の連携のあり方について理解を深める、さらに④実習での具体的な体験を社会福祉の援助技術や理論（ソーシャルワーク）と結びつけるといった点に重点をおき、実習と教室での講義を関連づけながら授業を進めていくこととしている。

### （2）講義内容と実習先の紹介

では次に、実際に行った講義内容および受講生の実習先について、簡単にではあるが受講状況を含めて示すこととする。

#### ◆受講生（2006～08年）

一定の条件を満たす2回生以上の学生の受講が可能な科目となっており、受講生は3年間で計15名であった。また、2008年度に関しては、神学部の学生（2名）も含んでおり、他学部への対応も検討が必要であると考えられた。

- 2006年度受講生：2回生7名
- 2007年度受講生：4回生1名，3回生1名，2回生1名の計3名
- 2008年度受講生：5回生1名，4回生1名，3回生3名の計5名

#### ◆講義内容紹介

「社会問題実習」は、原則週1回（実習先の条件により異なる場合も認める）の実習および講義で構成されている。ここでは、2008年度実施された講義内容を示す。

| 〈春学期〉 | 〈秋学期〉 |
|---|---|
| 1　オリエンテーション | 1　実習についての報告 |
| 2　実習簿について（書き方など） | 2　最近の社会問題について |
| 3　マイノリティと社会福祉 | 3　最近の社会問題について |
| 4　Community Organizing について | 4　人種差別について |
| 5　実習についての話し合い | 5　ディスカッション |
| 6　アクションリサーチについて | 6　実習についての報告 |
| 7　ディスカッション（前回を受けて） | 7　グラミン銀行 |

```
 8  ビデオ（移住者）           8  ディスカッション
 9  ディスカッション           9  フードバンク
10  ビデオ（野宿者）          10  ディスカッション
11  ディスカッション          11  学内学会発表準備
12  実習についての報告        12  実習についての報告
13  実習についての報告        13  個人発表(総括)
14  春学期総括                14  個人発表(総括)
```

　以上のような内容で2006年度から講義を展開してきた。ただし，毎年すべて同じというわけではなく，ゲストスピーカーとの関連や前年度の反省をふまえたものなどを加え，2008年度では今回提示した講義内容となっている。各学生の実習についての報告を中心としながらも，さまざまな社会問題（それぞれが実習を行っている分野）を分析し，理解を深めていけるように取り組んだ。また，自身の分野の理解だけでなく，他の社会問題についても一緒に考え，理解を深めていくことで，自身の分野についての理解がさらに深まるような構成としている。

◆**実習先紹介**

　最後に「社会問題実習」を受講した学生の実習先は以下のとおりである。実績年度と簡単な実習先の概要を示しておく。

- 「京都YWCA　APT」(2006・2007・2008)：滞日外国人のための相談窓口
- 「バザールカフェ」(2006・2007・2008)：非営利カフェ。外国人・障がい者支援
- 「きょうと夜回りの会」(2006)：京都市内の野宿者支援
- 「愛隣デイサービスセンター」(2006)：障がい者支援センター
- 「日本基督教団部落解放センター」(2006)：部落差別問題
- 「特定非営利活動法人CHARM」(2008)：滞日外国人を中心とした医療支援
- 「特定非営利法人東九条まちづくりサポートセンター（まめもやし）」(2008)：在日韓国人（高齢者）の生活支援

## （3）「社会問題実習」をふりかえる

　ここからは，実際に「社会問題実習」とはどのような講義・実習であったのかということについてまとめていくこととする。そのための資料として，学生が学内での学会報告のために整理を行った内容や実習終了後にまとめたものなどを取り上げふりかえってみる。

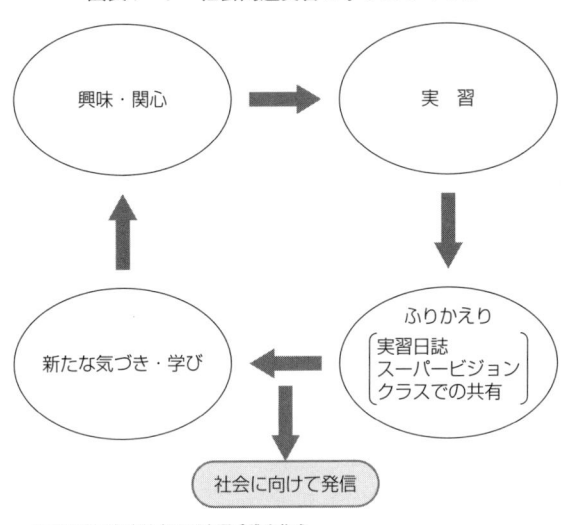

図表 7 - 1　社会問題実習の学びのサイクル

```
興味・関心  →  実習
   ↑              ↓
新たな気づき・学び ← ふりかえり
                  実習日誌
                  スーパービジョン
                  クラスでの共有
                     ↓
               社会に向けて発信
```

出所：2008年度社会問題実習受講生作成

## 1 学会報告からみる「社会問題実習」

　はじめに，2008年度の受講生が同志社大学で行われた同志社社会福祉学会（2008年12月）において報告を行った内容を取り上げる。学生たちは学会での報告を行うにあたり，KJ法的方法を用い，何度も話し合いを重ね，「社会問題実習」の意義や，講義と実習との関連について報告を行った。

　まず，「社会問題実習」全体の学びについて，学生たちは話し合いのなかで図表7-1を作成し，報告をした。同図は，①社会問題に対してさまざまな興味・関心のある学生が，②実習を行い，③大学内での講義やスーパービジョン，学生同士の考えや経験の共有，実習日誌などの作成よって，④新たな気づきや学びへとつながっていく。そこから，また新たな興味・関心が生まれ，実習に臨んでいくというサイクルを表している。さらに，これらの学びや経験は学生自身や講義のなかだけでなく，社会に向けて伝えていく（発信する）必要があるという考えをまとめたものになっている。

　講義内容のところでも述べたが，「社会問題実習」は週1回の実習と講義で構成されている。毎週実習を行い，講義で顔を合わせることによって，実習のなかだけでは気づけなかった，新たな気づきや学びへとつながり，モチベーシ

ョンを維持しながら実習に臨むことができたのではないかと考えられる。このような講義プラス実習という形式は,「社会問題実習」独自というわけではないが,実習を行いながら大学での講義も行うという「帰校制」のやり方は,他の要因も考えられるが,結果として学生の学びを深め,意図したわけではなく,図表7-1のようなサイクルを生み出していったのではないだろうか。そして,お互いがその学びを積み重ねていった結果,学会報告という作業のなかで「社会に向けて発信」するという共通認識にまでいたったのではないかと感じている。

　また,このような学びのなかで,学生は「社会問題実習」の意義を次の6点にまとめている。

1　ボランティアではなく実習生としてかかわることで問題意識を高くもち,主体性をもって取り組むことができる。
2　学ばせてもらいながら,自分も組織の一員として貢献するという,「双方向性」がある。
3　社会問題について幅広く理解することができる。
4　異なる学部・学年から集まった実習生がお互いに刺激し合い,視野が広がる。
5　クラスで共有することで学びが深まり,新たな興味・関心が生まれ,その成果を実習に活かすことができる。
6　"マイノリティ"と呼ばれる人々と出会い,さらに長期間かかわることで信頼関係を築き,身近な存在として感じることができる。

　学生たちは以上のような意義を見出したが,このような意義は2008年度の受講生にのみあてはまるものではない。1つひとつをここで紹介することはできないが,2006年度・2007年度の学生についても,実習後にまとめる「実習報告書」の文章からも同じような意義を感じていることを読み取ることができる。

## 2　「実習報告書」からみた「社会問題実習」

　次にその「実習報告書」を用いて,先に学生がまとめた意義以外のものについても少しふれておきたい。そして,ここでは学生がまとめた文章をいくつか紹介する。

まず，実習中にワーカーとして何かをしたい，してあげたいと強く思っていた学生が，「その思いは，改めて考えてみると役割を超えたものであったように思う。実習を通してあまりにも相談者に近づきすぎると，時に物事を主観的に捉えてしまったり，判断を誘導してしまったりすることがあることを知った」。また，「最後に決定するのは相談者なのである。ワーカー側からはただ理解したい，苦しみを分かち合いたい，という気持ちを伝えることが重要であることがわかった」と述べている。この学生はそのほかにもワーカーとして自身の限界（できないことを知る）ことの必要性についても述べている。

　また別の学生は，実習先の相談や支援に身近で接するなかで，「問題は多様で複雑で難しいのです。知識を知っただけでは無理です。それらの知識や知恵をどう繋げて援助するか，それは実際できるのかどうか，そこを考えるのが，この援助の最も大変なところであり，醍醐味でもあると私は考えます」と述べ，「1人のクライアントを援助するというのはこうも重くて尊いことなのかと，実習中に側で感じることが何度もありました」と述べている。

　その他にも，実際に1人の滞日外国人を支援した学生は，「実習を通して，滞日外国人だけでなく，問題を抱える人々を支援するためには，その人の思いに耳を傾け，話を聴き，信頼関係を築くことが何よりも大切だと身をもって感じた。そして多くの方々との『出会い』によって，自分自身の新たな一面を発見し，改めて見つめ直すことができた」と述べている。

　実習先の状況により，実習内容は多少異なるものの，学生たちの多くは，その組織や団体の一員としてさまざまな活動や支援に直接かかわることができている。そうしたなかで，先に学生があげたような意義を見出すことができるが，同時にソーシャルワーカーとしての気づきや学びも多くしていることを見出すことができる。

　すべての学生がソーシャルワーカーというものを意識して実習に臨んだのかどうかはわからないが，身近で相談や支援を体験できたり，実際に行えるということはとても貴重なことである。そのような経験や実践のなかで，学生はソーシャルワーカーというものを次第に意識することができ，ソーシャルワーカーとして必要なものを感じとり，学ぶことに結びついていったのではないだろうか。

実際に「社会問題実習」としての実習内容に明確なものがあるわけではなく，学生の関心や実習先に合わせた形での実習内容となっている。そのため，ソーシャルワーカーとしての実習という考えを学生に伝えてはいるが，それを意識した実習を学生に強く求めていたわけではない。しかしながら，多くの学生が実習のなかで上に示したようなふりかえりを行っている。こういった学生の経験や想いを今後の実習や講義に生かしていかなければならないが，「社会問題実習」は単に社会問題に対する理解や知識を深めるだけではなく，ソーシャルワーカーとして自身を見つめ直す機会を与え，今後の学びにつながるものになったのではないかと感じている。

### 3 インタビュー内容からみた「社会問題実習」

　最後に，社会福祉士の国家試験受験資格取得実習（以下，資格実習）との違いについて考えてみたい。「社会問題実習」と資格実習では，履修条件や学年，実習目標や内容などが異なっているため，比較ということではなく，資格実習との違いから社会問題実習の意義や課題を見出してみたい。

　そこで，今回「社会問題実習」と資格実習の両方を受講し実習を経験した学生2人に対して簡単なインタビューを行った。学生には両実習の「違い」を自由に話してもらった。そこから得られた特徴的な違いについて示していくこととする。学生の概要は以下のとおりである。

　　Aさん（社会福祉学科5回生）：2008年度受講生
　　・社会問題実習の実習先：京都YWCA　APT
　　・資格実習の実習先：社会福祉協議会および高齢者福祉施設
　　・資格実習受講学年：5回生時
　　・資格実習後に社会問題実習を履修
　　Bさん（社会福祉学科3回生）：2007年度受講生
　　・社会問題実習の実習先：バザールカフェ
　　・資格実習の実習先：知的障害児通園施設
　　・資格実習受講学年：3回生時
　　・社会問題実習後に資格実習を履修

　2つの実習を経験した2人の学生が感じた両実習の違いは，「主体性」と

「期間」であったようだ。まず，主体性について，両実習を比べてみると，資格実習は全体のなかの1人といった感じを受けたが，「社会問題実習」は個人として受け入れてもらえたように感じたということであった。当然のことながら，「社会問題実習」と資格実習では，実習の規模が異なる。他大学の実習生と一緒になることもある資格実習の現状を考えると，あたりまえなのかもしれない。しかしながら，そのように感じたことで大変さもあるが，学生に責任感ややる気を与え，より主体的に取り組むことができたようである。その結果，資格実習よりもできることが増え，おもしろい実習となったようである。

　このように学生が主体的に取り組むことができ，さまざまなことを経験できた要因の1つとして，実習の規模の違いもあるが，先にも述べたようにまだ「社会問題実習」の内容が定まっていないことが考えられる。そのため，学生たちは実習先とともにどのような内容とするのかを考えながら進めていくことになる。このことは課題でもあるのだが，結果としては，これまで実績があり，ある程度実習先によって行うことが想定できる（実習先によってはやることが決まっている）資格実習とは異なり，自身で考えつくっていく形となったことが学生の主体性を生むことにつながったのではないだろうか。

　もう1つの期間の違いであるが，資格実習は約1カ月という期間で実習を行うが，「社会問題実習」は1年という資格実習と比べれば長い期間かかわり続けることになる。長い期間が良くて，短い期間が悪いということではなく，両方を体験した2人にとって，短い期間はこなすことができるという印象を与え，長い期間では関係を築いていけるという印象になったようである。

　同時に，長期間の実習であるため，目標をしっかりともっていなければ続けていくことがむずかしい。主体性の部分にも関連するが，悩みながらも自身で考え，実習先と相談し，講義を活用しながら進めていくことで，実習としてできることや見せてもらえることの幅が広かったと感じている。

　こういった違いは，当然実習先や学生の意識のもち方によっても異なることであって，「社会問題実習」の特徴とまでは言い切れないだろう。しかしながら，社会問題というものに興味や関心のある学生に対して，週1回（通年）という実習を講義とともに提供し，そのなかで学生が主体的に取り組むことができ，資格実習とは違う学びや関係を築くことができたことは間違いない。

最後に、このインタビューで学生から、「社会問題実習」に対する課題を指摘された。それは、「社会問題実習」の存在があまり学生に知られていないというものであった。このことは受講生の数にも少なからず影響を与えていると考えられ、今後の課題として取り組んでいかなければならないことである。

## 4 「社会問題実習」の意義

これまでの3点のふりかえりを通して、ここで「社会問題実習」の意義をまとめてみたい。この「社会問題実習」に取り組むにあたって、ねらいのなかに具体的にはあげていないが、ソーシャルワーカーとしての学びを得てもらいたいという思いがあった。つまり、ソーシャルワーカーとして（そういった意識をもって）実習先にかかわることにより、学生自身の興味や、実習先を通して問題の現状と課題を把握するだけでなく、活動の経緯や組織のあり方、運営資金など、全体的な理解につなげていってもらいたいというねらいを含んでいた。

このようなかかわりや学びを通して、将来につながる、ライフワークとなるものに出会う場の提供ということも「社会問題実習」のねらいの1つとしてあげることができると考えている。

将来につながる、ライフワークとなるものまでにいたったかはわからないが、実習に主体的に取り組み、長期にわたって関係を築き、講義のなかで学生同士が理解を深めていくなかで、学生たちはひとりのソーシャルワーカーとして多くの学びと経験、そして課題を得てくれたと感じている。まだまだ十分な実習や指導内容とはなっていないが、実習先の協力もあって学生たちに対し、ソーシャルワーカーとしての学ぶ場を提供できたことは意義があった。

さらに、「社会問題実習」の実習先となったNPOなどは、現在資格実習の実習先とはなっていない。つまり、今回実習先としてお世話になったような現場にいくら興味があったとしても、これまでは資格実習では行くことができなかった。そういった意味においても、NPOなどに関心がある学生や、その他の社会問題に関心のある学生にとっては選択の幅を広げたという一定の意義があったと考えられる。

社会福祉士等の国家資格が成立して以降、社会福祉関係のほぼすべての教育機関において実習が取り組まれている。そのなかで、資格実習以外の実習科目

を設置し，独自の取り組みを行っている大学も多いが，この「社会問題実習」の実習先となったようなところで実習に取り組み，社会問題に対しての理解を深めていくような実習科目を開講しているところはほぼないといっていい。「地域」や「調査」に重点をおき，実際に地域のなかに入り課題の把握や解決策を検討していくものであったり，一定の課題についての調査を通して，調査方法を学ぶような実習は存在している。また，そういった実習のなかでNPOなどにかかわるようなものはあるのだが，通年の実習と講義をセットにして社会問題を掘り下げていくようなものは今のところ見受けられない。

同時に，「社会問題実習」での実習先がソーシャルワーカーが活躍する場であるのはソーシャルワーカーとして学べる場を提供できるということにつながる。このことは，社会問題に関心のある学生だけでなく，その他のソーシャルワーカーやソーシャルワークに関心のある学生にとって，選択肢の1つとなることを示すことができたのではないだろうか。

実習は学生にとっては少なからず負担のかかるもので，実習に2つ，3つ取り組むことはそれだけ負担も増える。そのなかで，資格実習以外の実習科目を選択するのは学生にとってはなかなかむずかしいことかもしれない。しかし，今回のふりかえりを通して，資格実習とはまた違った学びや経験を提供できることが見出せた。そして，将来ソーシャルワーカーをめざす者にとっての実践の場の1つであることも再確認できた。多くの学生にとって，ソーシャルワーカーとして，また資格実習とは異なる個人の成長の場としての提供も「社会問題実習」において可能ではないかと考える。

## （4）自己評価と今後の課題
### 1 自己評価

最後に，「社会問題実習」のねらいに対する自己評価と，今後の課題について述べていく。まず，「社会問題実習」の基本的なねらいは，「実習を通して，実践経験を積む機会を提供すること」，「学生同士が体験を共有し，『社会問題』への理解を深めること」であった。

ここまでまとめてきたもの，そしてこの3年間をふりかえってみても，これらのねらいはおおむね達成できていると考えられる。資格実習とは異なるとい

うことや，それに伴い過去の実績がないことなどから，前半は学生がうまく馴染めない，マッチングがうまくいかないこともあった。しかし，それぞれが興味のある分野で，1年の間で徐々に関係や居場所をつくり，最終的には貴重な学びや経験をしている。また，少人数のクラスということもあり，各学生の考えや実習経験，社会問題について語る機会を多くもつことができた。さらに，学内の学会への参加，講義内やそれぞれの学生が自身のつながりを通して紹介される勉強会や研修会などへの参加を通して理解を深めることができたのではないだろうか。

　授業中の学生の様子やクラスの雰囲気をふりかえってみても，それぞれの興味分野だけでなく，他の分野についても一緒に考え共有していくという姿勢で学生は講義に臨んでいたようである。そのなかで，さらに自身の理解を深めていく作業をそれぞれが行っており，ねらいは達成できていたのではないかと感じている。

　ただし，これらのねらいを具体化するために，①対象者理解を深める，②市民団体においての支援のあり方について学ぶ，③関連分野の連携のあり方について理解を深める，さらに④実習での具体的な体験を社会福祉の援助技術や理論（ソーシャルワーク）と結びつけるといった内容に重点をおき，実習と教室での講義を関連づけながら授業を進めていく点では不十分な部分もあったと感じている。

　その要因としては，意義のところでもふれたが，実習に臨むにあたりソーシャルワーカーという意識をもたせ，実習へ送り出すことができていたか，またそのような講義になっていたかということを考えると，十分ではなかったと感じている。また，「社会問題実習」は一定の履修条件はあるが，2回生以上の学生が履修できることとなっており，3年間で8名の2回生が履修している。カリキュラムの関係もあるが，2回生で実習に臨むのは早いのではないかと感じられる部分もあった。また，より具体的なねらいについても，個人や実習先によってもばらつきがあり，十分に達成できたとは言い切れない（その内容に取り組む段階まで到達できなかった）部分があると感じている。

## 2 今後の課題

　最後に今後の課題についてまとめておこう。実践の経験を積む機会の提供はできても，資格実習とは異なり，現時点で何を学ぶかという明確な目標があるわけではない。そのため，少なくとも学生自身がきちんとした目標をもっておく必要がある。そうでなければ学生だけでなく，実習先となる NPO などに対しても混乱を招くおそれがある。この点は，これまでの経験をふまえて，事前の確認を十分に行うなどの対応を行っていけたらと考える。

　また，具体的なねらいを実現させていくためにも，どのようにしてソーシャルワーカーを意識した実習・講義にしていくかということがあげられる。これまでは結果としてソーシャルワーカーとしての学びを得てくれていたが，それらの体験をソーシャルワークと結びつけるといった段階にまではいたっていない。今後そのような体験や学びができる内容をどのようにして実習および講義に取り入れていくのかが課題となる。また，実習先の指導者がソーシャルワーカーであるか否かという課題もある。学生が満足いく実習をするためにも，実習先の指導者を確保していかなければならない。

　さらに，これは学生からの指摘でもあるが，「社会問題実習」をどのように学生に浸透させていくかという課題である。あまり知られていないのが現状である。「社会問題実習」そのものが知られていないこともあるが，その内容がいまひとつ理解されていないのではないかとも考えられる。また，3回生は資格実習が入ることもあってあまり興味を示さないのではないかとも考えられる。

　このようないくつかの要因が重なることで，「社会問題実習」が知られていない，浸透していない可能性がある。学生に対してどのようなものが提供できるのか，どういったことが学べるのか，そういったことをどのようにして伝えていくのかが今後の課題である。まだ3年の経験ではあるが，学生や実習先のおかげで魅力的な科目であると感じている。また，社会福祉の実践をめざす者にとって社会問題を支える現場は，資格実習の実習先と同様に選択肢の1つであり，活躍すべき場であるだろう。

　今回まとめたものをふまえて，さらに充実した「社会問題実習」にしていきたい。そして，多くの学生に関心をもってもらい，受講できる環境を整えてい

けたらと考えている。

## 2 「国際社会福祉実習」の新たな挑戦

次に、もう1つの新設科目である国際社会福祉実習について述べる。

近年、さまざまな領域で国際化やグローバリゼーションといわれる状況が進むなかで、社会福祉領域においても実践・研究の両側面で、「国際」をキーワードとした取り組みが盛んになっている。当然、社会福祉教育の場面でも例外ではなく、大学などの高等教育機関においても、近年国際的な視点や取り組みを「売り」にした授業やプログラムが多くみられるようになっている。

社会福祉（学）における国際的側面といった場合、まず海外の先駆的（あるいは独創的な）理論や実践の輸入という側面があげられる。社会福祉という領域自体が、元来欧米を中心とした海外から持ち込まれたものであり、現代においても多くの研究や実践にはその発端を海外の例に求めるものは多い。

一方で、ある意味で「新たな」国際的側面としてあげられるのが、主に実践において、海外の地域や外国人を対象とした社会福祉実践である。これにはさらに NGO などの国外の地域への支援と、国内に住む外国人などへの支援の2つがある。前者については、社会的には社会福祉実践としての認識はあまりされていない感もあるが、ソーシャルワークは必ずしも相談援助などの直接援助だけではなく、Social Development や Social Action Research などの実践として、社会福祉実践の一環と捉えることができる。また後者については、特に日本では十分な実践があるとはいえない状況であるが、多文化社会となった地域では、外国人の支援だけでなく、通常の社会サービスにおいて人種や文化に配慮することが一般的となっている。

このように、一口に「国際社会福祉」といってもさまざまな概念、対象が連想されるが、そのなかにあって同志社大学の「国際社会福祉実習」はどのような目的や位置づけをもち、それによってどのような取り組みが行われているのか。本稿ではこの「国際社会福祉実習」について紹介するとともに、その独自性と意義、課題について検討し、今後のさらなる展開について考えたい。

## （1）「国際社会福祉実習」とは

「国際社会福祉実習」の目的は，社会福祉学の専門性をもった人材が国際NGOや国連等にも活躍の場を広げる現代において，国外での実践経験と国際的な視野をもち，その専門性を生かすことのできるソーシャルワーカーを育成することである。そのために海外のNGOや福祉施設での実習体験を通して，日本以外の地域での実践体験を提供している。

◆講義の概要

この科目の目的の1つは，国際社会における社会福祉実践において重要なキーワードである多文化社会と，そのなかでのソーシャルワーク実践について学び，理解を深めることである。そのために適したフィールドとして，これまでの実習では多文化社会の代表ともいえるハワイを実習先として訪問してきた。

ハワイでは欧米で築きあげられたソーシャルワークが取り入れられている一方で，生活に根ざしたハワイやアジア太平洋の文化との融合を図った独自の取り組みが，ソーシャルワークとして実践されている。その状況は，同様に欧米からの理論を輸入しながら展開される日本のソーシャルワーク実践と重なっている。と同時に，ハワイは日本よりもはるかに実生活における多文化の共生が実現している地域であり，ソーシャルワーク実践のみならず多くの学びを得ることのできる地域である。

これまでの科目の受講生数および実習訪問先は下記に示すとおりであるが，科目の開設が2006年度ということもあり，これまでの実施は計3回（執筆時点）と少なく，授業としての蓄積は決して多いとはいえない。

- 2006年度受講生：11名（男3名，女8名／2回生7名，4回生4名）
- 2007年度受講生：10名（男4名，女6名／2回生5名，4回生5名）
- 2008年度受講生：11名（男4名，女7名／2回生8名，3回生1名，4回生3名）
  ※各年度とも，担当教員とTA（大学院生）1名ずつが同行。

受講生数については，現地での移動手段の関係上の理由から11名までの定員を設けており，毎年度，ほぼ定員と同数の学生の参加があった。参加学生の学年に偏りがあるが，実習科目ということで授業の事前説明会を前年度末に行っており，そのため1年生の参加はみられない。また3回生については，社会福

祉士国家資格取得のための実習期間が渡航時期と重なるために，参加者がほとんどみられない状況となっている。

　訪問先の多くは，行政からの委託を受けたり助成金の提供を受けたりしながらNPO団体が運営する実践である。これはハワイのみならずアメリカのソーシャルワーク実践の特徴といえる。またハワイでは，そのような民間団体が地域福祉実践においても重要な役割を果たしており，Community Organizationの実践についても多くの学びを得ることができる。なお，実習において訪問した現地施設は図7-2に示すとおりである。

　また，このような訪問実習での学びを最大限のものとするために，講義開講時期の授業では前期で事前学習，後期では実習のふりかえりを行っている。事前学習は，現地でより深い学びを得るために非常に重要なものとして位置づけられている。なぜならば，ハワイはその歴史，生活，制度や社会問題といったあらゆる面において日本とは大きく異なり，さらにその背景にある思想や文化的背景の理解なしにはそれらの異同を正しく認識することすら困難であり，事前学習はそれを学ぶための機会となるからである。

　そこでは国際社会福祉とは何かという問いから始まり，ハワイ先住民の歴史・文化，現代のハワイが抱える問題のほか，さらに現在のハワイについて語る際には避けて通れないアメリカの福祉についての基礎知識を，授業と1泊2日の合宿によって学ぶ。これらの授業はテキスト（山中速人『ハワイ』岩波書店，1993年〔初版〕）を題材としたディスカッションを中心に行われ，ビデオ教材の利用やアメリカの社会問題に関連したゲストスピーカーとの交流を通して，日本にいるだけではなかなか知ることのできないハワイの実状についての理解を深めている。

　事前学習を経て，実際にハワイを訪問したのち，秋学期の授業で行われるのが事後学習としての実習のふりかえりである。ふりかえりは実習期間中も毎日行われるが，帰国し，さまざまな体験を得た実習からしばらく期間をおいてのふりかえりには，また新たな発見がある。さらに，それぞれの学生が実習を通じて体験した思いや理解を共有することも大切であると考え，ここでは個人発表とディスカッションを中心とした授業を行っている。

　加えてこの事後学習で重要なことが，ハワイでの体験を通して日本をみると

図表7-2　訪問先一覧

| 施設・団体名 | 概要 |
| --- | --- |
| Makaha Farm | 農業や自然体験，ハワイ原住民の文化の学習を通して，地域の子どもたちの育成を目的とした活動を行っているNPO団体。Wai'anae地域滞在中の宿泊先でもあり，プログラム中のみならず，1日を通じた学生とスタッフのふれあいにより，さまざまな学びを得ることができる場所である。 |
| MAKUA陸軍演習場 | Makaha Farmから車で数分の位置にある米空軍の演習場。中に入ることはできないが，地域住民との間に抱えているさまざまな問題について学び，ハワイと本土の関係や現地の生活の本質をみることができる。 |
| Wai'anae Comprehensive Health Center | Wai'anae地区（ファームのある地域）の総合的なヘルス・センター。現代的な西洋医学とハワイの伝統的なHealing手法の双方を取り入れている。生活上のさまざまな健康問題だけでなく，教育や職業指導，生活改善のためのさまざまな取り組みを積極的に行っている。 |
| Ka'ala Farm | ハワイ原住民の伝統的な生活や慣習を生かして，青少年の更正プログラムなどにも生かしているNPO団体。現地の小学校へのプログラム提供なども行っている。 |
| Maileland | Wai'anae地区にある家族ホームレスを対象とした自立生活移行のための支援施設。運営母体はカトリック系のNPOであり，2年の期限つきで施設内の滞在施設を利用して，ホームレス状態からの回復を支援する。 |
| Makaha小学校 | Makaha Farmに隣接する小学校。小学校の授業の一環としてファームでのプログラムを取り入れている。 |
| Waikiki Health Center | Waikikiの中心部にあるヘルスセンター。 |
| Moiliili Community Center | Waikikiからバスで20分程度のところにあるコミュニティセンター。元日本語学校だった建物で，地域的にも高齢の日系人が多い地域のため，日系人の利用者が多い。移民への生活支援や高齢者むけのプログラムを提供している。 |
| Youth Outreach | Waikiki Health Centerが実施する若年ホームレスのための支援の本部。アウトリーチ活動を中心として，さまざまな相談に応じるほか，医療や簡単な食べ物，衣類，インターネットの利用などのサービスを提供している。 |
| Hawaii大学 | ホノルル，Manoaにある大学。実習生たちは，実習プログラムとしてソーシャルワークの学生とともに文化の違いやその理解のためのワークショップに参加。 |

いうことである。単にハワイの現状を理解するだけではなく，その知見を生かして，現在の日本の社会問題やソーシャルワークの現状を改めて知る機会とするため，講義では学生たちへの意図的な問いかけを行い，その認識を明確なものとするための働きかけを行っている。

このような学習の結果報告として，2007年度と2008年度には，同年度内に開催された同志社社会福祉学会において実習報告を兼ねたポスター発表を行っている。この発表を通して学生たちは，実習を通して吸収したさまざまな知識や経験を人に伝えることで改めて自分自身のなかに定着させていけるものと考えている。

◆科目のめざすもの

海外の例を知ることは，もちろん日本とは異なる国の制度や状況と，そのなかでの支援のあり方や工夫を知ることにつながるが，同時に日本の場合に置き換えて考えることで，日本での支援のあり方についての新たな見地を得る機会となる。この講義でも，課題は単にハワイの社会福祉を知ることではなく，そこから日本の社会福祉への理解を深めることである。

現在の日本の社会福祉が抱えるさまざまな課題について，海外の実践や取り組みから解決のためのヒントを得ようとすることは多くの実践家や研究者が行っている。学生にそのような課題解決の方法を示すことは，将来の実践者としての重要な学びにもなる。

加えてこの授業では，NPO（NGO）や市民活動とのかかわりについても学ぶ機会を設け，さらに一歩踏み込んで国による福祉，すなわち制度や法律のないところで，いかにニーズを満たしていくかという点について考えることを学生たちに求めている。そのために，今ハワイにどのような実践があるかということだけでなく，どのようにしてその実践が現実のものとなっていったのかというプロセスを示し，学生たちの発想力を育てることを大切にしている。

このような働きかけは，単なる現状理解の枠を超えて，複雑な社会の歪みや不均衡によって起こる社会問題に対してどのように解決の仕組みを作り，あるいは制度とのギャップを埋めていくのかという，現在の複雑化した社会構造のなかで有効な社会福祉実践を行うために必要な知見を学生たちに与えるものとなる。

また Community Organization の手法を学ぶことも，この科目では重要と考えている。そのような制度化されていないソーシャルワーク実践において即戦力となる知識や経験を提供することで，この科目の一番の目的である国際社会において活躍できる人材の育成につなげたいと考えている。

## （2）「国際社会福祉実習」の特徴

　現在，さまざまな大学で国際的なテーマを掲げた取り組みが行われている。海外への留学制度や外国人指導者の招聘のほか，海外での実習やフィールドワークの実施もその一環といえる。この国際社会福祉実習もそのようなタイプの科目であるが，同様に授業の一部もしくはすべてを海外で行う科目を設置する大学は全国でも多数にのぼる。

　しかし，社会福祉学を専攻としている学部や社会福祉士資格の取得が可能なカリキュラムのある学部・学科において，ソーシャルワークを学ぶことを目的とした海外での実習等を行っているところとなると，数は限られてくる。ある大学検索サイト（http://passnavi.evidus.com/〔大学受験パスナビ Produced by 旺文社〕）で「福祉学」を学べる学部としてあげられた217学部のうち，一般的な資料で海外実習のプログラムがあることが確認できたのは全体の１～２割であった。社会福祉を専攻とする学部・学科におけるこのような科目の内容は，大学によって異なっており，科目名だけみても，同志社大学における「国際社会福祉実習」のほか，「海外現地研究」「海外アドバンスト実習」など，１つとして同じものはない。実習先も内容もさまざまである。

　そこで，授業に関して共通するのは「社会福祉」という学問領域と「海外へ行く」という点だけであり，ある意味ではそれ以外のすべての要素が各大学の科目の「特徴」といえるかもしれない。それでも，社会福祉やソーシャルワークという共通概念のもとに実施されていることもあり，大きなテーマとして海外の制度や状況の理解および体験学習などの共通点もみられる。

　そのようななかにあって，本校の「国際社会福祉実習」の独自性の１つが，その舞台をハワイにおいていることである。他大学で多いのが北欧諸国などの福祉先進国といわれる国々へ赴き，充実した高齢者ケアや整備された施設などを見学するものと，逆にアジアなどのいわゆる途上国と呼ばれる国々を訪れ，

制度や公的支援のほかあらゆる資源が不足しているなかでの地域住民やNPOなどの民間レベルの社会開発の様子を学ぶというものである。

それと比較した場合，ハワイはその両者とも違う，あるいは両方に共通する特徴をもつという独特な環境といえる。国としてはアメリカの一部であるハワイのソーシャルワーク実践は，当然本土の実践と同様のレベルで展開されているが，一方でアメリカ本土以上に多文化化している複雑な社会構造や，欧州にその起源をもつ本土とは明らかに異なる原住民の文化や思想を基盤にもち，かつ小さな島の限られた資源という側面も持ち合わせている。すなわちハワイは，社会福祉においてだけでなく，生活・政治・文化のあらゆる面において，他の国や地域にない独自性をもった地域といえる。つまりはそこに実習の場をもつという点が，本校の「国際社会福祉実習」の大きな特徴の1つなのである。

このことは，実際の実習プログラムにも独自性を生んでいる。この授業のプログラムの特徴の1つが Makaha Farm というNPOに滞在している点である。このNPOは自然やハワイ原住民の文化とのふれあいを通した人間形成を目的とした団体であり，そこに滞在することはそれ自体が1つの学びとなる。また滞在中は学生は各自で役割を分担し，協働で生活することでグループ・ワークの役割も果たしているといえる。

加えて，この授業の特徴で言及すべきものとして，NPOなどの民間の取り組みとの関連を重視している点がある。それはNPO等の団体が，人々の生活やそこから生まれるニーズが多様化・複雑化する現代にあって，最も隅に追いやられる可能性のあるマイノリティに対して，制度や公的支援ではまだ対応できていない隙間を埋めることのできる資源であり，その活動には大きな可能性があるからである。

この授業では，将来そのような領域で幅広く活躍できる人材の育成を1つの目標としている。それは公的な制度や機関などの枠組みを超えて，ニーズの存在するあらゆる領域での実践である。特に国際的な活動という点でいえば，海外支援においても国内の外国人支援においても，上述のような制度や法律による福祉実践が不十分な場合も多い。

最後に，授業の目的としてあえてオフィシャルには掲げていないが非常に重

要なもう1つの目的がある。それは，「人生の学び」という目的である。これがこの授業の最も大きな目的であるといってもいいかもしれない。それはこれが，大学生という年代の若者にとって，時として「学問としての学び」以上の大きな意味をもつからである。

これはこの授業の母体であった学生向けの自主参加プログラムを行っていた教員が，キリスト教の宣教師であったことと深く関係している。彼女の，滞日外国人支援を中心としてさまざまな社会問題に取り組む実践者としての姿勢と，宣教師としての姿勢の両者が，この授業の元となったプログラムにおける重要な基盤となっていた。そこでは社会福祉学に据えられる知識や経験だけでなく，"life changing experience" を学生が獲得することも，重要なプログラムの意義として位置づけられていた。そのプログラムを起源とした「国際社会福祉実習」でも，この「人生の学び」は重要なテーマの1つであり，この授業の特徴の1つとなっている。実習先および滞在先に人間形成を目的とするMakaha Farm が選ばれたのも，このようなプログラムの意図に則したものである。

以上にように,「国際社会福祉実習」はその滞在国，内容，目的において，他大学の海外実習科目にはない特徴をもっている。資格取得や一般にイメージされるソーシャルワークとは違った，今後開拓されていくであろう新たなソーシャルワーク領域に視点をおいている点に，この科目の意義があるといえるのではないだろうか。

## (3) 今後の課題

これまで「国際社会福祉実習」について，その意義や特筆すべき点について述べてきたが，最後にこの授業のもつ課題についてふれたい。

残念ながらこの授業にもいくつかの課題がある。その1つが，この授業で学生たちが得る学びの内容について，明らかに個人差があるという点である。これは1日の実習の終わりや授業での「ふりかえり」を通して実感させられるものである。どのような科目でも，教える側が提供するものに対して，その吸収の度合いが学生によって異なるのはある意味自然なことでもある。そう考えれば，いわゆる「結果」に個人差が出ることをどこまで課題とすべきなのかとい

う議論も考えられる。しかしながら，だからこそ学びを共有しその差を埋めるためにある「ふりかえり」で，それぞれの学生の温度差を埋めていくことが重要となる。しかし，なかには参加したということで満足してしまう学生もあり，その差を埋めるための事後学習の方法，ひいては実習段階からの意図的な働きかけの方法についても，今後考えていく必要がある。

　もう1つ，学生の学びという点でいえば，その10日間の学びをその先にどう結び付けられるかという課題もある。これにももちろん学びに対する意識の個人差は影響するが，同時に指導する側の適切な導きも重要である。現在のところでは，事後学習は実習で得た学びをできる限り学生個人のなかに定着させるまでの指導で，その先にそれをどう生かしていくかは指導する側の手を完全に離れて，学生個人に任されてしまっている。これから「国際社会福祉実習」の実施回数が重なっていくにつれ，過去の受講生に向けた活動報告や参加年度を超えてそれぞれの経験を共有できるような機会を設けていくことも検討していく余地があるだろう。

　さらに，実習の実施方法についても課題はある。それは自主的な学びをどう促すかという点である。大学の正式な科目ということでの制約や，外国という特殊な環境による制約，あるいは学生の英語力の制約などにより，実習という名前はついていても，多くの場合は集団での見学や参加がほとんどである。できうる限り自発的な質問やディスカッションの場を設けるようにしているが，それでも常に団体で動くことによる制限は大きい。

　このような課題については，たとえば，各自が個別に研究テーマや課題を設け，個別にそれについての調査を行うような手法も考えられたが，安全面や語学の問題があり実現はむずかしいと判断せざるをえない。海外において個人レベルで行動し，テーマに基づく調査を行うというのは，大学院ならまだしも，学部レベルの授業では高すぎるハードルである。

　また実際の活動に参加するにしても，英語力の課題がある。学生の活動が個別的であるほど，現地での補助スタッフの必要数も増えることになるため，現在のように教員とTAの2人で全体の引率をしている状況では不可能な話である。またそのような面倒な実習を受け入れ，戦力としてまったく役に立たない海外の学生をただ同行させ，質問に答えたり指導をしたりできるほど現場実

践者は時間的余裕をもってはいない。そのような協力を求めることは，相当に強い信頼関係を互いにもっているか，あるいはその機関自体が大学と組織的なつながりがあるような場合でなければ，実際にはむずかしいだろう。

　もう1つ，実際に実習を通じて感じた課題を述べるとすれば，ハワイという土地のもつ独特な雰囲気のなかで実習を行うむずかしさである。具体的には，事前学習でたとえばアメリカの福祉についての基礎知識などを十分に学んでから学生は実習に向かうのだが，現地に着くとどうしても，ハワイのもつ楽しげで明るく華やかな雰囲気に負けてしまう。テキストで繰り返し学び，そのようなハワイの表向きの表情の裏にある，複雑な背景や社会問題について一度は理解したつもりでも，現地に着くと忘れてしまっている学生も少なからずいる。このようなハワイのもつ「イメージ」は，それもハワイの独自性であるし，そのような雰囲気があるからこそ気づかれずに複雑化していく社会問題の存在も見過ごせない。その意味で，だからハワイ以外の場所を考えるのではなく，そのなかにあって真実を見抜く目を養っていくことも重要であろう。

　最後に，授業の継続性という課題をあげておきたい。この授業がメンセンディーク准教授の個人的な活動をもとにしていることはすでに述べたが，正式な科目となった現在でも，その運営は彼女や彼女と個人的なコネクションをもつ団体に「依存している」といっていい状態である。このような状況では，担当となる教員個人の負担は教員として求められる責務を大きく超えている。その要となる人物の状況如何によって，授業の実施そのものがすぐさま危機的状況に陥ることは容易に想像ができる。実際に本校においても，2009年度には宣教師でもあるメンセンディーク氏が所属する教会の研修プログラムのために半年間渡米することとなり，この授業の実施が問題となった。結局は，同様に教員個人のネットワークや努力によって行われていた学生への海外訪問プログラムをそのまま授業に置き換えることで，2009年度も授業自体は実施されることとなった。しかし当然のことながら，行き先も授業の目的もやり方もまったく別の授業になっている。さらにいえば，結局前回までと同じ継続性についての課題はまったく解決はされていないのである。

　このような問題を解決するためには，これまでのような個人の努力やプライベートな関係でやりくりしてきたプログラムではなく，まず学部としてこの授

業に求める目的と意義を明確に定めることである。そしてそれを実現するためのプログラムを，大学・学部と相手先の機関とのオフィシャルな取り決めや契約のもとに構築することが求められる。

## おわりに－これからの社会福祉実習

　現在，社会福祉学領域における教育は，実践・研究の両面においてさまざまにあるが，大学という高等教育機関における教育，特に授業としてオフィシャルに提供される教育の多くは専門職国家資格取得のための教育となっている。確かに資格はその職業がより所とする学問領域の価値を示すものでもあり，他の専門職に比べ低いといわれる福祉専門職の地位向上のためにも，専門職国家資格の教育水準を上げ，国家資格取得者の専門職としての能力を向上させることは，教育機関にとっても重要な命題であるといえる。

　しかし一方で，現代の社会生活はさまざまに複雑化・多様化し，それに伴って社会福祉の対象となる人々のニーズもその領域・種類・量とあらゆる面において拡大を続けている。そのなかにあって，求められる専門職像も単なる国家資格取得者ではなくなってきている。さらに実践の場も，施設や公的機関のなかにいて制度で定められた実践を提供するだけでなく，広く地域社会のなかに求められるようになってきた。人々の生活に密着した細かな，しかし重要なニーズに目を向け，行政という大きさをもっては対応がむずかしい複雑な問題について解決のための働きかけをすることが求められるようになってきている。

　そこで活躍が期待されるのがNPO（NGO）や市民活動による取り組みであり，今回紹介した「社会問題実習」「国際社会福祉実習」が授業において焦点をあてている点でもある。その意義は大きく，今後社会福祉実践においても求められるものであるといえる。

　今後は，今一度この授業の目的と意図を学部や学科レベルで確認し，それが実現可能な授業の体制を公の体制として構築していくことが重要といえる。そのうえで，今後のさらなる実施のなかで社会福祉教育としての価値ある見識を蓄積させ，さらにその先の専門職教育へと生かしていくことが求められている。

# 第Ⅲ部
## 福祉サービスとヒューマンパワーに関する国際比較
──日韓比較と中国──

―― はじめに ――

# 福祉サービスの東アジア比較に向けて

埋橋孝文

## （1）高齢化の進展のもとでの社会福祉サービス

　近年，東アジアにおける社会保障や福祉システムをめぐる関心が内外で高まってきた。その背景としては，1997～98年のアジア経済・金融危機の際にいわゆるソーシャル・セーフティネットの脆弱性が明らかになったことが大きいが，それに加えて，1990年代からそれまでと異なる新しい動きがこの地域で胎動していたことも見逃せない。韓国と中国に限っていくつかの例をあげれば次のようになる。

・韓国での医療保険制度の統合とそれまでの生活保護法に替わる「国民基礎生活保障法」の制定や「生産的福祉」，「社会的投資戦略」コンセプトの提起，2009年7月からの「老人長期療養保険法」の実施
・中国における1990年代初頭からの社会保障システムの全面的な改編（社会保険と一種のプロビデント・ファンドである個人勘定制を結合した年金，医療制度の制定），その後21世紀に入ってからの「社会福祉の社会化」政策にみられるような社会福祉サービス改編の動き

　上のように簡単に列挙してみても，現在，両国では高齢化の進展のもとでの社会福祉サービスの創出もしくは再編が新しい政策課題として浮上していることがわかる。

## （2）人口ボーナスの終了

　図表1はいわゆる人口ボーナス（population bonus, demographic dividend）の時期を東・東南アジアの国別に示したものである。日本の高齢化は他の多くの国の場合と同様に少子化と同時並行的に進んだが，従属人口比率（〔年少人口＋老

図表1　人口ボーナスの開始・終了時期

|  | 人口ボーナスの時期 | | 1人あたりGDP |
|---|---|---|---|
|  | 開始年 | 終了年 | 2005年（USドル） |
| 日　本 | 1930—35 | 1990—95 | 36,432 |
| NIES | | | |
| 韓　国 | 1965—70 | 2015—20 | 16,304 |
| 香　港 | 1965—70 | 2010—15 | 25,617 |
| シンガポール | 1965—70 | 2010—15 | 26,843 |
| 中　国 | 1965—70 | 2015—20 | 1,728 |
| アセアン諸国 | | | |
| タ　イ | 1965—70 | 2010—15 | 2,728 |
| マレーシア | 1965—70 | 2035—40 | 5,014 |
| インドネシア | 1970—75 | 2025—30 | 1,242 |
| フィリピン | 1965—70 | 2040—45 | 1,142 |
| ベトナム | 1970—75 | 2020—25 | 627 |

資料：UN, IMF

齢人口〕／生産年齢人口）は1930年の70.5％から55年の63.3％へと低下し，1990年に43.5％で底に達し，2000年には47.0％，2005年現在51.3％と上昇しており，その後も上がっていく（2030年に70.9％に上昇し，2055年に95.7％）。

　したがって，日本の場合，人口ボーナスは，1990年代半ばには完全に消失し，それ以降従属人口比率が上昇していく人口オーナス（demographic onus）の時期に入ったと考えられる。その他のアジア諸国の特徴は次のようにまとめられる。

① 東アジア4カ国／地域では，日本よりも20年から25年遅れて，2010年代に人口ボーナス期が終了すること。
② 東南アジアの国々では，それより遅く，タイを除いておおむね2020〜40年まで人口ボーナス期が続くこと。
③ 中国ではほぼ同様の1人あたりGDP水準にあるインドネシア，フィリピン，ベトナムと比べて人口ボーナスの期間が短く，早く終了すること（2010〜15年）。

　韓国では金大中政権以降，「社会政策の超高速的拡大」（李惠炅）がみられた

が，それも人口ボーナス期の終了（2015〜20年）と無関係ではないであろう。一方，中国では「発展途上国でありながら（の）高齢化社会」という捉え方がされているが［楊　2006］，そのことは図表1からも読み取れる。人口ボーナス終了期までのおよそ10年間に1人あたりGDPの伸長が急がれている所以であり，また，同時に，比較的高齢化率が低い段階で早くも高齢化対策が論じられる背景でもある。

## （3）同じ土俵の上に立って

　もちろん，「人口ボーナス」論は労働力の供給面にもっぱら注目した議論であり，それで経済や社会のあり方が一義的に決定される性格のものではない。実際には，①1人あたりGDPに代表される経済水準，②人口ボーナス終了時期における財政の状況，③それまでに形作られた社会保障制度の概要によって，人口ボーナス消失期における高齢化対策の中身は大きく異なってくる。

　ところで，従来，経済の発展段階に応じた社会保障・福祉システムがあり，それは「不可逆的」なもので，後発のものは先発のシステムにとっていつか来た道であっても，今後の進路にとってはかかわりがないと考えられがちであった。その文脈でいえば，東アジアの社会保障・福祉は日本にとってあまり参考にならない，ということになる。

　しかし，韓国では1990年代以降，日本で懸案となっているにもかかわらずクリアできていない課題を数多く達成していることに注意を促しておきたい。それは分立していた医療保険制度の統合や医薬分業の実施，受給権を明確にし，日本の生活保護と異なって労働能力のあるものにも支給の道を拓いた「国民基礎生活保障法」である。また，ワーキングプアを対象とする税額控除制度やレセプトのコンピュータ処理システム，診断群別定額報酬支払い方式（DRG）の導入もそうである。その結果，「日本型福祉制度からの乖離」（金淵明）がもたらされたという主張があるほどになっている。

　この韓国を嚆矢として1990年代からの東アジアでの社会保障・福祉の形成や再編の大きなうねりのなかで，policy-making面で相互に参考にできる共通の土俵が形成されつつあることが確認できる。そのことは，比較分析が可能になってきていることをも意味する。

中国の場合には，いまだ「共通の土俵上での比較分析」はむずかしい。しかし，今後"億"人単位で高齢者が出現するという人類史上未曾有の事態は私たちの関心を惹かざるをえない。社会福祉サービスにおける国際協力とはどういうものであるべきかについては明確な知見を持ち合わせているわけではないが，まずは正確な事実・問題把握から始めたい。

## 【参考文献】

埋橋孝文 [2006]「東アジア社会政策の新時代」社会政策学会編『東アジアにおける社会政策学の展開』法律文化社

埋橋孝文・木村清美・戸谷裕之編 [2009]『東アジアの社会保障－日本・韓国・台湾の現状と課題』ナカニシヤ出版

大泉啓一郎 [2007]『老いてゆくアジア－繁栄の構図が変わるとき』中公新書

武川正吾・イヘギョン編 [2006]『福祉レジームの日韓比較』東京大学出版会

ホリディ，I., ワイルディング，P.（埋橋孝文ほか訳）[2007]『東アジアの福祉資本主義－教育，保健医療，住宅，社会保障の動き』法律文化社

楊　団 [2006]「中国の社会政策」社会政策学会編『東アジアにおける社会政策学の展開』法律文化社

## 第8章

# 社会支出の日韓比較
― OECD のデータから ―

咸　日佑，廣野俊輔

## はじめに

　本章の目的は，OECD の Social Expenditure Database（以下，SOCX）に基づき，日韓の社会支出を比較し両国の類似点と相違点を明らかにすることである。まず，本研究の背景について述べる。本研究の背景には，韓国の急速な福祉国家化という事態がある［武川ほか　2005］。韓国は，他のアジア諸国がアジア金融危機以降，社会保障に関する支出を削減しているのとは対照的に，社会支出総額としても，GDP に占める割合としても飛躍的に伸ばした。後に確認するように，急速な増加は一時的で，社会支出の水準は低下するが，そのことを考慮に入れてもなお社会支出が増加傾向にあることは間違いない。このような事情によって，それまで日本との社会保障に関する比較研究の対象とみなされなかった韓国が，重要な比較研究の対象となったのである。もともと，地理的にも近く，文化的にも共通点があり，福祉国家としても後発である点で共通している両国についての比較研究は近年注目を集めている。しかし，両国の実証的な比較研究についてはまだ研究の蓄積は少ない。

　そこで本章では，SOCX に基づき，両国の特徴を明らかにすることをめざす。SOCX の特徴としては，「公的支出」，「義務的民間支出」，「裁量的民間支出」にデータを分類して表示しており，さらにそれぞれ 9 種類の分野別（高齢，遺族，障害，保健，家族，住宅，失業，積極的労働政策，その他）でデータを利用することができる。公的支出に比して，民間支出のデータの精度は低いが，細かい分野別データが利用できることが利点である。現在，OECD のホーム

ページでは Aggregated data が閲覧可能であり，2005年までの OECD 諸国のデータが利用可能である。しかし，Aggregated data では，特に細目について利用できないデータも多い。そこで本稿では，利用可能な場合は，"Aggregated data"を利用し，利用できない場合には，SOCX2007edition（以下，SOCX2007）を用いることとする。SOCX2007が利用できるのは2003年までの OECD 諸国のデータである。

以下では，まず，日韓両国の OECD 諸国のなかでの位置を検討する（第1節）。次に日韓比較を試みる（第2節）。日韓比較は，まず，社会支出の総量や分野別の社会支出の比較を行う。次に，両国の支出を普遍主義的なものと選別主義的なものに分類し，比較を行う。最後に，以上を通して，日韓の類似点と相違点について明らかになった知見をまとめる（おわりに）。

## 1 日韓の国際的な位置づけ

### （1）支出部門別にみた日韓の位置づけ

最初に，両国の社会支出の国際的な位置づけを検討しておこう。図表8-1は，2005年現在の OECD 諸国の社会支出の GDP に占める割合を公的支出，義務的民間支出，裁量的民間支出に分けて示したものである。

日本の GDP に占めるすべての社会支出は21.6%であり，OECD 諸国の平均値23.0%を下回る値となっている。この点，SOCX2007によると，2003年時点での日本の GDP に占める総社会支出は21.0%であり，OECD 諸国の平均値は26.2%であった。Aggregated data による値のほうが日本の順位が上がっている。

一方，韓国の GDP に占める社会支出の割合は9.3%で，OECD 30カ国のうち29位となっている。OECD の平均値を規準とした場合には両国とも，平均より低水準ということになるが，両国の違いも非常に大きい。SOCX2007の最も新しいデータである2003年と比較すると，韓国においても8.1%（2003年）から9.3%（2005年）へと1.2%ポイント増加しており，OECD 平均値との差は（OECD の平均値が Aggregated data では低くなっていることもあり）4.4%ポイント減少している。また増加した値が日本のそれよりも高いので，日本との差も

188 第Ⅲ部 国際比較

図表 8-1　2005年における OECD 諸国の社会支出 (公民別，対 GDP，%)

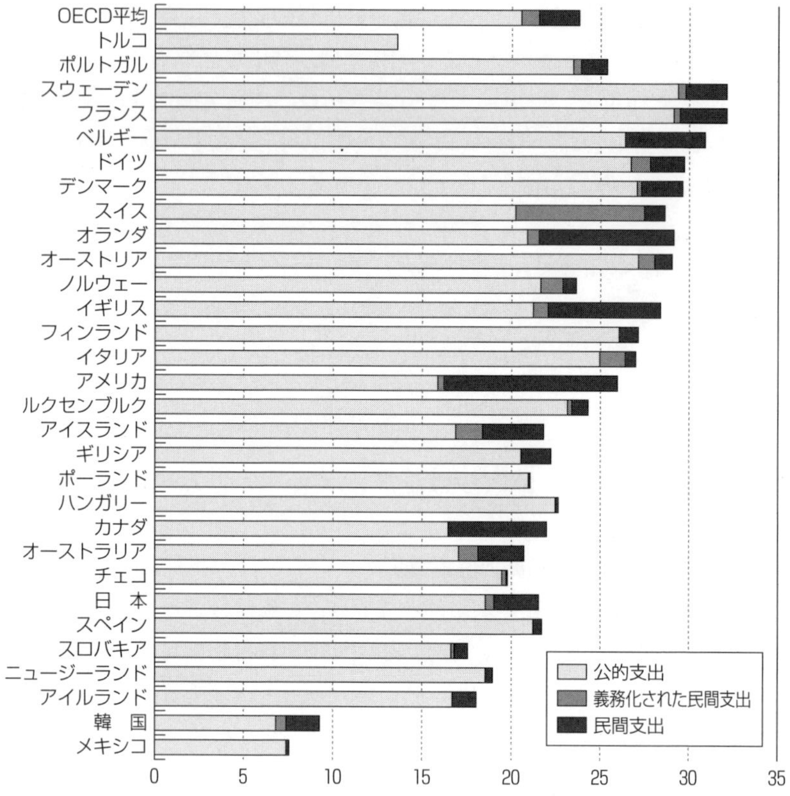

[図表：OECD平均、トルコ、ポルトガル、スウェーデン、フランス、ベルギー、ドイツ、デンマーク、スイス、オランダ、オーストリア、ノルウェー、イギリス、フィンランド、イタリア、アメリカ、ルクセンブルク、アイスランド、ギリシア、ポーランド、ハンガリー、カナダ、オーストラリア、チェコ、日本、スペイン、スロバキア、ニュージーランド、アイルランド、韓国、メキシコの公的支出、義務化された民間支出、民間支出を示す棒グラフ]

凡例：□ 公的支出　■ 義務化された民間支出　■ 民間支出

出所：OECD2009, Aggregated data より筆者作成[1)]

0.7%ポイント減少している。これらのことは，韓国の社会支出が年々増加していることを示している。

支出の部門別（公的，義務的民間，裁量的民間）に検討すると両国の位置づけは次のようになる。2005年の GDP に占める公的支出は，日本（18.6%），韓国（6.9%）であり，ともに OECD 平均値（20.6%）を下回る。ただし，日韓の差も非常に大きい。最も公的支出が高いのはスウェーデン（29.4%），フランス（29.2%）である。また，アメリカ（15.9%）とカナダ（16.5%）とアイスランド（16.9%）は GDP に占める総社会支出は日本を上回っているが，公的支出のみ

図表 8-2　日韓の公民別社会支出の国際的な位置づけ

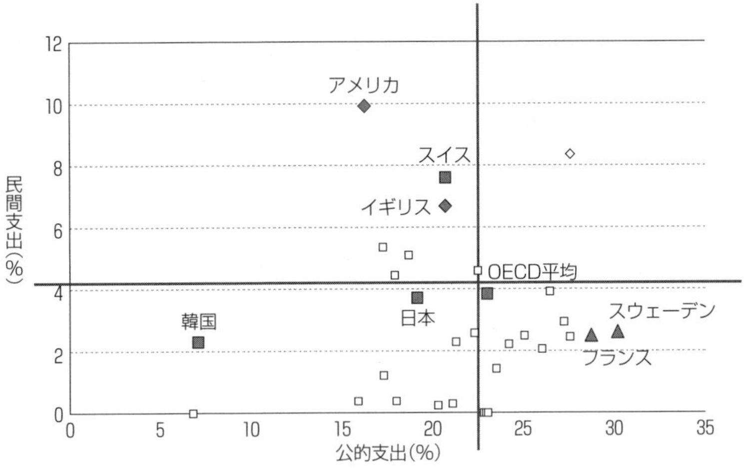

出所：OECD 2009, Aggregated data より筆者作成

取り出せば，日本よりも値が低い国である。これらの国では，後述のように裁量的民間支出が順位を押し上げている。

　義務的民間支出は，Aggregated data ではデータのない国が多い。データのある国だけの平均値は1.0%である。ただし，スイスの数値（7.3%）が非常に高く，平均値をかなり押し上げられていると考えられる[2]。これ以外の国では1.5%以下である。スイスを外して平均値を求めると0.7%であり，日本の値（0.5%）も韓国の値（0.6%）もわずかに平均を下回るが，低い数値ではない。また，SOCX2007の2003年のデータでは韓国の義務的民間支出のGDPに占める割合は，OECD諸国の平均値を上回っている。また韓国では，GDPに占める総社会支出量の割合が低いことを考慮すると，義務的民間支出のこの数値は高い。これは後述するが，民間企業における退職金が義務づけられており，この分類に含まれているためである。

　裁量的民間支出のGDPに占める割合は，いわゆる自由主義レジームの国できわめて高い。いずれも2005年のデータでは，アメリカ（10.0%），イギリス（6.8%），カナダ（5.5%）である。自由主義レジームの国以外で目立つのはオランダ（7.7%）である。これらの国のGDPに占める社会支出の割合は，

OECD諸国の平均値2.3%をはるかに上回っている。[3] 日本のGDPに占める裁量的民間支出の割合は3.3%となっている。一方，韓国は1.8%と平均をやや下回る数値となっている。各国の公的支出と民間支出（義務的民間支出＋裁量的民間支出）を示すと図表8-2のとおりである。

### (2) 分野別支出における日韓両国の国際的な位置づけ

次に日韓両国の国際的な位置づけを分野別の社会支出によって検討しておこう。図表8-3は，OECD諸国におけるGDPに占める分野別社会支出の割合を示したものである。

勝又も指摘しているように，どの国でも大きな割合を占めるのは高齢分野と保健分野の社会支出である［勝又 2008］。総社会支出に占める高齢分野と保健分野の社会支出の割合は，日韓において非常に高い。日本が第2位で韓国が第3位である。この結果は，後発国のほうがより大きな支出を高齢化に関する対策に振り向けなければならないという仮説と整合的である［小松 2006］。[4]

一方，スウェーデンやデンマークといった社会民主主義レジームの諸国では，GDPに占める高齢分野への社会支出は比較的低位にある。逆にこれらの国では，社会支出に占める家族分野や障害分野といった項目の割合が高い。これらの項目についての日韓の値は非常に低い（図表8-4）。つまり，日韓は両国ともGDPに占める高齢と保健分野に対する社会支出はOECD諸国のなかで高位にあるが，GDPに占める他の分野に対する社会支出は低位なのである。高齢分野と保健分野の社会支出を退職世代への支出，その他を現役世代への支出とみなせるとすれば，日韓両国は現役世代より退職世代に多くの社会支出を割いているといえるだろう。そしてこの特徴は，いわゆる社会民主主義レジームの国々とは対照的である。

### (3) 現金・現物給付の社会支出からみる日韓の位置づけ

本節の最後に，現金・現物給付の社会支出からみる日韓の位置づけについて検討しておきたい。まず，現金・現物給付の社会支出を検討する意義について述べる。エスピン-アンデルセン［2001］は福祉国家を3つに類型化する研究のなかで次のような仮説を提起している。すなわち，保守主義レジームにおい

図表 8-3　OECD 諸国の分野別社会支出

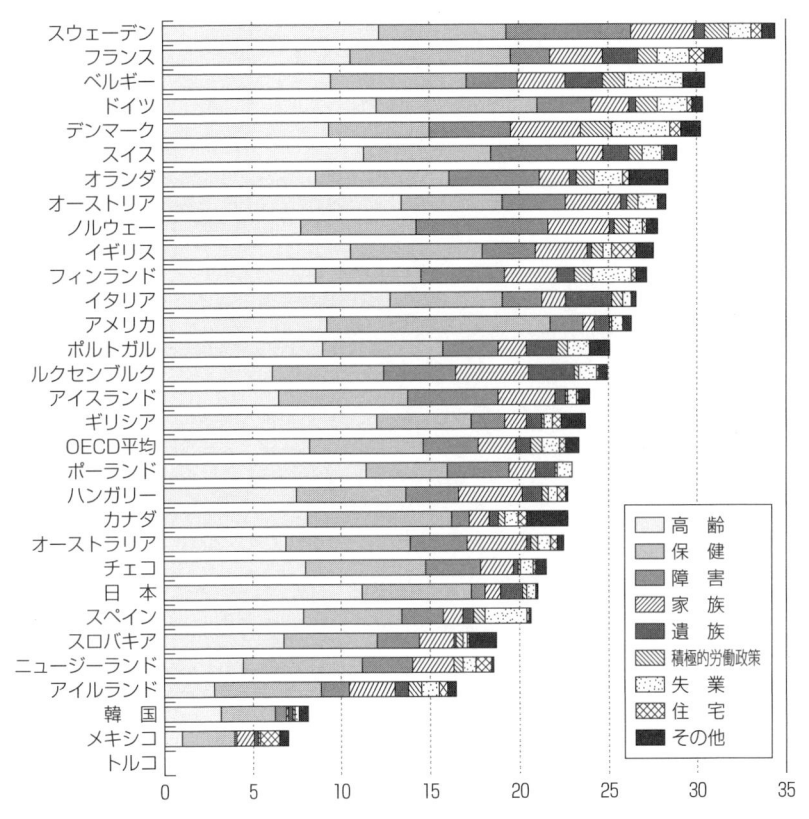

凡例：高齢／保健／障害／家族／遺族／積極的労働政策／失業／住宅／その他

出所：SOCX2007 より筆者作成

図表 8-4　日韓の公民別社会支出の特徴

| 国／割合の高低 | 日　本 | 韓　国 |
| --- | --- | --- |
| 割合が高い | 高齢・遺族・保健 | 高齢・保健 |
| 割合が低い | 障害分野・家族分野 | 障害分野・家族分野・失業分野 |

出所：SOCX2007 より筆者作成

図表8-5　現物給付の類型別比較

| | | | | | | | | 平均 |
|---|---|---|---|---|---|---|---|---|
| 保守主義レジーム | オーストリア 8.2 | イタリア 7.7 | オランダ 8.5 | チェコ 7.8 | ベルギー 9.1 | ドイツ 9.9 | フランス 10.8 | 8.9 |
| 自由主義レジーム | ニュージーランド 8.4 | アメリカ 8 | オーストラリア 8.7 | カナダ 9.4 | イギリス 10.5 | | | 9.0 |
| 社会民主主義レジーム | フィンランド 9.9 | ノルウェー 10.1 | デンマーク 11.7 | スウェーデン 13.7 | | | | 11.4 |
| 日　韓 | 韓国 3.9 | 日本 8.1 | | | | | | |

出所：OECD2009 Aggregated data より筆者作成

ては，現物給付の割合が低いという仮説である。エスピン-アンデルセンがこのような仮説を提起するのは，保守主義レジームにおいては，福祉サービスの担い手としての家族の役割が大きいと考えられるからである。このような議論に対しては，御船の反論がある。御船はOECDのデータからドイツでの現物給付の割合が高まっていることを見出し，もはや保守主義レジームにおいて現物給付の割合が低いとはいえないと主張している［御船　2002］。

この議論について本稿の考えを示すと次のようになる。まず，御船の主張は確かに正しい。図表8-5は，2003年のデータについて自由主義レジーム，保守主義レジーム，社会民主主義レジームに分類し，それぞれの国の現物給付データの平均値を求めたものである。

図表8-5からは，御船の指摘どおり，保守主義レジームの値は際だって低いとはいえないことが明らかである。特に自由主義レジームの平均と保守主義レジームの平均との差はほとんどない。一方で，いくつかの留保が必要である。というのも，現物給付の数値が高いとはいえ，順位としては依然として最下位であるからである。

さらに，福祉サービスの担い手としての家族に対する期待が大きいがゆえに現物給付の割合が低くなるという仮説の意味を考えるならば，保健分野の給付には注意が必要である。なぜなら，保健分野の現物給付には医療サービスが含まれており，医療関係の給付を家族以外が担うからといって，エスピン-アンデルセンの仮説が妥当でないとはいえないと考えるからである。現物給付の値が保守主義レジーム諸国のなかでとりわけ高かったドイツとフランスのGDPに占める保健分野の社会支出は，それぞれ8.0％と7.5％であり，これは

図表8-6　現金給付・現物給付によるOECD諸国位置づけ

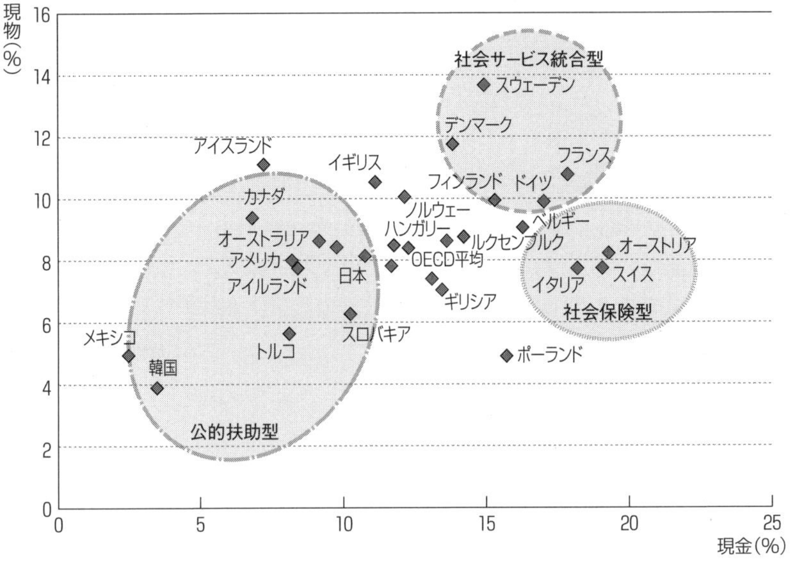

出所：OECD2009, Aggregated data より筆者作成

OECD諸国のなかで第1位，第2位の値である（OECD諸国の平均値は6.0%）[5]。つまり，ドイツとフランスの現物給付の割合の高さには，保健分野の社会支出が大きく寄与しており，その保健分野の社会支出には，医療費が含まれていると考えられる。この点からも保守主義レジームの諸国では，福祉サービスの担い手としての家族の役割が大きいために，現物給付の割合が低いという仮説を完全には否定できないと考える。本稿では，以上の理由から，現物給付の給付量が，その国における福祉サービスに占める家族の役割の大きさをある程度反映していると仮定しておきたい。

このような仮定に依拠すれば，次のような日韓の特徴が指摘できる。韓国のGDPに占める現物給付の社会支出はきわめて低い。また，OECD諸国の平均値8.4%を大きく下回っている。韓国の値は，OECD諸国のうち最下位である。日本の値は，韓国ほどは低くないが，やはりOECD諸国の平均値を下回っている。上記の仮説が正しいとすれば，日韓ともに福祉サービスの供給における家族の役割（期待）がいまだに大きいといえるだろう。

また，現金給付，現物給付をめぐって他にも注目すべき分類がある。アン・サンフンはGDPに占める現金給付，現物給付を用いて次のような分類を行っている［アン・サンフン　2007］。すなわち，現金給付，現物給付ともに高い社会サービス統合型，現金給付が高く，現物給付が低い社会保険型，両方低い公的扶助型という分類である。この分類は，1995年時点でのデータを利用したものである。本稿は2005年のデータを用い同様の分類を試みた（図表8-6）。GDPに占める給付の割合の高低は，平均値を基準とした。その結果，社会サービス統合型にはスウェーデン，フィンランド，フランス等が該当する。また，社会保険型にはスイス，オーストリア，イタリア等が該当する。最後に公的扶助型に該当するのが日本と韓国ということになる。日本と韓国の他にはアメリカやアイルランドが該当している。

## 2　日韓の社会支出の推移に関する比較

### （1）GDPに占める社会支出総量の日韓比較

前節においては，日韓の国際的な位置の検討を行った。本節では，日韓の社会支出について，動態的な比較を試みたい。次に示すのは，両国のGDP社会支出の変遷である（図8-7）。

比較をするにあたって，すでに述べられていることについてふりかえっておきたい。まず，武川は，1997年の韓国の急激な社会支出の増大を根拠に韓国が福祉国家へと離陸したと指摘している。また，武川は現在の韓国の福祉国家が日本の1970年代と同水準であると指摘している［武川　2006］。

これに対して，埋橋は，武川の指摘は1997年の急激な伸びがその後，下落していることを看過していると指摘している［埋橋　2009］。本稿でもまずこの議論に注目してみよう。まず，日本と韓国の社会支出の水準の違いについてである。韓国の最も水準の高い年は，1998年で，GDPに占める社会支出の割合はおよそ10％である。この数字は，日本の1980年の数値をわずかに下回るものである。最も高い水準の年が1980年の数値をわずかながら下回るのだから，武川の指摘はおおむね正しいといえるであろう。

一方で，1998年の韓国の社会支出の急激な増加についてはどうであろうか。

図表8-7　日韓のGDPに占める社会支出の推移

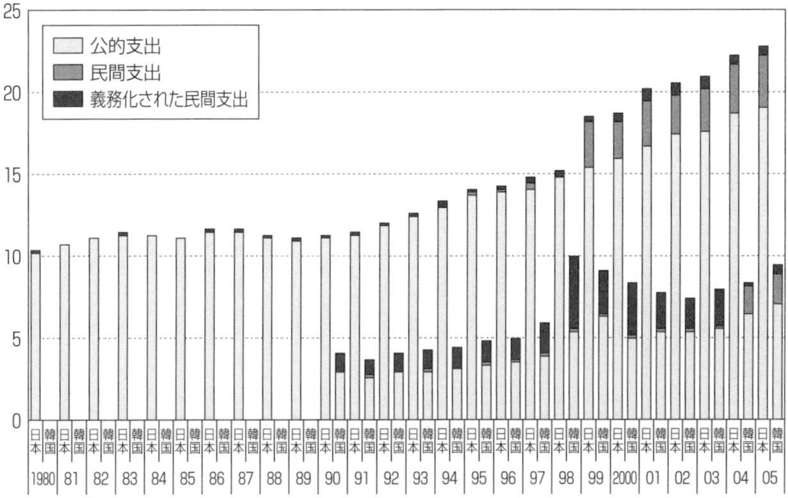

出所：OECD 2009, Aggregated data より筆者作成

確かに1997年から98年の社会支出は急激に伸びている。しかし，埋橋の指摘どおり，いったん伸びた社会支出は，1998年をピークとして，以降は2002年まで減少し，2003年に再び増加の兆しをみせている。

一方，日本の場合には，1990年から持続して，社会支出のGDPに占める割合が増加していることがわかる。どのような要因が両国において社会支出を押し上げているのだろうか。この点を明らかにするために，両国の分野別社会支出の状況を検討してみよう。

図表8-8と8-9から明らかなように，両国で社会支出の増大に大きく寄与しているのは高齢分野の支出である。ただし，より細かく見るならば，日韓の社会支出の増加要因は異なっている。まず日本の場合は，1998年から99年に社会支出が増大しており，その間の高齢分野の支出が伸びているが，これは毎年増加している年金に加えて，「民間企業労働者の年金」という項目が，それまで利用不能であったが，新たにデータとして追加されたからである。

1998年の韓国のGDPに占める社会支出の総量は10.13％で，1997年の6.08％に比べると39％の成長率である。増加分の3分の1は経済危機の克服の

196　第Ⅲ部　国際比較

図表 8-8　日本の分野別社会支出の推移

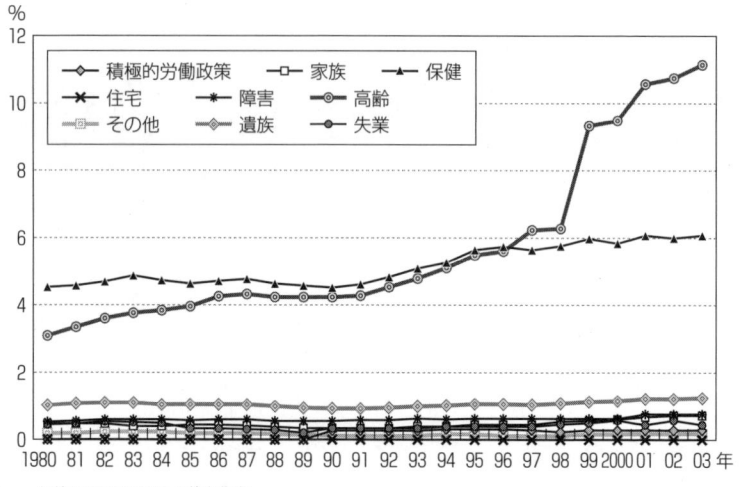

出所：SOCX2007より筆者作成

図表 8-9　韓国の分野別社会支出の推移

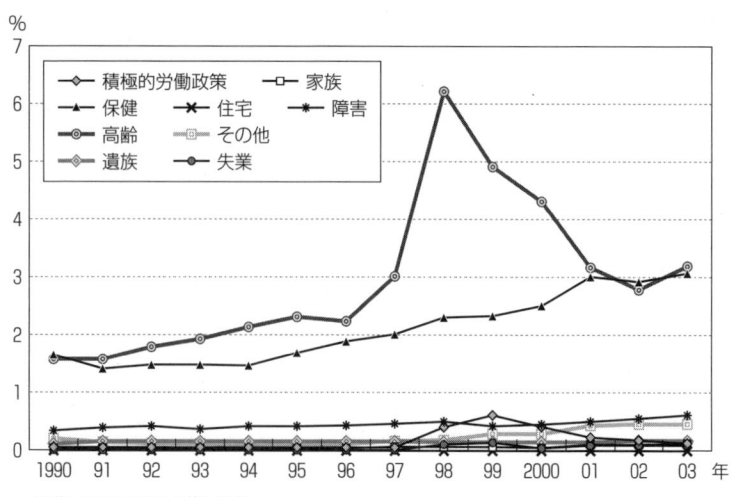

出所：SOCX2007より筆者作成

ためだった。積極的労働政策が前年度対約3倍，失業手当が約9倍に増加した。

また，1998年の韓国のGDPに占める公的支出の総量は5.46％で，1997年の3.92％より1.54％ポイントの増加である。このときの支出増加に寄与した項目をみると，老齢年金が48.3％，積極的労働政策が23％，失業給付が10.1％の割合で寄与している。これは，失業の増加に伴う一時的な退職金の性格が強く，社会的危険を持続的に保護する国家の役割としての機能的な面が強化されたとはいいにくいと国民から指摘されている［ペク・アン　2007］。

1990年代には，老齢年金，家族，積極的労働政策，失業，公的扶助を中心として一時的に公的支出が増加してきたが，2000年代に入ってから全体的に増加の幅が減りつつあることがわかった。しかし，独特な点は全体的支出の増加率の減少にもかかわらずその他の社会政策項目の支出は増加していることである。それは，国民基礎生活保障制度施行の結果だと分析できる。2000年の生活保護の項目の支出は1998年と比較すると2倍以上に増加した。

## （2）選別給付─普遍給付の日韓比較

次に，選別給付と普遍給付の日韓比較を試みたい。まず，普遍主義と選別主義の基本的な概念を確認しておきたい［平岡　1989，里見　2002］。

普遍主義とは最も狭義には，何の条件も設定しない給付（以下，現物給付を含む）をさす。しかし，実際的には，年齢などの条件があっても資産調査や所得制限がなければ，普遍的な給付とみなす。

一方，選別給付は資産調査等を行い，特定の条件にあてはまるもののみに給付する。生活保護がその代表例である。

では，拠出が要件となる社会保険はどうだろうか。実は社会保険については，異なる2つの説がある。平岡は社会保険は普遍的な給付に含めるのが一般的だと主張している。一方で里見は，社会保険が低所得層を排除してしまう可能性があることから，社会保険を選別給付に分類すべきだとしている。本稿では，このような議論をふまえて，①資産調査のある給付，②所得制限のある給付，③ニードテストのある給付，④何の条件も設定されていない給付の4つに分類する。以上述べてきたことを図示すると**図表8-10**のようになる。[6]

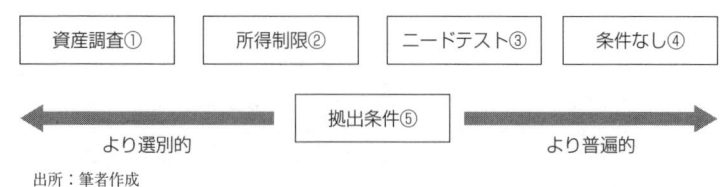

図表 8-10 選別主義―普遍主義の給付

```
資産調査①   所得制限②   ニードテスト③   条件なし④
                     拠出条件⑤
    ←―――――――――――    ―――――――――――→
       より選別的                   より普遍的
```

出所：筆者作成

　①〜⑤を項目として，日韓の社会支出のデータを分類し，集計した結果が図表 8-11，8-12 である。両国とも事前の拠出のある給付（＝社会保険）がきわめて多くの割合を占めている。日本の2003年のデータで全体の約92％，韓国の2003年のデータで約82％を拠出条件のある給付が占めている。これ自体，両国における1つの特徴のように思われるが，このような特徴は予想しうることでもある。それゆえ，ここではそれを除いたデータを示す。

　まず注目すべき特徴は，資産調査のある選別的な給付である。日本のGDPに占める資産調査のある給付の数値は，一貫して0.2％に満たない水準で推移している（図表 8-12）。一方で，韓国におけるGDPに占める資産調査のある給付の割合は0.3％を超えている。これは，1999年に成立した国民基礎生活保障法による給付の対象者拡大によって支出が増大したものと考えられる。

　日本においては，1989年までは，最も割合が高いのが条件なし給付であり次がニードテストありの給付となっているが，この順位が1990年に入れ替わっている。この年に大きくポイントが伸びているのは，「公的雇用対策」と「補助付き雇用」である。前者については，1989年から90年にかけて0.2％ポイント伸びている。後者については，1989年から90年にかけて0.1％ポイント伸びている。また，現在，ニードテストありの給付は約0.8％であり，4つの分類のなかで最も割合が高いが，そのなかで最も大きな割合を占めているのは，「公的雇用対策」という項目の支出である。ちなみにこの項目に続いて，大きな割合を占めているのが「児童福祉に関する補助金」という項目である。

　他方，韓国ではニードテストありの給付が一貫して高い割合を占める。特に1997年から99年にかけて大きく伸び，その後減少しつつも高い水準を保っている。この水準の高さに影響を与えているのは，雇用対策関連の社会支出である。つまり，両国において本稿の分類に依拠すれば，比較的，普遍的な給付の

第8章 社会支出の日韓比較　*199*

図表8-11　韓国における普遍的給付・選別的給付

ニードテストあり
条件なし
資産調査あり
所得制限あり

出所：OCX2007より筆者作成

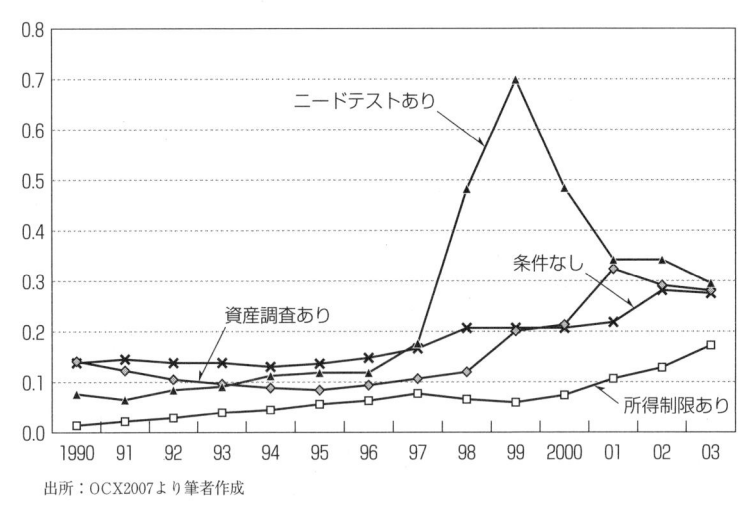

図表8-12　日本における普遍的給付・選別的給付

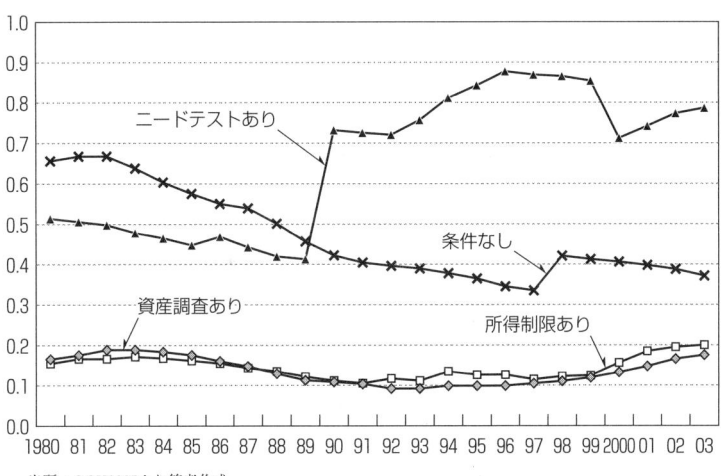

ニードテストあり
条件なし
資産調査あり
所得制限あり

出所：OCX2007より筆者作成

割合が高いが、次の点に注意が必要である。第1に、両国とも圧倒的に拠出条件のある給付が多いこと、第2に日本では、ニードテストや条件なしの給付など、より普遍的な給付の割合が高いが、このなかには高い水準の公的な雇用対策が含まれていることである。

## おわりに

以上、本稿では日韓を比較しながらその社会支出の特徴を探ってきた。最後に明らかとなった知見をまとめ、今後の課題を述べておきたい。

日韓の国際的な位置づけを検討した結果、次のようなことが明らかになった。日韓はともにGDPに占める総社会支出が低い。ただし、日本と韓国の差はいまだに大きい。第2に、両国とも高齢関連の社会支出の割合がきわめて高い。逆に障害や家族分野での社会支出はきわめて低い。このことは、現役世代よりも退職世代に多くの社会支出を向けていることを意味する。

現金、現物の給付の検討からは、両国は現金、現物の両方の社会支出が低いことが明らかになった。また、とりわけ現物給付の低さは両国において家族の機能が福祉サービスを代替している可能性があることを示していた。

日韓の社会支出の推移からは、次のようなことが明らかになった。第1に、韓国については1998年に急激に増えた社会支出GDPの比率においても、金額においても減少していること、その内容が退職者への給付という一時的な性格であることから、この時期を「福祉国家への離陸」と捉えることには留保が必要である。第2に、第1の点にもかかわらず、韓国の社会支出がその後増加していることは確かである。これには、1999年に成立した国民基礎生活保障法の影響が考えられる。

日韓の社会支出を選別主義・普遍主義給付に分類した試みから次のようなことが明らかになった。第1に、両国とも拠出条件の設定されている給付が圧倒的に多い。第2に、選別主義的な給付は韓国が日本を上回っている。この差は国民基礎生活保障法の影響でさらに広がりつつある。これら以外の給付については、両国ともニードテストありの給付の割合が最も高かった。さらに、その給付のなかで雇用対策関係の社会支出が大きな割合を占めているという点で、

両国において共通していた。これらの結果から，日韓両国とも①拠出条件のある給付を社会支出の中心に据えていること，②現役よりも退職世代に社会支出を向けていること，③家族を福祉サービスの担い手として位置づけていること，④日本では1989年と90年の間に，韓国では1997年と98年に雇用関係の費用が伸びており，それ以後はそれ以前より高い水準を保っている，ということがいえるのではないか。

　今後の課題は次のとおりである。第1に，日韓の社会支出の変動に関してより詳細に説明すること。第2に，本稿では日韓の社会支出の分類や集計を試みたが，今後はこれらの分類をより精緻なものにすることである。

1) ポルトガルについての2005年のデータがまったくないため，2004年のデータを用いた。
2) スイスの高い義務的民間支出のなかに含まれているのは，職域年金である。スイスでは公的年金，職域年金，個人年金の3つの柱からなり，職域年金は，男子労働者の100％，女子労働者の80％をカバーしているといわれている［ボノーリ　2004］。
3) データのないポーランドとトルコを除いて平均値を求めた。また，ポルトガルのデータは2004年のものを用いた。
4) 高齢と保健分野の割合が最も大きいのはアメリカである。ただし，他の国においては高齢が一番大きな割合を社会支出において占めており，2番目が保健分野となっているのに対して，アメリカにおいては保健が最も大きい割合を占め，続いて高齢部門となっている。また，アメリカの数値を押し上げるのに最も寄与しているのは，公的部門の保健分野における社会支出である。
5) このデータは2003年時点のものである。
6) 介護保険などは拠出の要素とニードテストの要素の両方をもつが，これは拠出条件ありの給付として分類した。

## 【参考文献：日本語】

埋橋孝文［2009］「第10章　日本における高齢化対策を振り返って―東アジア社会保障へのインプリケーション」埋橋孝文・木村晴美・戸谷裕之編『東アジアの社会保障―日本・韓国・台湾の現状と課題』ナカニシヤ出版

エスピン-アンデルセン（岡沢憲芙・宮本太郎監訳）［2001］『福祉資本主義の三つの世界』ミネルヴァ書房

勝又幸子［2008］「社会保障給付の国際比較―OECDのデータ」『世界の労働』58巻4号

小松理佐子［2006］「chapter 8　社会福祉制度・政策の日韓比較―『地域福祉型社会福祉』への展開」野口定久編『日本・韓国―福祉国家の再編と福祉社会の開発　第1巻　福祉国家の形成・再編と社会福祉政策』中央法規出版

里見賢治［2002］「第2章　社会福祉再編期における社会福祉パラダイム—普遍主義・選別主義の概念を中心として」阿部志郎・右田紀久恵・宮田和明ほか編『講座　戦後社会福祉の総括と二一世紀への展望　Ⅱ　思想と理論』ドメス出版

武川正吾・イヘギョン編［2006］『福祉レジームの日韓比較』東京大学出版会

武川正吾・キムヨンミョン編［2005］『韓国の福祉国家・日本の福祉国家』東信堂

平岡公一［1989］「普遍主義－選別主義論の展開と検討課題」社会保障研究所編『社会政策の社会学』東京大学出版会

ボノーリ，ジュリアーノ［2004］「第5章　スイスの年金改革—厳しい制度的制約の下で社会的変化にお順応した新制度を作る試み—」新川敏光・ボノーリ，ジュリアーノ編『年金改革の比較政治学』ミネルヴァ書房

御船洋［2002］「第5章　財政構造改革と社会保障支出」斉藤愼・山本栄一・一圓光彌編『福祉財政論—福祉政策の課題と将来構想』有斐閣

## 【参考文献：韓国語】

アン・サンフン［2007］「世界化時代，生産的補完性の高い福祉戦略に関する比較社会政策研究—社会サービス型福祉国家戦略の経済的精華を中心に—」『社会福祉研究』32号

キム・スアン［2007］「高齢化時代の老後所得保障体系再編戦略と韓国の選択—国家・市場・家族を中心に」『社会福祉研究』35号

キム・ヨンミョン［2002］「金大中政府の社会福祉政策—新自由主義を超えて」キム・ヨンミョン編『韓国福祉国家性格論争Ⅰ』人間と福祉

ファン・ゴギョン，チャン・ヨンシン，キム・ギョソン，チェ・ソンヨン［2007］「韓国の社会支出推計—1990-2005年」保健福祉部，韓国保健社会研究院

パク・ヌンフ［2002］「社会福祉財政の適正性に関する研究」『社会福祉研究』19号

ペク・スンホ，アン・サンフン［2007］「韓国福祉国家の構造と性格に関する比較社会政策研究—公的社会支出分析を中心に」『社会福祉研究』35号

ホン・ギョンジュン，ソン・ホゲン［2003］「韓国社会福祉政策の変化と持続—1990年以降を中心として」『韓国社会福祉学』55巻4号

## 第9章

# 日本と韓国におけるNPO・NGO
―比較研究に向けての試論―

崔　銀珠

## はじめに

　先進諸国のみならず東アジアでも少子高齢化という人口構造の転換を経由して福祉国家から福祉社会への転換が起ころうとしている現代社会にとって，NPOは重要なアクターである。サービスを提供する担い手としてのアクターでもあり，制度や政策へのアドボカシーを行うアクターでもあり，当事者や利用者などのステークホルダーの参加や関与を生み出すアクターでもある。NPOは，どのような社会にも存在するわけではない。ある特定の社会の時代背景と制度のもとに成立する枠組みのようなものである。そのため，日本と韓国のNPOにおいては，詳しくみれば共通性だけではなく多様性や異質性が目立つ。

　韓国においては，全国的規模の団体，特定のイシューを専門的に取り上げ，政治的な活動を中心とするアドボカシー型が多く，そのインパクトも非常に強い。

　また，韓国と日本ではNPOの概念自体に違いがある。韓国ではNPOという用語よりは，一般的にNGOという用語が用いられる場合が多く，この場合，アドボカシー運動をする団体をさすことが多い。日本ではNGOは主に国際的に活動を展開する団体をさし，国内で活動を行う団体はNPOと呼ばれる場合が多い。日本では主にサービスを供給する団体が中心であるが，韓国においては，日本とは団体ができた背景自体が異なるという側面もあって，制度をつくり，権益を擁護するための活動を行う団体が多い。人権や社会福祉に関連

する制度を作ることに政府は消極的なので，市民団体から政府に意見を提示しているのである。

このように，日本と韓国におけるNPOの活動は，両国の歴史的な「根拠」が異なり，それが異なる社会・経済的な「現状」へとつながっていると考えられる。

近年，日本の社会福祉政策において，NPOを含む福祉多元化の推進は，主要な政策目標の1つに位置づけられてきた。NPOが社会福祉の新たな担い手として注目されてきた背景には以下の2つの要因がある。まず，公的なセクターだけでは，福祉ニーズの多様な展開，地域ごとにきめ細かく迅速な福祉サービスを提供するという社会福祉の方向性に応えていくのはむずかしいという点，また，地域において高齢者や障害者，子育ての人たちが，必要な時に誰でもいつでも福祉サービスを受けられるためには，公的福祉サービスで対応困難な面を補うシステムが必要であるという点である。このような現状にあって，社会福祉サービスを実践していくのに注目されているものとして，ボランティア活動やNPOをあげることができる。このような現象は，韓国においても例外ではない。

次に，NPO研究という観点からみた本章の意義である。NPO研究は，比較的最近までアメリカを中心に展開されてきたが，NPO研究の底辺を国際的に広げるのに重要な役割を果たしたのは，ジョンズ・ホプキンス（Johns Hopkins）大学であった。その影響を受け，NPO研究の多くは，非営利セクターが果たしている役割を経済的な観点からみたものが多い。日本のNPO研究においては，阪神大震災を契機に制定されたNPO法，介護保険のもとにおけるNPOの役割や課題，地域福祉の観点からのNPOの役割に注目したものが多くみられる。

従来においては，このような研究がなされてきたが，NPOは，まだまだ研究の蓄積の少ない分野である。また，今後一層進展が期待される研究分野でもある。今後の研究のさらなる進展のためには，総合的な観点からのアプローチや比較研究が重要であると考えられる。それは，NPOの活動は実に多岐にわたっており，国による活動状況も大きく異なる場合が多いためである。

このような背景から，本章は，マクロとミクロの観点から日本と韓国の比較

を試みる。最近の社会福祉におけるNPOの重要性に着目して分析を進める。まず，マクロレベルの観点からNPOを分析する。次に，ミクロレベルの観点から日本と韓国におけるNPOの活動状況に関する比較を行う。また，筆者が行ったアンケート調査の一部の結果と韓国でのインタビュー調査から明らかにされた点などを考察する。最後に，NPOを巡る検討課題について述べたい。なお，本章で扱うNPOの概念の範囲であるが，第3節の日本と韓国での調査の結果においてはNPOの活動を福祉サービスに限定するが，それ以外の節においてはNPOの全活動を視野に入れて比較を行っていることをあらかじめ断っておきたい。

## 1 マクロ観点からの日韓比較 (CNPを中心に)

本節においては，NPOがどのくらい，社会における雇用を吸収しているのか，経済全体に占めるウェイトはどのくらいかなどを検討する。そのために，ジョンズ・ホプキンス大学政策研究所を中心とする非営利セクター国際比較プロジェクト (Comparative Nonprofit Sector Project＝CNP) [1]の調査対象になっていない韓国のデータを，CNPで用いられた項目と照合しつつ，CNPの調査時点である1995年を基準にし，日韓比較を行う。CNPでは「自発的，自立的，フォーマルに運営される非営利，非政府の組織をNPOとする」という共通の定義を用いてNPOの国際比較を行っている。

### (1) NPOにおける雇用

CNPの雇用の項目を見ると，NPOのシェアはオランダが12.4％，アメリカが7.8％，22カ国平均は4.9％である。日本の非営利セクターで働く人は，1995年にはフルタイム換算で214万人と推計される（宗教を除く）。これは日本の非農業総就業者数の3.5％，サービス業就業者の12.3％に相当する。また，政府部門（中央政府，地方政府，公営企業を含む）就業者数538万人と比較すると，非営利セクター就業者はその40％に相当する。1990年にはNPOの総就業者の数は169万人であったから，5年間で45万人，27％増加したことになる。この間，日本経済は実質成長率がゼロに近い深刻な不況を経験し，総就業者も

2.3％しか増加していない。この結果，NPO就業者の総就業者に占める比率は2.9％から3.5％に高まっている。

韓国の統計庁資料によると，2003年現在，全産業従事者の数は2213万名であり，全産業有給従事者対無給従事者の比率は65％対35％である。民間非営利団体の無給従事者は39万名と推測される。民間非営利団体の有給従事者および無給従事者は約140万名と予測されており，これは全産業従事者の6.3％を占めている［金ジュンキ　2006］。

## （2）GDPに占めるNPOの支出の割合

1995年において，日本の非営利セクターの経常支出は22兆円で，GDPの4.5％に相当する。この年の政府（中央政府＋地方政府＋社会保障基金）の総支出額（消費支出＋固定資本形成）が78兆円であるため，非営利セクターの経常支出規模は決して小さなものではない。1990年から95年にかけて，日本経済全体としては年平均実質1.4％の低成長を記録したが，非営利セクターの経常支出は同2.7％成長しており，経済全体の成長スピードを上回っている。

韓国銀行の国民勘定資料[2]では，各部門別の国民総生産の寄与度を公表している。非営利部門に近い部門は「家計に奉仕する非営利サービス生産者（producers of non-profit services to households）」である。家計に奉仕する非営利サービス生産者とは家計に非市場財貨やサービスを提供する非営利団体をさし，政府からの統制と資金援助を受けている団体は除外される。家計に奉仕する非営利部門がNPOと明確に一致するわけではないが，NPOの規模を示すのに有効であると考えられる。2002年末現在，家計に奉仕する非営利サービス生産者部門の生産額は14兆6597億ウォンで，1985年の非営利サービス生産者の生産額1兆5824億ウォンと比べると9倍増加した。2002年末現在，家計に奉仕する非営利サービス生産対GDPは2.46％である。これは，1985年度のGDPに占める非営利部門の割合の0.19％から12倍以上成長したことを示している。興味深いのは，政府部門の増加であり，非営利部門の増加が政府部門の縮小をもたらすという仮説とは相反する結果を示すデータである。また，2002年度末，非営利団体対GDPの寄与度は2.46％である。1990年1.96％，95年2.14％，2000年2.36％など非営利団体の成長を示している。

図表9-1　民間非営利サービス生産額

(単位；10億ウォン，当年度価格基準)

|  | 1985年 | 1990年 | 1995年 | 2000年 | 2002年 |
|---|---|---|---|---|---|
| NPO | 1,582.4 | 3,507.2 | 8,093.7 | 12,320.7 | 14,659.7 |
| GDP | 81,315.2 | 178,796.8 | 377,349.8 | 521,959.2 | 596,381.2 |
| 政府部門 (%)[3] | 7.3 | 7.4 | 7.4 | 7.5 | 8.0 |
| NPO/GDP (%) | 0.19 | 1.96 | 2.14 | 2.36 | 2.46 |

出所：韓国銀行の国民勘定資料

## (3) 民間非営利部門の類型

図表9-2の目的別投入における各項目別年度別データにおいて注目されるのは，教育の占めるウェイトが他の部門に比べ著しく高く，そのような傾向が一貫していることである。これは，韓国においては，これといった資源がなく，人材こそ資源であったからである。そのため，教育への投資が最優先されたと考えられる。一時期，韓国における文部行政を司る省庁の名称が教育人的資源部であったことからも，この点は容易に推測できる。社会福祉費の投入におい

図表9-2　民間非営利団体の目的別産出

(単位；10億ウォン，当年度価格基準)

|  | 1970年 | 1975年 | 1980年 | 1985年 | 1990年 | 1995年 | 2000年 | 2003年 |
|---|---|---|---|---|---|---|---|---|
| 医療・保健 | 4<br>5.9% | 16<br>6.8% | 60<br>6.9% | 199<br>8.8% | 341<br>7.5% | 739<br>6.6% | 1,237<br>7.2% | 1,465<br>6.6% |
| 娯楽・文化 | 3<br>4.4% | 9<br>3.7% | 23<br>2.6% | 76<br>3.4% | 161<br>3.6% | 501<br>4.5% | 662<br>3.9% | 711<br>3.2% |
| 教育 | 38<br>55.9% | 146<br>61.9% | 625<br>71.8% | 1,514<br>67.0% | 3,061<br>67.5% | 6,840<br>61.5% | 10,428<br>61.1% | 13,938<br>62.7% |
| 社会福祉 | 8<br>11.8% | 24<br>10.2% | 55<br>6.4% | 107<br>4.6% | 179<br>3.9% | 487<br>4.4% | 1,245<br>7.3% | 1,772<br>8.0% |
| 宗教 | 9<br>13.2% | 25<br>10.6% | 64<br>7.3% | 210<br>9.3% | 445<br>9.8% | 1,388<br>12.5% | 2,066<br>12.1% | 2,925<br>13.2% |
| 政党・労働団体 | 3<br>4.4% | 8<br>3.4% | 21<br>2.4% | 69<br>3.1% | 146<br>3.2% | 455<br>4.1% | 460<br>2.7% | 382<br>1.7% |
| その他 | 3<br>4.4% | 8<br>3.4% | 23<br>2.6% | 86<br>3.8% | 202<br>4.5% | 711<br>6.4% | 979<br>5.7% | 1,032<br>4.6% |
| 合計 | 68<br>100% | 236<br>100% | 871<br>100% | 2,261<br>100% | 4,535<br>100% | 11,121<br>100% | 17,077<br>100% | 22,225<br>100% |

出所：韓国銀行の国民勘定資料

ては,1970年代以後80年代半ばまでは増加率が減少し,80年代半ば以後は,増加率が持続的に上昇している。これは,1987年の民主化によるものと思われる。軍事政権時代の経済成長中心政策に対する批判が続出し,社会福祉の拡充を求める声が急激に高まったことがその背景にあると考えられる。

### (4) NPOの収入源[4)]

NPOが活動を行うための収入源は,会費・料金収入,政府補助金,民間寄付に分けることができる。CNPの19カ国の平均は,会費・料金収入が47.1%,

図表9-3 NPOの収入状況

| | 日本(1995) | 韓国(1996) |
|---|---|---|
| 会費・料金収入 | 52% | 75.3% |
| 政府補助金 | 45% | 16.2% |
| 民間寄付 | 2.6% | 8.5% |

出所:日本のデータについては[山内 1999],韓国のデータについては[金ジュンキ 2006]参照。

政府補助金が41.7%,民間寄付が11.1%である。日本の場合,会費や料金収入はNPOの収入全体(宗教を除く)の52%を占める。また,政府・公共セクターからの補助は,NPOの収入の45%を占める。民間寄付は,非営利セクター全体でみると,収入の2.6%にすぎない。韓国のNPOにおける収入状況の特徴は会費や料金収入が多いことである。これは営利部門と競争が存在する市場において非営利部門が税制上の優遇があるとの意見もある。また韓国銀行[1997]によると,政府の非営利部門に対する補助金は,1972年の60億ウォンから94年2兆5730億ウォンにおよそ427倍増加した。これは社会福祉財団に対する支援の増加と,福祉分野と行政分野の民間委託および民営化によって非営利団体の政府の委託業務が増加し,その結果政府の補助が増加したからである。

## 2 ミクロ観点からの日韓比較

### (1) NPOの概念

NPOとはNon Profit Organizationの略で,非営利組織,または非営利団体を意味する。このNPOと似た言葉にNGO(Non-Governmental Organization)がある。この言葉は国連憲章に起源をもつ言葉で,元々,国家間では解

決しにくい難民問題などを扱う国連の経済社会理事会が協力関係をもつ非政府組織をさす。国連発足以前から赤十字などのNGOの活躍があり，その存在が国連発足時に認知されたのである。もっとも，非政府といっても営利を目的とする企業は含まないので，実際上，NGOはNPOでもある。つまり，両者は企業との対比を強調する場合はNPOを，行政との対比を強調する場合はNGOという形で使い分けられている。韓国では「NPO」より「NGO」が一般的によく使われており，この場合，アドボカシー運動を展開する団体をさしている場合が多い。最近では市民団体，民間団体等とも混用されている。アメリカや日本ではNGOは主に国際活動をする団体をさし，国内活動をする団体はNPOと呼ばれるのとは異なる。

NPO・NGOの概念については，ジョンズ・ホプキンス大学のサラモン (Lester M. Salamon) の定義が標準的であろう。サラモンによれば，NPOとは，①無償のボランティア活動だけではなく，収益事業も行うが，利益は次の活動のための資金として使われ，関係者に利益配分をしないこと (not profit distributing)，②政府やその外郭団体ではなく，民間であること (nongovernmental, private)，③規約や定款を定めて意思決定システムが明文化されている正式の組織 (formal Organization) であること，④組織活動について，自己統治能力をもつ理事会などの意思決定機関が備わっており，自己統治的 (self-governing) であること，⑤組織活動が強制的ではなく，自発的参加により公共目的のための活動が行われること (voluntary)，という5つの要件を備えた組織である [サラモン 1997=1999：106-107]。

1990年，サラモンが中心となり，NPOの国際比較研究プロジェクト——ジョンズ・ホプキンス大学国際比較研究プロジェクト (CNP) ——が始まった。そのプロジェクトでは，国際比較をする際に，より実効性をもたせるために，宗教団体，政治団体はNPOとして除外されている。正確には，礼拝，祭祀など直接的な宗教活動を行う団体は除外するが，宗教に関連する社会福祉団体はNPOとして考えられている。同様に，直接的に政治活動を行う政党や政治団体はNPOとして除外する一方，特定の政治的な立場に立って活動を行うアドボカシー団体はNPOに含まれている。NPOについては，サラモンの定義が標準的に用いられてはいるが，その定義や実態には，曖昧な部分も多々あり，

必ずしも万国共通であるとは言えない。

### (2) NPO・NGO の特徴

　NPO・NGO は社会を動かす力として世界的にも注目を浴びているが，日本と韓国では長い歴史をもっているわけではない。日本の NPO が地域社会の担い手として注目される契機となったのは，1995年1月の阪神・淡路大震災である。未曾有の災害緊急時に，政府や地方政府が十分機能していないなか，全国から駆けつけた市民やボランティア団体は臨機応変に被災地の人々のニーズに対応し，救援活動や災害後の復興支援活動を展開した。

　阪神・淡路大震災以後，社会におけるボランティア活動や市民活動への関心は高まりをみせ，新聞やテレビなどのメディアでは，地域社会で活躍するさまざまな NPO の活動が数多く報道，紹介されるようになった。広く社会で，NPO が認知されるようになり，NPO という言葉も定着してきたのである。

　一方，韓国の市民運動が今のような形で本格的に活動を開始するきっかけとなったのは1989年の「経済正義実践市民連合」設立からである。韓国のNPO・NGO活動は，民主化の結果として生まれてきたものと考えられる。韓国では，軍事政権が長らく国を支配し，朴正熙(パクチョンヒ)大統領が1979年に暗殺されてからも約15年間軍事政権が続いた。民主化を求め，デモ行進や反政府運動が活発に行われていた時代であった。

　1987年の民主化宣言以降，民主化の波に乗り，市民団体が積極的に活動を始めた。その代表的なものが1989年に設立された「経済正義実践市民連合」である。1990年代の市民運動は非常に急速に発展した。特に金大中政権は「国民の政府」というキャッチフレーズのもと，市民団体を国政の重要なパートナーとして位置づけている。1999年に行政自治部への民間協力課の設置により，市民・社会団体と政府との公式チャンネルが設けられた。そして，2000年4月からNGO法，正確にいえば，「非営利民間団体支援法」が施行された。

　韓国の NGO は，民主化以降，いわゆる「市民団体」という形で誕生し，会員の納める会費が運営費に占める割合のなかで非常に高い。しかしながら，韓国の NGO は，少数のエリートや軍事政権時代に社会運動や労働運動を主導した勢力が市民運動の一環として設立したケースが多いため，社会福祉政策だけ

ではなく,すべての政策分野において,積極的に政策提言を行っており,政策形成のプロセスにも積極的に参加し,政策的方向性を決めるうえで非常に重要な役割を果たしている。一応,NGOではあるが,一種の政治団体,政治勢力であり,いつ政党の旗を掲げてもおかしくない。たとえば,韓国を代表するNGOである「参与連帯」は,社会の各分野における多数の専門家を抱え,さまざまな活動や政策提言を行っている。そして,2008年7月に導入された「老人長期療養保険」の最大の反対勢力であったといっても過言ではない。

政府に対する批判勢力としての意味もなくはないが,政権との癒着もかなり強く,NGOの関係者ないしは経験者が入閣したり,政府の要職に抜擢されるケースが多い。NGO内部においては,少数のエリート中心の寡頭制的支配構造をもっており,意思決定も非民主的であると批判されている。これが,韓国のNGOが「市民なき市民団体」といわれるゆえんである。

### (3) NPO 関連法律の比較

日本と韓国におけるNPO・NGO関連法律の比較(図表9-4)において,大きな違いとしては法律の目的をあげることができる。韓国のNGOは,公益の増進以外にも民主社会の実現に貢献すべきであるとの一種の規範があり,これは,韓国のNGOは民主化の副産物といわれるゆえんである。また,構成員の数において大きな違いがみられるが,日本は10人以上であれば法人格を取得できるが,韓国においては構成員が100人以上でなければ法人格は与えられない。この点からも日本においては,地域レベルで小規模な活動を行うのに好都合な法律の規定であるが,韓国は法律的にもそのような活動を行うには限界があるといえる。

### (4) NPO の活動状況の比較
#### 1 日 本

NPOの実態を把握することは,それらの活動が自発的で任意の団体を多く含んでいるため困難な作業である。狭義のNPOの多くはボランティア団体や市民活動団体といわれる任意団体であり,その限りにおいては行政の許認可や届け出の義務はないからである。このような現状において,狭義のNPO全体

図表9-4　日本と韓国におけるNPO・NGO関連法律の比較

| | 日　本 | 韓　国 |
|---|---|---|
| 法律名 | 特定非営利活動促進法 | 非営利民間団体支援法 |
| 法律制定の背景 | 阪神・淡路大震災 | 民主化以降における市民団体の成長 |
| 提案者 | 議員立法 | 政府 |
| 法律の目的 | 公益の増進 | 公益の増進、民主社会の実現 |
| 活動領域 | 17の活動分野 | 公益活動 |
| 受給者 | 不特定多数 | 不特定多数 |
| 営利性 | 非営利団体 | 非営利団体 |
| 政治性 | 非政治的団体 | 非政治的団体 |
| 宗教性 | 非宗教的団体 | 非宗教的団体 |
| 構成員 | 10人以上 | 100人以上 |
| その他 | 加入、脱退自由 | 1年以上公益活動の実績 |
| 所管官庁 | 都道府県知事、総理大臣 | 市道知事、所管省庁の大臣 |
| 営業活動 | 可能 | 言及していない |
| 支援形態 | 法人格を与える | 公益活動の支援 |
| 情報公開 | 義務 | 義務ではない |

出所：[李　2004：56]

を把握する手がかりとなる数少ない統計の1つとして，内閣府[2005]が行った「市民活動団体基本調査」がある。

「市民活動団体基本調査」は，各都道府県などへの事前調査から8万7928団体を特定したうえで，このうちの約1万団体を無作為抽出し，調査対象としているが，そのなかの4009団体から回答を得ている[6]。その主要な活動領域としては，保健・医療・福祉といった社会福祉系の団体が全体の43.1％と最も多くなっていることが特徴的で，次いでまちづくり（11.1％），環境の保全（9.8％）の順となっている。

これらの団体の多くは会員制度を有しており，その割合は全体の83.3％を占めている。こうした会員制度をもつ団体のなかに，正会員数が20人未満の団体は29.6％，20人以上50人未満の団体は28.7％である。これらをあわせると，50人未満の団体が6割であることがわかる。また，活動の範囲については，「1つの区市町村の区域内」とする団体は61.7％であり，「複数の区市町村にまた

図表9-5　日本における市民活動団体の活動分野別の時系列比較
(単位：％)

|  | 1996年<br>n=4,152 | 2000年<br>n=4,009 | 2004年<br>n=4,363 |
| --- | --- | --- | --- |
| ①社会福祉系 | 37.4 | 38.3 | 37.6 |
| ②教育・文化・スポーツ | 16.8 | 14.3 | 16.0 |
| ③国際交流・協力系 | 4.6 | 5.4 | 4.6 |
| ④地域社会系 | 16.9 | 14.0 | 12.8 |
| ⑤環境保全系 | 10.0 | 9.8 | 8.7 |
| ⑥保健医療系 | 4.7 | 4.8 | 4.5 |
| ⑦その他 | 5.7 | 8.9 | 10.0 |
| ⑧無回答 | 4.0 | 4.4 | 5.8 |

出所：[内閣府国民生活局　2005]

図表9-6　日本における市民活動団体の活動範囲の時系列比較
(単位：％)

|  | 1996年<br>n=4,152 | 2000年<br>n=4,009 | 2004年<br>n=4,363 |
| --- | --- | --- | --- |
| 1つの区市町村の区域内 | 67.6 | 61.7 | 55.7 |
| 複数の区市町村にまたがる区域程度 | 15.5 | 16.6 | 20.7 |
| 1つの都道府県の区域程度 | 7.6 | 9.2 | 9.5 |
| 複数の都道府県にまたがる区域程度 | 2.9 | 3.3 | 4.6 |
| 国内全域 | 1.5 | 2.0 | 3.1 |
| 海外のみ | 0.3 | 0.3 | 0.3 |
| 国内および海外 | 2.6 | 3.3 | 3.1 |
| その他 | 0.3 | 0.6 | 0.8 |
| 無回答 | 1.6 | 2.9 | 2.2 |

出所：[内閣府国民生活局　2005]

がる区域程度」が16.6％である。全体の約6割の団体が地域を限定し，地域に密着して活動をしているといえる。

　また，日本の内閣府国民生活局が行った『平成16年度市民活動団体基本調査報告書』(平成17年)の市民活動団体の活動分野別と活動範囲の時系列比較をみると日本の市民活動団体の活動の長年にわたる流れを把握することができる。

　図表9-5の活動分野の分布については，3回の調査結果の間で大きな相違が

みられなかった。「社会福祉系」が最も高く，次いで「教育・文化・スポーツ系」，「地域社会系」が高い。ただし，2004年度の調査結果で「地域社会系」は12.8%で，1996年度（16.9%）より4.1%低くなり，逆に市民活動支援を含めた「その他」は10.0%で1996年度（5.7%）より4.3%高くなった。

図表9-6の活動範囲については，3回の調査結果すべてにおいて「1つの区市町村の区域内」が最も高く5割を超えているが，1996年度（67.6%），2000年度（61.7%），2004年度（55.7%）とその割合は低下している。逆に「複数の区市町村にまたがる区域程度」は，1996年度（15.5%），2000年度（16.6%），2004年度（20.7%）と割合は高くなっており，団体の活動範囲が以前に比べて広くなっている。

## 2 韓　　国

韓国の市民団体の多くはソウル特別市を活動の基盤として活動をしている。市民団体の活動分野も市民社会[8]（25.2%）が最も多く，次いで社会サービス（18.5%）である。

図表9-7　韓国における市民団体の地域別分布[9]

| 地域別（広域地方公共団体） | 数 | 比率（%） |
|---|---|---|
| ソウル特別市 | 2,196 | 54.6 |
| 釜山広域市 | 169 | 4.2 |
| 大邱広域市 | 98 | 2.4 |
| 仁川広域市 | 119 | 3.0 |
| 大田広域市 | 96 | 2.4 |
| 光州広域市 | 135 | 3.4 |
| 蔚山広域市 | 38 | 0.9 |
| 京畿道 | 336 | 8.4 |
| 江原道 | 74 | 1.8 |
| 忠清南道 | 82 | 2.0 |
| 忠清北道 | 85 | 2.1 |
| 慶尚南道 | 124 | 3.1 |
| 慶尚北道 | 101 | 2.5 |
| 全羅南道 | 120 | 3.0 |
| 全羅北道 | 197 | 4.9 |
| 済州道 | 53 | 1.3 |
| 合計（支部は除く） | 4,023 | 100 |

出所：市民の新聞ほか『韓国の市民団体総覧』（2000）を参考に筆者が作成

図表9-8　韓国における市民団体の活動分野

| 活動分野 | 数 | 比率（%） |
|---|---|---|
| 市民社会 | 1,013 | 25.2 |
| 地域自治 | 222 | 5.5 |
| 社会サービス | 743 | 18.4 |
| 環境 | 287 | 7.1 |
| 文化 | 634 | 15.8 |
| 教育・学術 | 235 | 5.8 |
| 宗教 | 107 | 2.7 |
| 労働・農漁民 | 217 | 5.4 |
| 経済 | 501 | 12.5 |
| 国際 | 44 | 1.1 |
| その他 | 20 | 0.5 |
| 合計 | 4,023 | 100 |

出所：市市民の新聞ほか『韓国の市民団体総覧』（2000）を参考に筆者が作成

韓国の市民団体の誕生時期も1987年の民主化宣言以降の1990年代が50％以上を占めており，最も多い（図表9-7，9-8，9-9）。

図表9-9　韓国における市民団体の誕生時期別の比率

| 時　期 | 比率（％） |
|---|---|
| 1960年代以前 | 5.7 |
| 1960年代 | 7.2 |
| 1970年代 | 9.0 |
| 1980年代 | 21.6 |
| 1990年代 | 56.5 |

出所：市民の新聞ほか『韓国の市民団体総覧』(2000)を参考に筆者が作成

### 3 両国における活動状況の比較

図表9-10が示すように，日本においては保健・医療・社会福祉（43.1％）が最も多く，韓国においては市民社会（25.2％）が最も多い。

図表9-10　日本と韓国における市民活動団体の活動分野別

| 活動分野 | 日本 (n=4009) | 韓国 (n=4,023) |
|---|---|---|
| 社会福祉・保健・医療 | 43.1 | 18.5 |
| 教育・文化・宗教・スポーツ | 14.3 | 24.3 |
| 国際交流・協力 | 5.4 | 1.1 |
| 地域社会 | 14.0 | 5.5 |
| 環境保存 | 9.8 | 7.1 |
| 市民社会 | — | 25.2 |
| 経済 | — | 12.5 |
| その他 | 8.9 | 5.8 |
| 無回答 | 4.4 | — |
| 合　計 | 99.9 | 100 |

出所：市民の新聞ほか『韓国の民間団体総覧』(2000)と［内閣府国民生活局　2005］を参考に筆者が作成

## 3　日本と韓国での調査の結果

### (1) 日本における高齢者福祉施設の役割に関する調査（東京都）
#### 1 調査の概要

調査の目的は，日本と韓国におけるNPO（広義）の活動状況に注目しながら，特に高齢者福祉分野におけるNPO（狭義）はどのような役割や機能を果たすのか，また社会福祉法人とはどのような部門において異なる役割や機能を

果たしているのかなどを R.M. Kramer 理論を手がかりに検証する。[10)]

調査の対象は，東京都の高齢者福祉施設や介護サービスを実施する関連事業所，在宅福祉サービス団体の合計716カ所の管理職の方に回答をお願いした。

調査の柱は，NPO の役割について述べている R.M. Kramer 理論を手がかりに，実施しているサービス，アドボカシー（権利擁護，代弁），利用者の参加，ネットワーキングを中心に設問をつくった。

## 2 調査の結果
### ●会員制度の有無

会員制度については，施設は98％が「会員制度なし」，在宅福祉サービス団体の場合は96％が「会員制度あり」であった。会員制度の有無は，住民参加型在宅福祉サービス団体のサービスを利用する人も，団体の活動に参加する人も双方が団体の「会員」となってともに事務局運営経費を負担し合う。双方が会員となってコストを負担し合うことによって活動と利用の持続性や継続性が可能になると思われる。

### ●収入と支出

収入に関しては，在宅福祉サービス団体の場合，施設との大きな違いは会費の存在であるが，介護保険事業収入は，施設と同様大きな財政基盤となっていることが推測できる。

支出に関しては，施設と在宅福祉サービス団体も人件費が最も多かった。

### ●担い手の資格

施設においての有資格者のなかで最も多いのは「介護福祉士」と「看護師」であった。次いで「介護支援専門員」「ヘルパー2級」であり，「社会福祉士」は5番目であったことから「介護福祉士」「ヘルパー2級」「介護支援専門員」などの介護系の資格を有した職員よりもかなり少ない配置状況にあることが推測できる。介護系の資格は常勤で雇用されやすいことが推察される。また「理学・作業療法士」は，介護保険制度上のデイサービスなどで，機能訓練加算の要件となっている。

在宅福祉サービス団体においては，「介護福祉士」「ヘルパー2級」が最も多い。次いで「介護支援専門員」「社会福祉士」で，「保育士」の資格者も多い。

これは制度外の福祉サービスの子育て支援や障害児支援などに大いに役立つと思われる。

●介護保険事業

　介護保険事業者の運営主体については「社会福祉法人」が多いが，特に，在宅サービスの3本柱といわれる「訪問介護」「通所介護」「ショートステイ」に関しては，介護保険制度のもとにおいて介護保険サービスの提供では「社会福祉法人」が重要な役割を占めていることが概観できる。また，在宅福祉サービス団体の場合，「訪問介護」が36％で最も多い。「NPO法人」が行う介護保険サービスのなかでは，訪問介護を行う場合が極端に多くなっているが，理由として，①訪問介護の場合では，サービス開始時に立ち上げ資金が比較的高額にならないこと，②介護保険上の介護の担い手であるヘルパー2級以上の訪問介護員資格が短期間で費用も安く取りやすいことなどが推測される。また，中心的な担い手となりやすい主婦層は，日常生活の家事業務をすでに家庭内で行うことが多いため，比較的取り組みやすいサービスであることが考えられる。

●独自の福祉サービス

　施設より在宅福祉サービス団体のほうが独自の福祉サービスにおいて多様性をみせている。これは，NPOの多くは介護保険事業のサービスを提供しながらも，多様なサービスを用意していくことで組織ミッションに応じたサポートを実施していくことが考えられる。このようにNPOは臨機応変に小回りが効く福祉サービスを提供することで利用者をあきらめさせないアプローチを展開していくことが考えられる。したがって，NPOには，能力と組織ミッションに応じて，多様なニーズに対応できるようなサービス供給体制の形成や方法の確立が期待される。

●各福祉サービスの主な担い手

　施設においては介護保険事業，単独事業，独自の福祉サービスは20代女性，30代女性，40代女性がそれぞれの事業の53％，79％，37％を占めている。独自の福祉サービスにおいて50代女性，60代女性が31％を占めている。また，若い男性の22％が職場としても機能していることがうかがえられる。

　在宅サービスにおいては，それぞれの事業に40代，50代，60代女性，つまり中高年の女性の活躍が目立つ。また，独自の福祉サービスにおいては，施設，

在宅を問わず50代,60代男性の活動がみられる。また,在宅福祉サービス団体は,20代～40代の男性が家計を支えるための就労の場として整備されていないことが推測できる。

●アドボカシー(権利擁護・代弁)

制度や既存の社会資源のみでは満たすことのできない福祉ニーズがあるときの対応は,施設は「行政に働きかける」が35%で最も高く,次いで「家族に伝える」が31%の割合になっているが,在宅福祉サービス団体は,「団体独自のサービスを提供する」が43%で最も高く,次いで「行政に働きかける」が30%を占めている。これは,在宅福祉サービス団体が施設よりも積極的に地域住民の福祉ニーズに対して福祉サービスを創出していく意欲があることがうかがえる。

●社会福祉サービス供給の主な担い手に期待する役割

自分の法人や団体の活動を含め,他の法人や団体の活動に期待する役割については,NPO法人に期待する役割として最も多かったのは「市民活動を広げるネットワークの拠点」34%,社会福祉法人に期待する役割としては「地域社会や福祉サービスに関する諸問題に意見の表明や政策の提言」が44%,医療法人に期待する役割としては「緊急時の受け入れ体制の整備」が74%であった。

(2) 韓国でのインタビュー調査の結果

今回の韓国での調査においては,NPO(社会福祉施設)として,バンハク洞総合社会福祉館(ソウル特別市内北部の道峰区内)と仁川広域市障害者総合福祉館の関係者にインタビューをした。[11]

韓国の事例を検討分析するうえで,日本との比較を念頭におけば,資源の動員という観点から日本との違いを見つけることができる。他の組織にとってもそうであろうが,社会福祉施設にとっての資源の確保は欠かせないものである。社会福祉施設にとっての主な資源として人材,財源,設備などが考えられるが,以下では,ボランティアと財源に注目する。韓国の社会福祉施設においては,日本に比べボランティアの数が多く,福祉サービスの供給においても重要な役割を果たしている。これは,韓国の社会福祉施設の一般的な傾向といえる。今回,調査で訪れた社会福祉施設においてもこの点は共通している。

まず,バンハク洞総合社会福祉館においては,ボランティアだけで年間延べ2000人程度が活動している。韓国において,このようにボランティア活動が盛んになされる背景には,韓国社会における普通の規範としての宗教の存在を指摘しなければならない。韓国では,実に人口の半分近くが主な宗教の信者として信仰活動を行っている。たとえば,2006年現在,キリスト教信者が約861万人,カトリック信者が514万人,仏教徒は1072万人である。韓国社会においては信仰活動を行っている人の数が多いだけではなく,その活動も非常に盛んである。また,彼らの信仰心も非常に深いものがある。そのため,韓国社会においては,宗教が社会における規範として定着していると考えられる。

次に財源である。韓国における社会福祉施設の多くは,母体となる宗教団体からの補助金が施設の運営において欠かせない。この文脈からも韓国社会における宗教の重みを推測できる。そこで,仁川広域市障害者総合福祉館の事例を紹介しよう。この福祉館は,仁川広域市が仁川のライオンズクラブの会に委託をし,運営を任せている。これは,宗教的背景をもたない地方公共団体が設立した福祉館にとっては,財源という意味においては,非常に好都合な運営の仕方であると考えられる。このような運営の仕方をしているのは,今日の韓国では,数としてはあまり多くはないが,今後,社会福祉館の資源配分のあり方を模索するうえで,1つのモデルになりうるのではないかと考えられる。

資源という観点から考えると,韓国は政府の役割がいまだに不十分であると考えられる。依然発展途上国にあって,十分な財政的余力のない韓国において,上記の福祉館は非常に有効な形であると考えられる。このような韓国の事例から,今後,社会福祉や地域福祉における資源配分のあり方を模索するうえで,また,それに関する比較研究を行ううえで,大きな示唆を得ることができる。

## おわりに

本章では,最近の社会福祉におけるNPO・NGOの重要性に着目し,マクロとミクロの観点から日本と韓国におけるNPO・NGOの活動状況の比較を試みた。マクロの観点からの日本と韓国におけるNPOについては,CNPを

中心に検討した。GDPに占めるNPOの支出の割合は，日本の場合は4.5％，韓国においては2.14％を占めている（1995年）。NPOの収入源については，CNPの19カ国の平均より，日韓ともに会費，料金収入が多く，民間による寄付は少ないことがわかった。また，ミクロの観点からは，日本と韓国におけるNPO・NGOの概念，特徴，関連の法律，活動状況の違いを検討した。韓国においては民主化がNGOに大きな影響を与えたことが推察できた。歴史，制度，文化，経済発展段階などの異なる各国のNPO・NGOにおいてどのような類似点があり，またどのような相違点があるかを知ることは，今後のNPO・NGOの研究に大いに参考になると考えられる。

韓国と日本のNPO・NGOの活動状況の違いが現れた理由は，まず，韓国のNGOは，市民運動の歴史をふりかえりながら，現在の市民社会のあり方を政治的に捉え，市民を社会改革の担い手として位置づけているのに対し，日本のNPOは，市民活動の経済的側面に着目し，社会における新たな公共サービスの担い手・供給者として捉えていた。こうした相違は，韓国のNGOは，民主化の流れのなかで市民活動が成長したのに対し，日本の市民活動は90年代の公益を再定義する過程において，行政の行き詰まりを打破し，新たな公益の担い手としてNPOが注目されるようになったという歴史的経緯の違いに起因するといえる。

また，NPOをめぐる課題には，日本と韓国には違いがある。日本と韓国に共通する特性や課題とともに，日本や韓国の特性や課題に着目した分析が必要となる。日本の非営利部門を構成するサービス供給組織に関していえば，主に制度内サービスを担っている社会福祉法人と制度外のサービスに力を入れているNPO法人との基本的特性の理解が重要である。またその理解をふまえて，こうした組織が福祉供給体制のなかで果たしうる役割を検討する必要があり，さらに，そうした役割が適切に果たされるためにどのような支援を行ったらよいかが検討されるべきである。

非営利部門に関する近年の日本での論議では，NPO法人に対してかけられている期待は大きい。しかし，サービス供給量という点でみると，NPO法人の役割はまだ小さい。今後，税制上の優遇措置をはじめとするNPO法人に対する支援策が強化されるとしても，近い将来に，NPO法人が，社会福祉サー

ビスの非営利部門の中核的な存在になるとは考えにくい。

このような状況のなかで非営利部門の活性化とサービス供給拡大の可能性を考えるとしたら，主に制度内サービスを担っている社会福祉法人と制度外のサービスに力を入れているNPO法人などを含む非営利部門全体を視野に入れて議論するのが重要である。なぜなら，一人ひとりの利用者のトータルなケアの観点から非常に意義ある議論であるからである。また，NPO研究では「事例紹介だけで理論や分析がない」ことがよくあるといわれるが，今後，理論をベースにした実証研究の日韓比較の蓄積も期待したい。

なお，本章の分析のために用いられた日韓のNPO・NGOに関するデータは，比較の観点から不揃いの部分があるが，この点については，本章の分析が比較に向けての試論的研究という点もあり，今後の課題にしたい。

1) ジョンズ・ホプキンス大学国際比較研究プロジェクト（CNP）では，文化や制度の異なる地域間で統一的な比較調査を行うため，非営利セクターに含まれる組織を①非営利（nonprofit），②非政府（nongovernmental），③組織性（formal），④自己統治性（self-governing），⑤自発的結社性（voluntary）を基準に定義した。
2) 日本の国民経済計算に相当する。なお，韓国の国民勘定は，1つの国民勘定のなかに「国内総生産と支出」，「国民総処分可能所得と処分」，「貯蓄と投資」の項目がある。
3) 政府部門のウェートは国民勘定の経済活動別国内総生産および国民総所得資料を利用し，以下のような式により計算した。政府部門のウェート＝国内政府サービス生産者生産額/国内総生産額
4) 12の産業分野別では，会費・料金収入への依存度が高いのは文化，教育などであり，公的補助への依存度が高いのは医療や社会サービスであり，医療の場合は健康保険から支払いが行われる診療報酬がこれに含まれているためである。また，環境，コミュニティ開発，国際活動，フィランソロピーなどの分野で民間寄付の割合が大きい。
5) 以下の記述については，2006年9月5日に行った，参与連帯の朴ウォンソク協力処長へのインタビューによる。

　　今や世界的に有名になった韓国の落選運動を主導した「参与連帯」は，1994年発足，2006年ですでに12年の歴史がある。設立目的は，①国会，司法，行政の監視，②社会的弱者への援助，③朝鮮半島の平和に関する研究である。参与連帯は専門団体ではなく，市民とともに運動していく総合的市民運動という形態で運動している。組織としては，現在8つの活動機構をもっている。司法監視センター，経済改革センター，クリーンな社会を作る本部，社会福祉委員会等である。特に社会福祉委員会では，国民の福祉基本権の確保運動，国民基礎生活保障法制定運動，医療保険統合化と医療分業等に関する立法を推進してきた。現在は主に国民基礎生活保障法の改正と国民年金，健康保険，児童保育の問題に取り組んでいる。

参与連帯は，企業，政府から一切金銭的に支援を得ていない純粋な市民運動として活動している。会費を収める会員だけで1万5000人いる。会員は月に500円から1000円の会費を支払って組織運営をし，会員のなかには100人の弁護士，300人の大学教授，50人の一般活動家が活動をしている。

　　韓国の政治は腐敗等が多い政治構造である。参与連帯が今，特に力を入れているのは，国会を改革することである。その目的は国会が国民の代表として，生産的な議論が盛んになるようにすることである。韓国のNGOや市民が政治的活動に積極的に参加するのは，市民運動によって現実の政治が変わったという「成功体験」が比較的近い過去にあるからであると思われる。

6) 4009団体の内訳は，特定非営利活動法人が4.9%であり，任意団体が89.9%である（残りは，その他の法人格をもつ団体もしくは無回答）。
7) ①社会福祉系：高齢者福祉，児童福祉，母子福祉，障害者福祉，その他社会福祉
　②教育・文化・スポーツ系：教育・生涯学習指導，学術研究の振興，スポーツの振興，青少年育成，芸術・文化の振興
　③国際交流・協力系：国際交流，国際協力
　④地域社会系：まちづくり，むらづくり，犯罪の防止，交通安全，観光の振興，災害防止・災害時支援
　⑤環境保全系：自然環境保護，公害防止，リサイクル
　⑥保健医療系：健康づくり，医療
　⑦その他：消費者問題，人権の擁護，男女共同参画社会の形成の促進，市民活動支援，平和の推進等
8) 市民社会というのは①法律，行政，政治，②国民運動，③消費者，④人権，追悼事業，⑤青年，学生，⑥平和，統一，民族等の分野を含めた活動を意味している。
9) 1996年にはNGOの68.9%がソウル特別市に集中していたが，1999年度には54.6%と比率が低くなっている。最近になって，地方を基盤として活動するNGOが少しずつではあるが増えている。
10) 日本の東京都を対象に調査したのは，文部科学省助成大学院GP（Good Practice）の活動の一環として7つの研究プロジェクトのなかの日韓比較プロジェクトの研究助成を受けて実施したものである。
11) 2009年1月，日本における高齢者福祉施設を対象にアンケート調査を行った。その調査は韓国でも実施する予定であり，韓国での調査を控え，予備調査として，2009年8月，いくつかの社会福祉施設を対象にインタビュー調査を行ったものである。

## 【参考文献】

李鎮源［2004］『韓国と日本政府のNGO支援政策比較研究』慶熙大学NGO大学院NGO政策・管理専攻2004年度修士学位論文

韓国銀行『国民勘定』各年度版

金ジュンキ［2006］『政府とNGO』博英社

金ジュンモ・李キシクほか共著［2002］『韓国のNGOの活動実態と課題』韓国行政研究院

金ドンチュン [2000] 『NGO とは何か』アルケ
金ヨンレ・李チョンヒほか [2004] 『NGO と韓国の政治』韓国政治学会
サラモン，レスター M.（山内直人訳）[1999] 『NPO の最前線－岐路に立つアメリカ市民社会』岩波書店
市民の新聞・韓国民間団体総覧編纂委員会・市民運動情報センター [2000, 2003, 2006] 『韓国民間団体総覧』
社会福祉法人大阪ボランティア協会編 [2004] 『ボランティア・NPO 用語辞典』中央法規
内閣府国民生活局 [2005] 『平成16年度市民活動団体基本調査報告書』
山内直人編 [1999] 『NPO データブック』有斐閣

第10章

# 日・韓の高齢者福祉分野におけるヒューマンパワー

孫　希叔

## はじめに

　老年期に私たちが直面しなければならない重要な課題の1つが介護の問題である。ここ数年の間に，高齢者の介護問題については，急速な高齢化を経験している日韓両国において大きな問題を提起しながら，その環境が整備されてきている。まだ，その制度については，十分ではないにしても，両国において高齢化の進展に見合うサービス供給体制を進めていこうとする傾向の強まりは，介護が必要になった人が介護を受け，自立した生活が可能になるように援助する仕事も重要な仕事として確立させてきている。それは社会福祉従事者，あるいはケアワーカー，介護職ともいわれる職種である。

　だが，一方では一連の急激な制度改革のなかで多くの課題が出てきているのも事実である。サービス選択のための情報，介護ヒューマンパワーの確保，介護サービスの質，介護事故に伴う苦情や訴訟，介護サービスの評価，将来にわたる介護サービスの需要と供給のバランスなど，その課題は多岐にわたって指摘されている。そして，これを克服し，すべての人々にとって豊かで実りのある社会としていくためには何をすべきなのかという長期のビジョンと取り組み方を明らかにすることが求められている。

　ここで取り上げる課題は，介護サービスにかかわるヒューマンパワーとして，なかでも施設サービスを担っている介護職に焦点をあて，日韓両国の当事者らがおかれている現状とそこからみえる課題について考えることである。また，国際比較を通じて今日の日韓両国の高齢者介護サービスが抱えている問題

点や共通する課題を明らかにし，よりよい高齢者介護サービスのあり方を探ることにある。

ところで，高齢者介護サービスの「ヒューマンパワー」を広義に解釈するのであれば，介護老人福祉施設，介護老人保健施設といった介護保険施設の職員をはじめ，民間の非営利組織である市民団体の有償・無償ボランティアまで，その対象は非常に幅広く，多様であるが，本研究での主な分析対象は，そのなかでも老人福祉施設において介護業務を担っている介護職員であり，それを「ヒューマンパワー」と総称する。

## 1 高齢者福祉サービスのヒューマンパワー確保のための施策

### (1) 両国における人口高齢化の現状

現在，東アジアの各国において展開されている高齢化は，これまで穏やかな進展をみせてきた欧米の高齢社会とはまったく異なる様相を呈している。その先導役は日本であり，これを追い抜く勢いをみせているのが韓国である。韓国は日本より30年遅れて2000年に高齢化社会に入ったが，高齢化のスピードは日本よりも速く，2018年までには高齢社会に突入すると予測されている（図表10-1参照）。

さらに，このような将来展望とともに，高齢者問題を現実のものとして顕在化させているのは，平均寿命の延長と高齢者数の着実な増加である。2005年から50年に各国の平均年齢がどれほど上昇するかをみると（図表10-2），韓国の高齢化の速度を予測することができる。高齢化が最も進んでいる日本が9.4歳

図表10-1 高齢化社会への速度

| 区分 | 到達年数 | | | 増加にかかった年数 | |
|---|---|---|---|---|---|
| | 7% | 14% | 20% | 7%→14% | 14%→20% |
| 日　　本 | 1970 | 1994 | 2006 | 24 | 12 |
| 韓　　国 | 2000 | 2018 | 2026 | 18 | 8 |
| フランス | 1864 | 1979 | 2018 | 115 | 39 |
| アメリカ | 1942 | 2015 | 2036 | 73 | 21 |

出所：統計庁，Korean Statistical Information System (KOSIS) database

図表10-2　世界各国の平均年齢の比較（2005～50年：歳）

| | 2005（A） | 2050（B） | B−A |
|---|---|---|---|
| 日　本 | 42.9 | 52.3 | 9.4 |
| 韓　国 | 35.1 | 53.9 | 18.8 |
| 中　国 | 32.6 | 44.8 | 12.2 |
| イギリス | 39.0 | 42.9 | 3.9 |
| アメリカ | 36.1 | 41.1 | 5.0 |

資料：UN Population Division, World Population Prospects: The 2004 Revision Population Database

増加している一方，韓国はその2倍の18.8歳増加している。2050年の韓国の平均年齢は53.9歳にまで延び，老年期のすごし方，暮らし方が個々人の問題として実感されるところである。このように東アジアで進む高齢化は逆らうことのできない必然的な流れであり，この現象にどう取り組むかが，各国における社会，経済，文化的に大きな課題となっている。日本の高齢者関連の制度および政策は，こうした隣国に多かれ少なかれ影響を与えるに違いない。

### (2) 日本における高齢化対策への取り組みとヒューマンパワー

では，このように急速に進行している高齢化への取り組みとそのなかで福祉ヒューマンパワーは，どのように位置づけられているのだろうか。まず，日本における社会福祉サービスの歴史的変遷と社会福祉従事者の関係からみていこう。1980年代後半までの主な福祉のヒューマンパワー政策は，①社会福祉にかかわる資格制度の整備と研修，②社会福祉施設従事者の待遇改善などが中心であった。しかし，1980年代後半以降，急速な人口の高齢化への対策が課題となり，計画的で総合的な福祉のヒューマンパワー政策の必要性が高まっていった。計画的な福祉のヒューマンパワー整備を定めたものとしては，1989年の「高齢者保険福祉推進10カ年戦略（ゴールドプラン）」があげられる。10年間でホームヘルパーを10万人整備することを目標と定めた。このゴールドプランを1994年に見直したいわゆる新ゴールドプランでは，ホームヘルパーの目標値を10万人から17万人に修正し，新たに寮母・介護職員を20万人整備することを定めた。さらに新ゴールドプランの後続プランである1999年の「今後5カ年間の高齢者保健福祉施策の方向（ゴールドプラン21）」では，5年間で35万人のホー

**図表10-3 日本における社会福祉従事職員の推移**

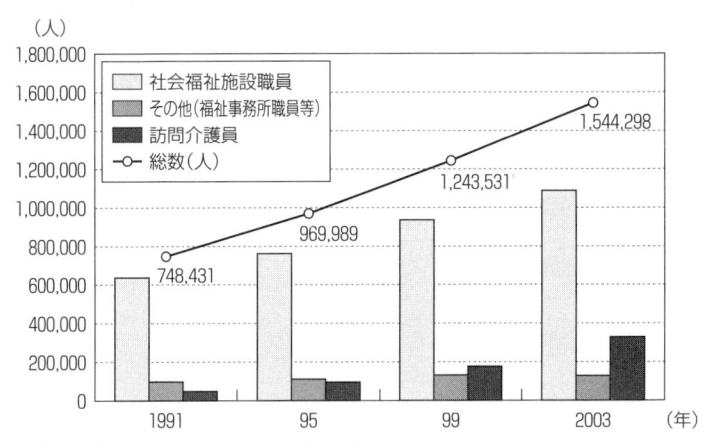

(人)
- 社会福祉施設職員
- その他(福祉事務所職員等)
- 訪問介護員
- 総数(人)

| 年 | 総数 |
|---|---|
| 1991 | 748,431 |
| 95 | 969,989 |
| 99 | 1,243,531 |
| 2003 | 1,544,298 |

出所:『国民の福祉の動向』1997, 2007年度版より作成

ムヘルパーが提供するサービス量を確保することを定めた。

このほかに障害者分野では，1995年に「後期重点施策実施計画(障害者プラン)」において，7年間で4万5000人のホームヘルパーを高齢者のプランに上乗せすることを定めた。さらに，その後続プランである2002年の「重点施策実施5カ年計画(新障害者プラン)」では，高齢者のプランへの上乗せ分を6万人に設定している。

このような背景のなか，社会福祉従事者数は，特に1991年以降，施策の動向とリンクし，その増加傾向は著しく，1996年には100万人を超え，2003年には約155万人にも達している(図表10-3参照)。

しかしながら，これには要介護高齢者にサービスを提供する介護職のすべてが含まれているわけではない。図表10-3での総数は，老人福祉施設職員を含めた社会福祉施設職員，福祉事務所や児童相談所などの社会福祉行政機関の職員，訪問介護職員に限られているものであり，介護老人福祉施設や介護療養型医療施設において介護サービスを担っている職員は除外されている。したがって，その全容をみるためには，要介護高齢者に対して介護サービスを提供している人々を加えなければならない。その他にも，民間市民団体などのインフォーマルな領域で要介護高齢者やその家族に対する介護サービスを提供する

図表10-4　日本における福祉・介護サービス従事者数(2005年)
(単位；人，％)

| 区分 | 総数 | サービス形態 | |
|---|---|---|---|
| | | 施設 | 在宅 |
| 総数 | 3,276,555<br>(100.0) | 862,171<br>(26.3) | 2,414,384<br>(73.7) |
| 老人分野 | 1,971,225<br>(60.1) | 654,872<br>(33.2) | 1,316,353<br>(66.8) |
| 障害者分野 | 671,718<br>(20.5) | 129,457<br>(19.3) | 542,261<br>(80.7) |
| 児童分野 | 556,008<br>(17.0) | 24,547<br>(4.4) | 531,461<br>(95.6) |
| その他 | 77,604<br>(2.4) | 53,295<br>(68.7) | 24,309<br>(31.3) |

資料：社会福祉の動向編集委員会［2009］『社会福祉の動向』p.81より

人々の存在がある。主に福祉NPOにおいて介護サービスに従事している人々も広義のヒューマンパワーに加えなければならないであろう。こう考えると，トータルとしての高齢者福祉ヒューマンパワーの数は，この数値よりはるかに多くなるのである。

図表10-4は，日本の社会福祉従事者が所属する分野別の内訳を示している。2005年現在の従事者328万人のうち，全体の6割以上が老人分野で働いており，サービス形態の別では施設サービス領域に従事する者が約65万人，在宅サービスに従事する者が約132万人である。これら老人分野における主な職種は介護職員であり（114万7705人，2005年），ほとんどが介護保険制度下において仕事に従事していることが確認できる。また，他の障害者や児童分野においても在宅サービスの割合が高く示されている。

## （3）韓国における高齢化対策への取り組みとヒューマンパワー

高齢化に伴う以上のような状況は韓国においても同様であり，社会福祉サービスをめぐる施策は大転換してきている。特に2008年7月からの「老人長期療養保険制度」の実施は，各種サービスの広がりと同時に，福祉関係のヒューマンパワー対策が具体化し始めていく出発点といえる。しかし，制度が発足した

**図表10－5　韓国における社会福祉施設従事者の推移**

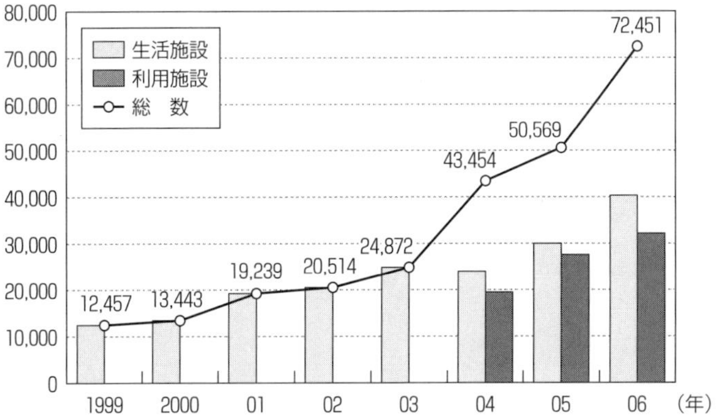
80,000
70,000
60,000
50,000
40,000
30,000
20,000
10,000
0
生活施設
利用施設
総　数
72,451
50,569
43,454
24,872
19,239
20,514
12,457
13,443
1999
2000
01
02
03
04
05
06
(年)

資料：『国民の福祉の動向』1997，2007年度版より作成

ばかりで，しかもヒューマンパワーに対しては定かでないところもあり，ここでの検討は注意が必要であろう。

以下，そのことを念頭におきながら社会福祉サービスと社会福祉従事者の関係をみると，量的な拡大は特に2004年１月に発表された「参与福祉５か年計画」が大きな影響を及ぼしたといえる。老人療養施設433カ所の新設など，老人長期療養保険制度の導入に向けての急速かつ大量に社会福祉施設を整備するなかで，そこで必要とされた職員の確保が急務となったのである。

**図表10-5**は，このようなヒューマンパワー重視ともいえる傾向を端的に示している。これによると，韓国における社会福祉ヒューマンパワーの数は1999年の時点で約１万2500人であったのが，2002年には２万人を超え，その後も毎年急速に増えている。そして，2006年には約７万2500人となっている。10年に満たない期間であるが，約5.8倍に増加している。

ここで，2006年12月現在の韓国の社会福祉施設従事者の内訳をみると，**図表10-6**のとおりである。分野別には老人分野に従事する者が最も多く約2万8000人で，全体の約39％を占めている。

これをサービス形態別にみると，生活施設に従事する者が約２万1000人，利用施設に従事する者が約7000人であり，生活施設で働く人たちの数が利用施設で働く人たちの３倍となっている。また，障害者分野においても生活施設で働

図表10-6　韓国における福祉・介護サービス従事者数
（2006年末現在）　　　　　　　　（単位；人，％）

| 区　分 | 総　数 | 施　設　形　態 | |
|---|---|---|---|
| | | 生　活 | 利　用 |
| 総　数 | 72,451<br>(100.0) | 40,304<br>(55.6) | 32,147<br>(44.4) |
| 老人分野 | 27,935<br>(38.6) | 21,008<br>(75.2) | 6,927<br>(24.8) |
| 障害者分野 | 18,443<br>(25.5) | 10,390<br>(56.3) | 8,053<br>(43.7) |
| 児童分野 | 14,648<br>(20.2) | 5,886<br>(40.2) | 8,762<br>(59.8) |
| ホームレス | 1,324<br>(1.8) | 898<br>(67.8) | 426<br>(32.2) |
| 精神保健分野 | 2,402<br>(3.3) | 2,021<br>(84.1) | 381<br>(15.9) |
| 結核・ハンセン施設 | 101<br>(0.1) | 101<br>(100) | ― |
| 地域住民 | 6,242<br>(8.6) | ― | 6,242＊<br>(100) |
| その他 | 1,356<br>(1.9) | ― | 1,356<br>(100) |

＊総合社会福祉館
資料：保健福祉部（2007）『社会福祉施設管理案内』より

いている従事者の割合が高いが，児童分野では逆に利用施設の従事者の割合が高くなっている。しかし，総数としては生活施設で働いている従事者が多く，それには主に「措置制度」によるサービス提供が強く影響していると考えられる。

　以上をふまえて考えると，日本の介護保険制度が介護の社会化を標榜したのと同様に，韓国で実施し始められた老人長期療養保険制度も高齢者介護の社会的な再編を意図するものであるといえるであろう。だが，韓国の場合，サービス供給に対する対応策が十分に議論されているとはいいにくい状況であり，今後のサービスの絶対量の拡大と，質の高度化への要請に応えられるのかという不安が残る。これは，老人長期療養保険制度におけるサービスシステムはすでに整備されている一方，その担い手として期待されるヒューマンパワーの確保

については，今のところせいぜいホームヘルパーレベルの養成水準にとどまっており，なお低い発展状況にあるからである。長寿社会づくりには，単に制度や施設を整備するだけでは十分ではない。

## 2 老人福祉施設従事者の勤務実態

### (1) 老人福祉施設介護職の勤務実態と意識に関する調査
#### 1 調査の背景とねらい

　今日の両国の高齢者サービスの発展と，そこにおける福祉ヒューマンパワーの必要性という脈絡で捉える限り，「介護職」の将来は約束されているかのようにみえる。さらに，最近では，資格制度をめぐっての議論が展開され，援助専門職としての力量の向上のための取り組みが図られるようになった。

　だが一方で，そこには「どんな介護従事者を育てようとしているのか」という本質的な議論が置き去りにされているのではないかという疑問を抱く。つまり，その具体的な介護従事者の姿はあいまいなまま，専門職の方向性を示すための議論が行われているのである。少なくとも現時点においては，求められる介護従事者像についての共通した認識が共有されていない。その段階にいたるには，介護従事者の職務内容の明確化と実践の成熟に向けた研究者の共同作業が，従来以上に必要となってくるであろう。

　こういった疑問に着目し，介護従事者の今後に向けての発展課題について提言することをねらいに，介護従事者がその業務についてどのような意識をもち，その業務実態はどのような問題を孕んでいるのかを明らかにすることを目的とする現状調査を実施した。

　以下では，日本と韓国の老人福祉施設で勤務している介護従事者を対象に行った実態調査の結果を分析・考察していきたい。その場合もやはり，両国を同時に考えていくことで，比較対象となる国の介護従事者を取り巻く固有の問題がどこにあるのか，その課題の独自性と共通性を明らかにしていきたい。そして，これらをふまえたうえで，これからの発展のあり方についての展望も検討していきたい。

## 2 調査の概要

　日本での調査実施においては，ワムネットに登録されている介護老人福祉施設のなかからランダムに抽出した950カ所の施設の介護従事者が対象となった。調査期間は，2009年5月1日から2カ月間とし，無記名記入式の調査票を郵送し，住所不明などで5票が返送され，無効票は7票であった。その結果，有効回答数は328票，有効回収率34.5％であった。一方，韓国での調査は，韓国老人福祉施設協会から紹介された名簿からランダムに抽出した878の施設の介護従事者がその対象となった。調査期間は2009年5月1日から2カ月の期間とした。郵送した調査票のうち，住所変更などで9票が返送され，また無効票が3票であった。その結果，有効回答数は296票であり，有効回収率は33.7％である。

　調査は，調査票によるアンケート調査の手法を用い，主たる調査項目は，次のとおりである。①性別，年齢，学歴，所有している資格の種類，社会福祉分野での就業経験などの基本的属性，②職場で感じている満足程度や職場環境，教育訓練などについて，③離職の経験や離職の理由，離職の意向について，④現在の職務やサービスの質に対する意識，業務を進めるうえで悩むこと，専門性を高めるために必要な内容などである。なお，調査票の末尾には，業務に対するさまざまな意見を記入できるように自由回答欄を設けた。

## （2）調査結果および考察

### ●性別と年齢

　まず，調査対象者の性別割合からみていこう。日本の場合は，女性が86.3％（283名）で，男性が13.7％（45名）であった。一方，韓国での調査対象者の女性と男性の割合は，女性が93.9％（278名），男性が6.1％（18名）であった。性別割合では日本と同様の傾向をみせているが，男性の割合は，日本の場合よりもはるかに低い。

　こうみると，両国における介護従事者の大部分は女性によって占められていることがわかる。これは，高齢者の介護や世話を担うのは女性であるとする伝統的な風潮がその要因となっているのであろう。一方，日本の場合，韓国よりも介護職に多くの男性が従事する傾向がみられた。これは，日本において，経

第10章　日・韓の高齢者福祉分野におけるヒューマンパワー　233

**図表10-7　介護従事者の年齢構成**

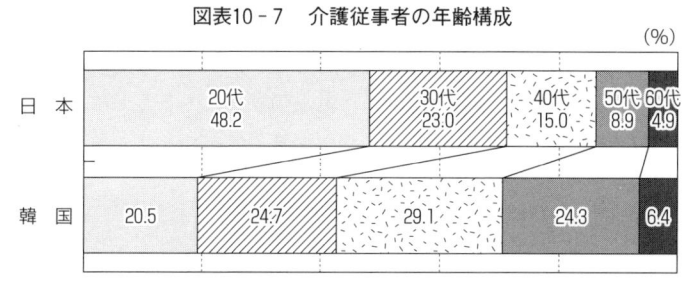

| 国 | 20代 | 30代 | 40代 | 50代 | 60代 |
|---|---|---|---|---|---|
| 日本 | 48.2 | 23.0 | 15.0 | 8.9 | 4.9 |
| 韓国 | 20.5 | 24.7 | 29.1 | 24.3 | 6.4 |

**図表10-8　介護従事者の勤務年数**
(%)

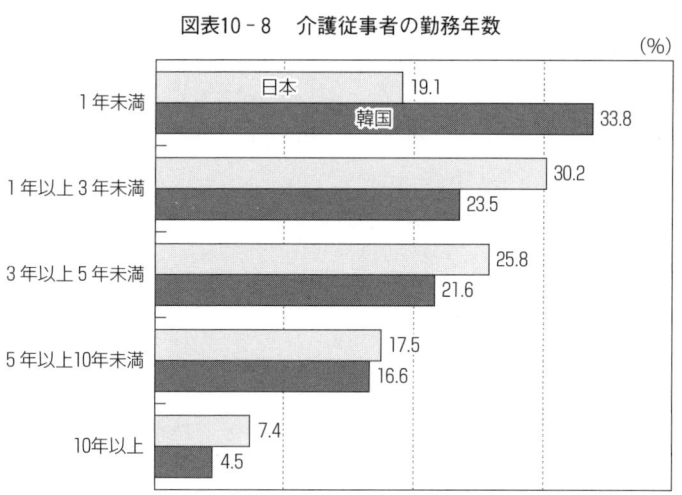

| | 日本 | 韓国 |
|---|---|---|
| 1年未満 | 19.1 | 33.8 |
| 1年以上3年未満 | 30.2 | 23.5 |
| 3年以上5年未満 | 25.8 | 21.6 |
| 5年以上10年未満 | 17.5 | 16.6 |
| 10年以上 | 7.4 | 4.5 |

済的不況や高齢者介護に対する社会的な関心の高まりから，男性も介護職に従事するようになってきたのではないかと考えられる。

では，ここで回答者の年齢構成比をみてみよう。図表10-7によると，日本の介護者は20代が約半数を占め，韓国では40代以上の介護者が最も多く，50代がその後を占めている。これは，日本では介護職の仕事が若者にとって，1つの職域と考えられているのに対し，韓国では，子育てを終えた女性が介護職になっているのではないかと推定される。

●勤務年数

調査対象者の勤務年数についてみていくと，図表10-8のような結果となっている。日韓両国ともに就職してから5年未満までは継続勤務の傾向をみせて

いるが，韓国の場合，1年未満の割合が一段と高く現れている。これは，老人長期療養保険制度の導入によって新たに介護の仕事に就いた人が多いことが考えられる。また，新しく事業を開始した老人福祉施設の多くで，ほとんどの介護職が勤務期間が短く，なかにはサービス提供基盤が整えられていないことへの懸念を指摘する従事者もいた。

●雇用形態

では，回答者の労働形態はどのようになっているのか。韓国の場合，非正規職員の割合は日本より低い11.1％であるが，日本においては，パート・アルバイトなどの非正規職員の割合が33.8％で3割を超えている。このように非正規職員の割合が高く現れた背景として，介護業務が非常に労働集約的な職種であり，人件費が支出の多くを占めていることがあげられる。そのなかで，介護保険制度の実施とそれに伴う民間企業の参入などによって採算性を高めるためにも非正規職員の割合を高めていることが考えられる。このような現状は，今後，韓国においても現れる可能性があり，さらなる検討や分析を必要とするものであろう。

### (3) 介護職を希望する動機

両者の回答結果の傾向に，両国の介護者の介護の動機づけに相違がみられた。日本の介護者の場合，「働きがいのある仕事だと思ったから」19.8％（137名），「自分や家族の都合のよい時に働けるから」16.2％（84名）の回答者が福祉や介護についての個人的関心や家庭環境によって介護職を希望したと答えていた。韓国の介護者の場合も「働きがいのある仕事だと思ったから」16.9％（99名），「自分や家族の都合のよい時に働けるから」12.4％（73名）との理由を選んでいることで，日本と類似した傾向がみられるが，一方では「今後もニーズが高まる仕事だから」13.7％（80名）や「すぐに就職できるから」10.9％（64名）との理由も同時に上位となっており，今後の介護職への規模の拡大や短時間での技術取得によっても就職可能な状況にあることが推測できる。

こうみると，介護職の希望動機については，日本の介護者の約5割が「人の役に立つ仕事がしたい」という目的意識をもって，「働きがいのある仕事」として介護職を選び，「自分や家族の都合の良い時に働ける」状況で就職してい

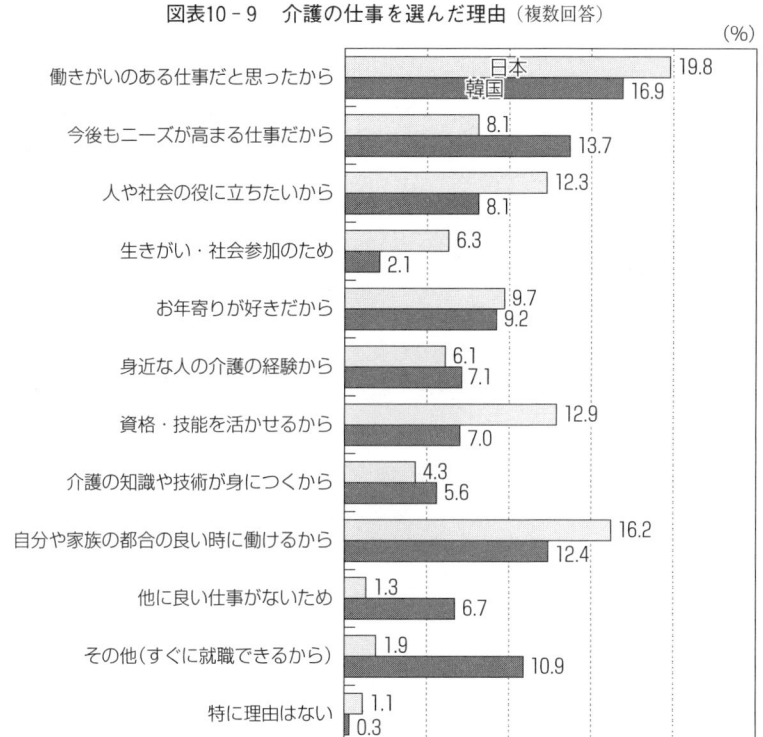

図表10-9　介護の仕事を選んだ理由（複数回答）
(%)

| 項目 | 日本 | 韓国 |
|---|---|---|
| 働きがいのある仕事だと思ったから | 19.8 | 16.9 |
| 今後もニーズが高まる仕事だから | 8.1 | 13.7 |
| 人や社会の役に立ちたいから | 12.3 | 8.1 |
| 生きがい・社会参加のため | 6.3 | 2.1 |
| お年寄りが好きだから | 9.7 | 9.2 |
| 身近な人の介護の経験から | 6.1 | 7.1 |
| 資格・技能を活かせるから | 12.9 | 7.0 |
| 介護の知識や技術が身につくから | 4.3 | 5.6 |
| 自分や家族の都合の良い時に働けるから | 16.2 | 12.4 |
| 他に良い仕事がないため | 1.3 | 6.7 |
| その他（すぐに就職できるから） | 1.9 | 10.9 |
| 特に理由はない | 1.1 | 0.3 |

る。おそらく，介護者として就職する以前の介護福祉士養成校に入学した時点から，このような気持ちをもっていたと思われる。一方，韓国の介護者では，「働きがいのある仕事」で「今後もニーズが高まる仕事」という認識から介護職を選び，さらに「短期間の教育が終わればすぐに就職できる」現状も加わることで就職したと回答したものも多い。老人長期療養保険制度により介護職の資格として新設された「療養保護士」への需要が動機づけになっているのがみられる。また，日本の介護者の一部が「家庭に高齢者や障害者がいたから」と回答するものがいたのに対して，韓国では，そのように回答するものが少なく，私的な生活の影響はあまりみられなかった（日本：韓国＝16：3）。

## （4）介護の仕事について

### 1 仕事のやりがいは何か

　日本の介護者は、「自分の精神的成長」と回答したのもが30.7％（154名）と最も多く、次いで「入居者および家族からの感謝、信頼」27.3％（137名）、「入居者の状況の変化」20.3％（102名）であった。一方、韓国の介護者は、「入居者および家族からの感謝、信頼」34.7％（133名）が最も多く、次いで「入居者の状況の変化」23.5％（90名）、「上司、同僚間で喜ばれた」14.4％（55名）であった。仕事のやりがいについては、両国の介護者には、優先順位において相違がみられた。

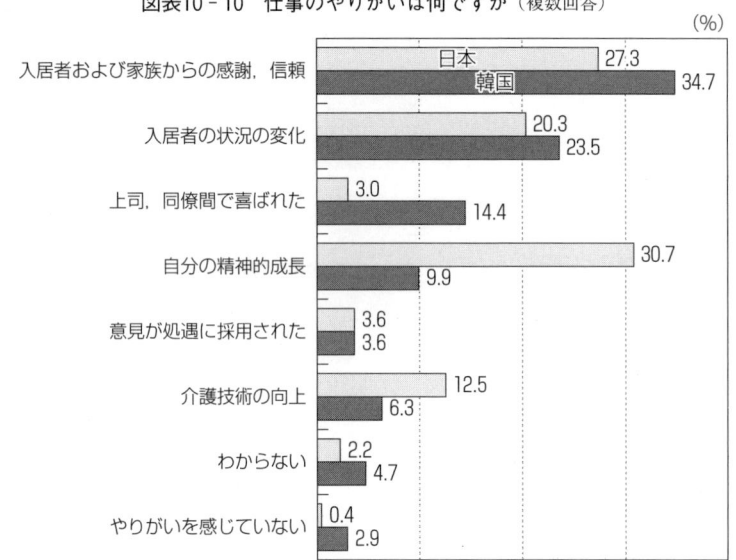

図表10-10　仕事のやりがいは何ですか（複数回答）

| 項目 | 日本（％） | 韓国（％） |
|---|---|---|
| 入居者および家族からの感謝、信頼 | 27.3 | 34.7 |
| 入居者の状況の変化 | 20.3 | 23.5 |
| 上司、同僚間で喜ばれた | 3.0 | 14.4 |
| 自分の精神的成長 | 30.7 | 9.9 |
| 意見が処遇に採用された | 3.6 | 3.6 |
| 介護技術の向上 | 12.5 | 6.3 |
| わからない | 2.2 | 4.7 |
| やりがいを感じていない | 0.4 | 2.9 |

### 2 勤務環境に満足しているか

　ここでは、仕事の内容・やりがい、賃金、勤務時間・休暇などの労働条件、勤務体制、人事評価・処遇のあり方、職場の人間関係、雇用の安定性、福利厚生、教育訓練・機能開発のあり方、といった9つの項目についての満足度を5点評価で答えるようにした。分析については年齢別、性別、勤続年数などさまざまな要因別の分析が可能であるが、雇用形態による結果をみていこう。

第10章 日・韓の高齢者福祉分野におけるヒューマンパワー　237

図表10-11　現在の仕事の満足度×雇用形態

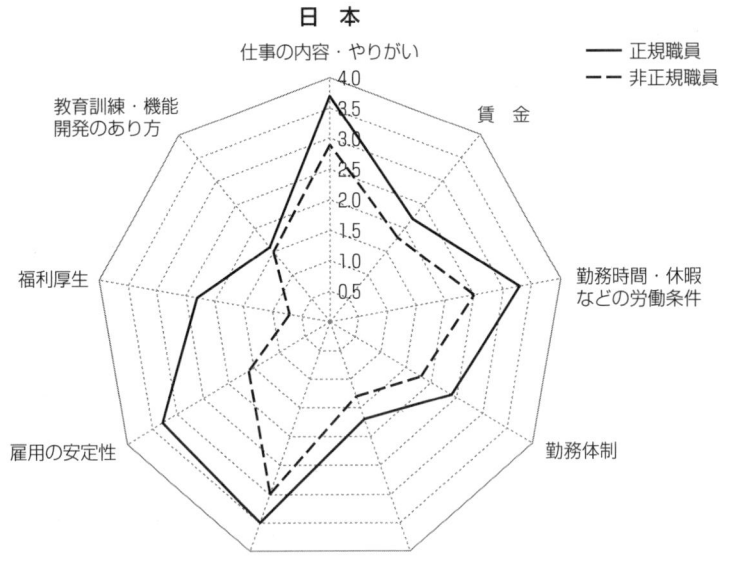

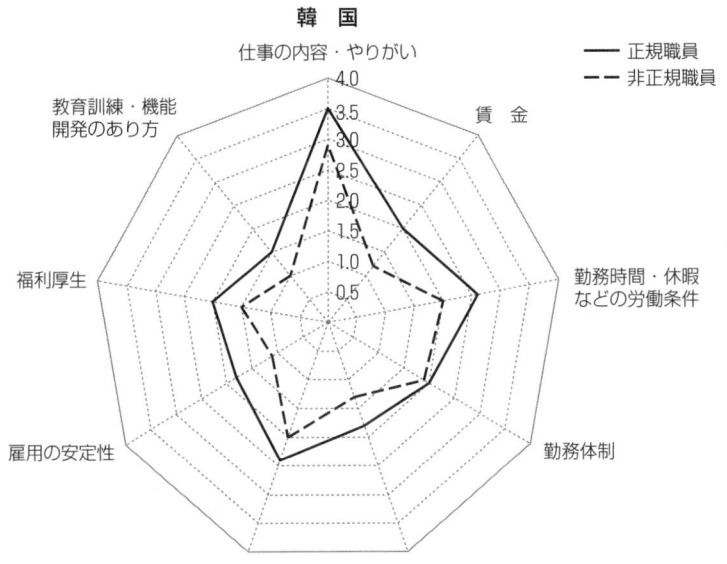

**日　本**

**韓　国**

上記の項目のなかで，両国ともに共通して高く満足していると答えているのは，正規職員の「仕事の内容・やりがい」であるが，日本の場合，非正規職員は韓国と比べ低く現れている。そして，両者ともに最も低く評価しているのは，「教育訓練・機能開発のあり方」で，一部の自由記述では「職員のレベルに相応する研修体制の確立」を必要とする声も確認された。また，日本の介護者は職場の人間関係や雇用の安定性に満足している傾向に対して，韓国の介護者は約4割以上が満足していない実態がみられた。

### 3 転職を考えていますか

「あまり考えない」および「まったく考えていない」と回答したのは，日本の介護者の場合60.9％（198名）となっており，前問で，日本の介護者の多くが，職場の人間関係に満足していることも転職をあまり考えていないとする回答結果に影響を及ぼしているのではないかと考えられる。一方，韓国の介護者は36.1％（107名）が転職を「あまり考えない」あるいは「まったく考えていない」と答えており，6割を超える介護者が転職を考えている傾向がみられ，介護者の離職に対する対応策の検討が急務であることが推定できる。

以上で日韓両国の介護従事者の仕事に対する意識について考察してきた。これらをまとめると，仕事のやりがいについては，日本の介護者の3割以上が「自分の精神的成長」と回答したのに対し，韓国では「入居者および家族からの感謝，信頼」と回答する介護者が3割以上みられた。つまり，日本の介護者が，介護業務のなかに自分自身の内面的成長を見出そうとするのに対し，韓国の介護者は，介護業務の対象者である高齢者やその家族との関係のなかに仕事の生きがいを見出そうとしている。また，韓国と比べ，日本の介護者の多くは転職をあまり考えていなかった。これには，介護者が現在の職場環境に満足していること，あるいはその他の社会・経済的な要因が影響を及ぼしていると思われる。

## （5）介護に対する社会的な評価
**■1** 社会の人々が介護の仕事を理解して高い評価を与えるべきか

　日本の介護者は「強く思う」39.0％（128名），「まあまあ思う」29.6％（97名）と回答し，韓国の場合，「強く思う」63.2％（187名），「まあまあ思う」28.4％（84名）と回答していた。両国の介護者は，社会の人々が介護の仕事を理解して高い評価を与えるべきであると考えている。つまり，「強く思う」と回答したのは，韓国の介護者のほうが日本の介護者よりも多く，韓国の介護者のほうが日本の介護者よりも介護に対する社会的評価を熱望する気持ちが強いようである。

**■2** 自分の子どもが介護の仕事をしたいと言ったら勧めるか

　「強く思う」および「まあまあ思う」と回答したのは，日本の介護者は43.6％（143名），韓国の介護者は20.9％（62名）であり，両国の回答結果において有意差がみられた。つまり，日本の介護者の約半数が，自分の子どもが介護の仕事をしたいといったら勧めると回答しているのに対して，韓国の介護者はその半分の割合で介護の仕事を勧めると答えている。

**■3** 地域の人々は老人ホームを好意的にみていると思うか

　「強く思う」および「まあまあ思う」と回答したのは，日本の介護者は69.8％（229名），韓国の介護者は21.2％（63名）であった。同様に「あまり思わない」および「まったく思わない」は，日本の介護者は15.5％（51名），韓国の介護者は54.7％（162名）であり，韓国の介護者は，日本の介護者よりも地域の人々が老人ホームを好意的にみていないと強く考えているようである。

　以上で，介護に対する社会的な評価について，韓国の介護者は，社会が介護業務や老人ホームの存在を好意的に評価していないと感じていたのに対し，日本の介護者は好意的であると回答している。日本の場合，社会全体が高齢者の介護に関心をもち始めたのは1990年代であり，しかも介護福祉士の資格は1987年度に制度化されているものの，その専門性は十分に確立されていなかった。そのなか，2000年の介護保険法の施行によって，社会全体も高齢者福祉に目を

向け始め,さまざまな対策が講じられてきた。そして,特別養護老人ホームなどの福祉施設に対するイメージも従来の姥捨て山から,重要な福祉機関であると認められてきている。一方,韓国での老人ホームは社会的に落伍したものが入居するという従来の認識が払拭されず続いており,このことが韓国の介護者の回答結果に影響を及ぼしているのではないかと思われる。

## (6) 介護のあり方に関する質問

### 1 高齢者の介護は施設よりも在宅で行うべきか

「強く思う」および「まあまあ思う」と回答したのは,日本の介護者は64.9%(211名),韓国の介護者は78.9%(232名)であった。回答者の多くは,高齢者の介護は施設よりも在宅で行うべきであると考えていた。また,高齢者の終末期を迎える場所はどこが適当だと思うかという問いに対しても同じ傾向をみせており,日本の介護者の68.8%(223名),韓国の介護者の75.6%(220名)が,それぞれ「在宅」と回答し,両者とも高齢者の終末期を迎える場所は「在宅」であると考えていた。さらに,在宅以外では,日本の介護者の6.5%(21名)が「病院」と回答していたが,韓国の介護者は「病院」と回答したのは19.6%(57名)であった。また,日本の介護者の22.5%(73名)が「施設」と回答していたのに対して,韓国では2.1%(6名)であった。

### 2 どのような面に配慮して介護を実施しようと思うか

両者ともに「健康」や「他の入居者との人間関係の調整」を重視しているが,やはり,ここでも結果の全体的傾向については両国の違いが読み取れる。日本の介護者が「地域社会とのつながり」(16.5%)や「余暇活動」(13.4%),「家族との調整」(10.9%)を重視しているのに対して,韓国の介護者は,これらの項目についてそう重視していなかった。このような背景には,韓国の場合,老人ホームへの入居が社会的落伍を意味していたという社会的な認識が回答結果に影響を及ぼしているのではないかと思われる。

### 3 あなたが老後を迎えたとき,介護者から特に何を期待するか

両者ともに自分が老後を迎えたとき,介護者に「話し相手」を期待している

図表10-12 介護の時に配慮していることは

(%)

| 項目 | 日本 | 韓国 |
|---|---|---|
| 健康 | 29.7 | 33.9 |
| 他の入居者との人間関係の調整 | 22.0 | 30.8 |
| 余暇活動 | 13.4 | 9.7 |
| 機能回復訓練 | 4.8 | 13.5 |
| 地域とのつながり | 16.5 | 1.0 |
| 家族との調整 | 10.9 | 7.3 |
| その他 | 2.7 | 3.8 |

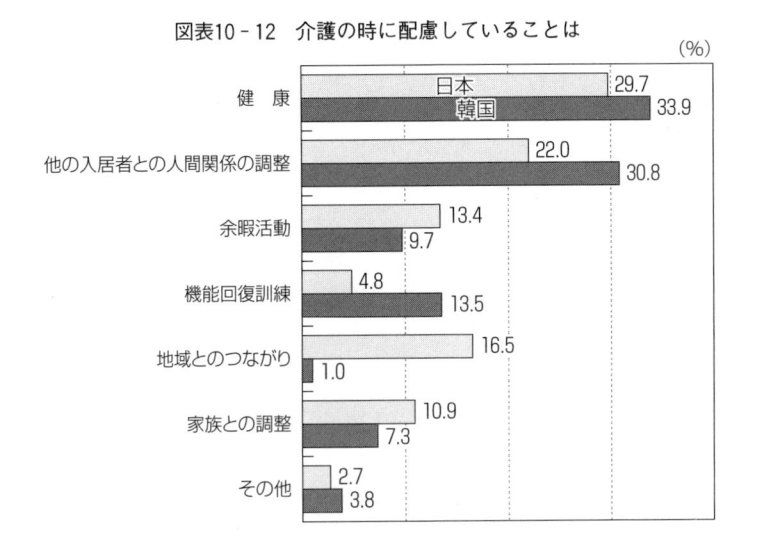

図表10-13 自分が老後を迎えたとき，介護者に何を期待するか

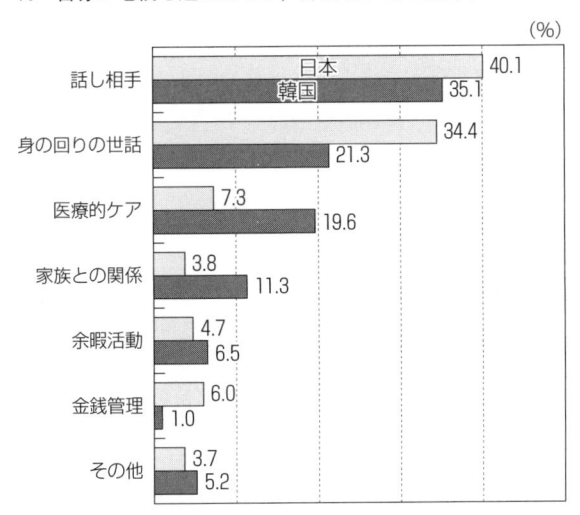

(%)

| 項目 | 日本 | 韓国 |
|---|---|---|
| 話し相手 | 40.1 | 35.1 |
| 身の回りの世話 | 34.4 | 21.3 |
| 医療的ケア | 7.3 | 19.6 |
| 家族との関係 | 3.8 | 11.3 |
| 余暇活動 | 4.7 | 6.5 |
| 金銭管理 | 6.0 | 1.0 |
| その他 | 3.7 | 5.2 |

と答えている。また、両者ともに「身の回りの世話」を次の項目としてあげており、このような結果から、日常生活を営むうえでの援助の必要性と、老後の自立性を重視していると考えてもよいであろう。

　両国の介護者の多くは、高齢者の介護は家庭で行うべきであり、また終末期の場所も在宅と回答していた。これには、両国の高齢者の介護は家庭で行うべきであるとする伝統的な考え方が影響を及ぼしているのかもしれない。

　介護で配慮する面では、日本の介護者は「健康」、「他の入居者との人間関係の調整」、「地域とのつながり」などをあげ、自分が老後を迎えたときは、「話し相手」、「身の回りの世話」などを回答していた。つまり、日本の介護者は、介護のなかで医療的ケアなどの特殊で専門的な介護よりも、むしろ社会的・文化的側面を考慮した介護を重視していると考えられる。日本の介護者は長年、社会に貢献してきた高齢者に対して、リハビリテーションや訓練によって辛い思いをさせるのではなくて、むしろ残された余生を楽しく余暇活動に従事してもらうことのほうが重要であると考えているのであろう。

　一方、韓国の介護者も日本の介護者と同様に「健康」や「話し相手」を重視しているが、同様に「機能回復訓練」や「医療的ケア」を重視していた。つまり、韓国の介護者は高齢者の自立をめざしたリハビリテーションを重視していると思われる。このような文化的な違いが両国の介護者の回答結果に影響を及ぼしているのではないかと思われる。

　以上のように、日本と韓国の介護者の介護意識についての国際比較を行ってきたが、それぞれの国の独自の文化・歴史などの価値観が反映されていることが理解できよう。ただ、そこで、両国の介護者が共通に感じているのは、高齢者介護という仕事そのものが、まだ社会全体のなかであまり評価されていないことである。両国とも世界で類をみないスピードで高齢化が進んでおり、そのような状況のなかで、高齢者介護を直接担っている介護者が社会的に評価されていないと感じているのは、ある面では社会全体にとって恥ずかしいことかもしれない。いずれにしても、介護業務は要介護高齢者の生活や人生を支え、あるいは生命にかかわる場面もありうる。いまや、両国は高齢者介護に従事する介護者の生活保障などの水準を高めていき、彼らが社会的に評価されていると

感じるような施策を図らなければならない厳しい状況にいるのである。

## おわりに

　介護サービスは，人が人にかかわる対人援助というところに特徴がある。ハード面の整備も必要であるが，ソフトとしてのヒューマンパワーの質が整って初めて十分なサービスを提供することができる。

　よくいわれるように，これからの人生80年代には，人生50年代に作られた社会制度は役に立たない。社会福祉の制度をはじめ，仕事に関する制度，業務などを高齢社会に対応したものにしていくことが不可欠である。ここでは，介護従事者を取り巻く現状の問題についてさしあたり，日韓を例として今後の課題を考えてみる。

　これまでの検討を通して，日韓両国の介護従事者の多くは働きがいのある仕事を介護の現場に求めていることは明らかであるが，一方では，仕事にやりがいを感じていても労働条件等を理由に働き続けることができず去らざるをえないと認識していることも明らかになった。また，業務の大変さのわりに社会的に評価されているとは言い難いのも事実として指摘された。ましてや，介護従事者自身が業務上の不安を抱きながらの職場というのでは，従事者のみならず利用者の生活に不安や不信感を与えることになる。要するに，このような状態におかれている介護従事者をどのように位置づけるかという問題に関連する労働条件の改善に取り組むことが急務である。この場合の介護従事者は，その働き方，あるいは活動の仕方によって非常に広い範囲の対象を意味しており，その実像は複雑であることは確かである。同時に，その業務に関して家事や介護の経験があれば誰でも容易に参入できるのではないかと安易に考えられている側面もある。つまり，介護サービスはこれまで家事労働の延長線上にあるとみなされてきたため，その専門性が強調されていなかったといってよい。高齢者や障害者の生命や人権にかかわる日常的介護を，その専門性のうえに氷解し，介護従事者の専門性に対する認識を高め，労働条件に反映させることこそ取り組んでいくべき課題であろう。

　これまで検討してきた日韓両国の政策の流れと，こうした課題を照らし合わ

せて考えると，介護従事者の教育・養成の問題は見過ごすことのできない問題をもつものである。日本で高い割合をみせている非正規職員の雇用形態の介護従事者のなかには，時間給のパートであると割り切って仕事をしている回答者もみられたが，同時に，専門職としてのより高度の知識や技術の取得をめざしている回答者もあった。もちろん，韓国の介護従事者のなかからも同様な傾向が確認されており，これらの人々に対する支援体制を整えることによって業務環境の向上に取り組む必要があろう。今のところ，日本では介護従事者の研修などの基準が設けられ，介護従事者の養成が進められているが，韓国の場合には療養保護士を対象にした研修を設けていない。このような現状には，それぞれの事業領域または雇用形態を問わず，すべての介護従事者にその業務に関連する教育訓練を実施していくことが必要となり，介護サービスの質の向上や業務の効率化を確保していくことを試みる価値があるであろう。さらに，そのことが長期的には介護従事者の定着率を高めることにつながるであろう。

　なお，介護従事者にとっての課題であると同時に，高齢者介護のあり方自体に対しても考慮する必要があるだろう。すなわち，介護をどう実践するかであり，とりわけ，他の職種とのかかわりをどうもつかということである。その意味では日本の「社会福祉士及び介護福祉士法」が両者一体になった法としてより進んだものと評価する意見は多いが，制度上だけでなくそれを実体化していくためには，社会福祉士とともに介護従事者自身も力量を高めることが必要である。これは，韓国における療養保護士という資格制度の実施にも同様の課題を示唆するものであり，そこで再び，養成・教育のあり方が問われるのは当然であろう。

【参考文献】

大阪府社会福祉協議会［2007］「特別養護老人ホームにおける介護職員の業務に関する意識調査」

介護労働安定センター［2007］『平成19年度版　介護労働の現状Ⅰ介護事業所における労働の現状』

河畠修・厚美薫［2008］『現代日本の高齢者生活年表1970—2007』日本エディタースクール出版部

韓国老年学会［2000］『保健福祉関連政策の変化と老人福祉』（ハングル）

是枝祥子［2009］『これからの訪問介護と施設介護の視点』ぎょうせい
厚生労働省『介護サービス施設・事業所調査』高齢統計協会，各年
下山昭夫［2000］『介護の社会化と福祉・介護ヒューマンパワー』学文社
仲村優一［2002］「社会福祉のヒューマンパワー問題」『仲村優一社会福祉著作集　第6巻　社会福祉教育・専門職論』旬報社
パク・ドンソク［2006］『高齢化ショック』Good information（ハングル）
パク・ゼガン［2007］『高齢化社会の危機と挑戦』ナナム（ハングル）

第11章

# 中国における高齢者福祉サービスと人材育成

徐　荣

## はじめに

　1999年,高齢化社会に突入した中国では,依然として伝統的に高齢者の扶養や介護などの責任は家族が担っている。しかし,日本のように,都市化や産業化の発展につれて,農村の若者たちの都市への進出が加速し,農村においては生産年齢人口の「空洞化」が現れ,高齢者への福祉サービスは喫緊の課題となっている。一方,都市部では,農村部より少子化の進行が進んでいるため,高齢化率は農村部より高い。また,子どもが自立し親と別居する時期が早まったため,高齢者世帯や独居高齢者が年々増加している。そして,中国では若い世代の夫婦の共働きはあたりまえとなっている。職場での苦労,子育ての心労から,親への配慮やケアする時間も精力も減少している。したがって,都市部の高齢者福祉サービスの緊迫は,農村部からの労働力が福祉業界に進出することにより一部緩和されているが,まだ深刻な問題である。

　以上の問題に対して,中国政府は,1987年に「社区服務」(日本の地域福祉サービスに相当する)を提唱し,実施し始めた。また,2000年に「社会福祉の社会化」というスローガンを掲げた。そのスローガンのもとで,2001年6月,健全なコミュニティ高齢者福祉サービスシステムを設立するために,民政部(日本の厚生労働省に相当する)が「社区老年福利服務星光計画」(社区における高齢者福祉サービス星光計画。略称:星光計画)の実施を決めた。さらに,2008年1月に,全国老齢委員会弁公室が民政部,労働保障部など10の政府部門と連携して,「全面的に在宅サービス事業(中国語:居家養老服務工作)の推進に関する意

見」を公布し，同年2月25日から実施し始めた。

　このような深刻な高齢化状況および政府が打ち出した一連の施策に対して，近年，中国国内外の研究界では中国高齢者福祉サービスに関する研究が増えてきた。そのなかの多くの研究は，中国の高齢者福祉サービスについて，サービスの質が低いことや，介護職員の専門性が低いことなどを問題点として指摘している［陶 2002，張 2006，呉・徐 2007，章・張 2007，査 2007，屈・余 2007］。確かに，この2つの問題点は高齢者福祉サービス事業が健全で持続的に発展していくなかで最も重要な問題点ともいえるであろう。そのため，この2つの問題の解決は緊要な課題となり，急務となるであろう。

　現在，中国高齢者福祉サービスに関する研究は大きく2種類に分けられる。1つは，政策・制度としての介護保障システムを対象にしたマクロ的な研究である［張 2006，査 2007，呉・徐 2007，沈 2007，岡室 2008］。これらの研究は高齢者福祉サービスをマクロ的な視点からみているため，前述の課題に焦点をあてていない。そのため，研究としてはこのような問題点があることを示すだけにとどまっている。もう1つの研究は，実態調査を通したミクロ的な視点での研究である［呉・徐 2007，章・張 2007，査 2007，屈・余 2007］。これらの研究も，中国高齢者福祉サービスの現状や課題のみを明らかにするものが多く，その要因を究明するものはきわめて少ないため，提言した解決策の実用性に欠けている。

　また，現在「サービスの質が低い，介護職員の専門性が低い」という問題点を指摘しているにもかかわらず，マクロ的にも，ミクロ的にもサービスを研究対象とするものが圧倒的に多く，サービスの担い手を対象とする研究はきわめて少ない。もちろん，この2つの問題点の関係性や高齢者福祉サービス事業への影響，および同時に2つの問題点を解決する方法に関する研究はまだ不十分である。したがって，本章では，中国の高齢者福祉サービス事業の展開をふりかえり，その現状と問題点を明らかにし，福祉サービスの担い手の現状や問題点の原因を分析したうえで，今後中国の高齢者福祉サービスの発展においてどのような人材が必要か，どのように育成すべきかについて検討する。そして，「サービスの質と介護職員の専門性が低い」という問題を解決すると同時に，人材確保の方法も考案する。なお，本章における高齢者福祉サービスは主に介

護・ケア福祉サービスをさしている。

## 1 中国の高齢者福祉サービス

### (1) 高齢者福祉サービス事業の展開

図表11-1が示すように，筆者はサービスの提供主体によって，中国の高齢者福祉サービス事業の展開過程を大きく2段階に分ける。第1段階においては，主に家庭と施設（公営）が高齢者福祉サービスを担っている。この段階はまた3つの時期に分けられる。

図表11-1 中国高齢者福祉サービス事業の展開過程

|  | 第1段階 | 第2段階 |
|---|---|---|
| 提供主体 | 家庭・施設（公） | 家庭・地域・施設（公・民） |
| 時　期 | ①草創期（1949—1965年）<br>②停滞期（1966—1982年） | ④形成期（2000—2007年）<br>⑤発展期（2008年—） |
|  | ③回復・過渡期（1983—1999年） ||

出所：筆者作成

#### 1 草創期（1949〜65年）

1949年に誕生した新中国では，戦争と洪水の被害による多くの被災者や難民，「三無老人（身寄りがいない，収入がない，労働能力がない高齢者）」と孤児が発生した。そのため，新政府は建国前から存在していた慈善団体や教会および，新設した「救済院」や「生産教養院」にこれらの人々を収容した。「1950年代の半ばになると，各種の制度が計画経済に適した社会救済制度の基本的な枠組みが確立した」[岡室　2008：116]。そのため，当時の中国人のほとんどが都市部では「職場」，農村部では「人民公社」により衣食住や福祉を提供された。以上の「職場」や「人民公社」に所属していなかった者は救済対象として，都市部では「三無老人」を「養老院」または「社会福利院」に入所させ，農村部では「五保戸（衣服，食事，住宅，医療と葬儀の保障を要する高齢者世帯）」を「敬老院」に入所させた。

この時期は計画経済体制下で，政府が救済という位置づけで，被災者と難民および1950年代以降所属がない「三無老人」，「五保戸」を主な対象者として，

公営施設に入所させた。当時，利用者は限定されていたため，中国の公的高齢者福祉サービスは「残余型」といわれていた。また，一般高齢者の福祉サービスは主に家庭内で家族によって提供されていた。

## 2 停滞期（1966～82年）

1966年から始まった10年間の文化大革命は，中国の高齢者福祉サービス事業にも大きな打撃を与えた。現在の民政部にあたる内務部および地方の民政部門は解体され，それにより福祉施設も合併，廃止された。1978年の統計によると，1964年と比べ，各種の社会福利院が150カ所以上も減っている。入所すべきである4万人以上の「『三無老人』や『五保戸』の多くが街に迷う生活を余儀なくされていた」［沈　2007：22］。

この時期には施設の役割が果たされておらず，国家の責任も後退していたといえる。1978年に鄧小平が実権を握り，内務部は民政部として復活したが，「経済優先」の方針のもとで，社会福祉サービス事業の発展は1982年まで待たなければならなかった。草創期に存在していた高齢者福祉サービスの「残余的」な性格はこの時期末まで続いた。

## 3 回復・過渡期（1983～99年）

1982年7月の第1回高齢問題に関する世界会議に参加するために，同年4月に，国務院（内閣）が「中国老齢問題全国委員会」（1995年に中国老年人協会に改称）の設立を許可した。これを契機として1983年4月に，前述の委員会が常設機関として許可された。その後，全国28の省・直轄市・自治区であいついで地方の「老齢問題委員会」が設立された。さらに，1999年，「全国老齢工作委員会」が立ち上げられ，高齢化に関する重要な政策，戦略の制定や推進を担うことになった。また，この時期に民政部が4つの重要な会議を開催した（図表11-2）。

以上の会議で決まったことを指導方針として，中国では90年代初期から「社会福祉の社会化」[1]を模索し始めた。1998年中国政府は民営施設の設立への支援を強化し，各形式の福祉施設が次々と現れた。1999年，民政部が「社会福祉施設の管理方法」を公布し，社会福祉施設の審査，管理および法律責任などを明

**図表11-2　回復・過渡期における重要な会議**

| | 会議名称 | 主要内容 | 事業への影響 |
|---|---|---|---|
| 1984年 | 全国都市部社会福祉事業部門の改革と整頓工作経験交流会議 | 今後の福祉サービス事業の展開は，国，民間団体と個人の三者がともに社会福祉事業に参加すること | 施設サービスの「救済型から福祉型へ」，「収容型からリハビリ型へ」，「閉鎖型から開放型へ」という3つの転換 |
| 1987年 | 第1回全国社区服務（地域福祉サービス）工作座談会 | 具体的に社区が担うべき高齢者向けのサービスを提示 | 「企業福祉」から「地域福祉」への転換 |
| 1989年 | 全国都市部社会福祉事業部門改革強化のための座談会 | 都市部において福利院を現地の地域福祉サービスセンターに変えていくこと，新型施設の建設 | 高齢者の多様なニーズに応じる施設の多機能性が必要 |
| 1989年 | 全国都市部地域福祉サービスの活動会議 | 地域福祉サービスを全国において展開すること | 2001年から「星光計画」の実施のための基盤づくり |

出所：［沈　2007：22-23，岡室　2008：117-120］より筆者作成

確に規定した。

　この時期においては，1982年に高齢問題世界大会への参加によって，海外からの刺激を受け本格的に高齢者問題が研究課題として扱われ始めた。また，海外の経験をみながら上述の会議などを通して，中国の実情に合わせた「国，民間団体と個人の三者参加」や「地域福祉サービスの展開」などさまざまな施策が打ち出された。しかし，地域福祉サービスはまだ初期段階にあり，一般高齢者向けのサービスが少ないため，それらのサービスの提供は依然として家族を中心に行われていた。また，民営施設も出現しつつあるが，住民が利用しやすい状況にはなっていなかった。したがって，この段階は高齢者福祉サービス事業の回復・過渡期といえよう。

　第2段階においては，高齢者の福祉サービスは家庭・地域・施設（公営・民営・公設民営）等の三者によって担われるようになる。この段階も2つの時期に分けられる。

### 4　形成期（2000～07年）

　2000年，民政部など11政府部門が「社会福祉の社会化の実現を加速する意見」を公布した。この「意見」では，民間の積極的な社会福祉事業への参加を促進するために，優遇政策が策定された。同年4月に，広州で「全国社会福祉の社会化に関する工作会議」が開催され，全国で「社会福祉の社会化」の新た

なピークを迎えた。「会議」では2005年までに、公設社会福祉施設を手本に、多様な所有形式の施設を中堅にして、地域福祉サービスを補助とし、家族扶養を基盤にする社会福祉サービスネットワークの設立という目標を明確にした。同時に、投資主体の多元化、サービス対象者の普遍化、運営体制の市場化、サービス内容の多様化、サービス提供者の専門化とボランティアの補充等の要求が提出され、「家庭を基盤に、コミュニティをよりどころに、施設が補完」する高齢者福祉サービス体系の設立か提唱された［中国網ホームページ　2009］。

　高齢者の分野においては、具体的に2001年から3年間で「星光計画」が実行された。この計画は、各都市の「街道」、農村の「鎮・村」に高齢者サービスセンター「星光高齢者の家」を、居（村）民委員会に高齢者サービス・ステーションを設置するなど、全国のコミュニティに養老サービスの拠点を構築していくプロジェクトである［『「社区老年福利服務星光計画」実施方案』］。

　この時期には「社会福祉の社会化」の実現を加速化するため、さまざまな施策を打ち出した。高齢者福祉分野においては、2001年から実施された「星光計画」はその後在宅福祉サービスの発展によい基盤をつくった。しかし、范斌［2004：23］によると、①安定的持続的な制度保証が不在のため、「星光計画」の持続的発展に必要な財源が不十分である、②「星光高齢者の家」に関する建物の設置については明確な規定があるが、当該施設においてのサービス内容や利用費用基準などについては具体的に定められていないため、施設の運営が維持できず、サービス項目が年々減少している、③「星光高齢者の家」の管理者やサービス提供者のほとんどが元の居民委員会の職員や高齢ボランティアのため、専門的な管理能力やサービス技術の質が低い。以上の要因から、「星光計画」は健全な持続的発展にならず、地方政府の「星光計画」に関する理解や地方財政の投入金額の違いによって、各地域におけるコミュニティ高齢者福祉サービスの格差が現れた。そのため、社会資源、経済状況がよい都市では「家庭・地域・施設」という三者のサービス提供主体からなる養老サービス体系が形成されつつあるが、全国的にみれば、この三者が提供する養老サービスモデルはまだ形成期にあるといえる。

## 5 発展期（2008年〜）

　以上の現状をふまえて，都市部での施設サービスについては，2005年に，社会からの資金と支援を用いて，後期高齢者向けの医療・介護とターミナルケアなどのサービスを提供する施設の設立が「愛心護理（看護）プロジェクト」として提案され，同年7月に施行された。農村部での養老施設の整備の遅れを解消するために，2006年に民政部が「星光計画」に続く重点プロジェクトとして「霞光計画」を掲げた。このプロジェクトの内容は，「集合養老」の希望者のため，質の高いサービスを提供する施設を建設し，「分散養老」の希望者には，周辺住民との距離が近いところに拠点としてさまざまな集合住宅を建て，現地の平均的な居住条件と同等の部屋を供給するという［『『農村五保供養服務設施建設霞光計画』実施方案』］。

　一方，地域における高齢者福祉サービスの発展については，2008年2月，全国老齢工作委員会や民政部等10政府部門が連名で，沿海地域の大中都市が模索した経験をふまえて，「全面的に在宅福祉サービス事業を推進することに関する意見」を公布した。これにより，「在宅福祉サービス」は政府と社会がコミュニティに委託し，在宅高齢者のための生活介助，家事支援，リハビリ看護，精神的サポート等を主な内容として行われる。このサービスは家族扶養を補完し，地域福祉サービスの発展と養老福祉サービスシステムの構築の重要な構成部分であることを示した［『関于全面推進居家養老服務工作的意見』］。

　この時期には，上述した「意見」の公布が在宅福祉サービス事業の転換点となり，在宅福祉サービスの全国範囲での普及が実現された。中国の高齢者福祉サービス事業において，「家庭」・「地域」・「施設」のそれぞれの役割が決められ，分担してサービスを提供する事業の発展期に入ったことが示された。

　図表11-3が示しているように，今までの中国の高齢者福祉サービス事業の展開は，第1段階では日本の措置制度時代と同様に，一般高齢者へのサービスは家庭内で家族によって提供され，「三無老人」や「五保戸」など救済対象の高齢者へのサービスは施設により提供された。2000年以降の第2段階においては「家庭を中心に，地域を拠り所として，施設が補完的」な役割で一般高齢者と救済対象の高齢者へのサービスを提供するシステムが形成された。しかし，第2段階のシステムでは地域での在宅福祉サービスが高齢者のニーズに十分対

図表11-3　高齢者福祉サービス事業の展開過程

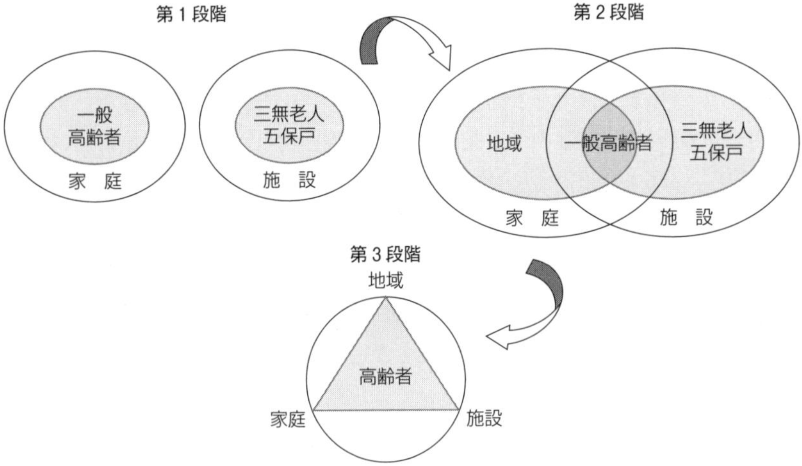

第1段階：一般高齢者（家庭）／三無老人 五保戸（施設）

第2段階：地域／一般高齢者／三無老人 五保戸（家庭・施設）

第3段階：地域・家庭・施設／高齢者

出所：筆者作成

応できず，施設からのサービスも利用制限や負担能力などが原因で利用しない高齢者も多い。そのため，地域および施設からの社会的サービスは高齢者およびその家族を支援する役割を果たしてはいない。それゆえに，「家庭」・「地域」・「施設」という三者により構成されたシステムは未熟であるといえる。筆者がイメージした成熟のシステムは，高齢者およびその家族への支援を視点として，三者が支えながら連携して社会資源をトータルに活用することである。これは第3段階ともいえるであろう。この段階は家族以外のインフォーマルな人的資源も発達させ，多様なニーズに応じてさまざまなサービスや社会資源を活用できる「福祉社会」を三者の調和を図りながら設計する時代である。

## （2）高齢者福祉サービスの現状と問題点

前述したように，中国が求めている高齢者福祉サービスモデルは「家庭を中心に，地域を拠り所に，施設を補完的に」することである。この指針のもとに，格差はあるものの全国各地が，この目標に向かって取り組んでいる。たとえば，経済発展の速い沿海地域や北京など大都市では，このモデルが形成しつつある。上海政府は「上海民政事業発展11・5（2006～2010年）規劃」におい

て，11・5期間に主要任務として，全市の戸籍高齢者の90％が家庭で家族介護・ケアを利用，7％が地域における在宅福祉サービスの利用，3％が施設サービスを利用する「9073」モデルの形成を決定した。また，北京でも2008年12月に，2020年までに上海と同様の「9064」モデルの形成を提出した。すなわち，90％の高齢者は家庭内で家族のケアや介護を利用，6％は地域において在宅福祉サービスを利用，4％は養老施設で施設サービスを利用する（『関于加快養老服務機構発展的意見』）。このようなモデルの推進は次第に施設における集中的なサービスと，地域や家庭における分散的なサービスが相互補完する養老サービス体系の設立を促し，また高齢者福祉サービスについては伝統的な「残余型」から「適度の普遍型」への転換を促進する。

　前述したように，現在，中国においては依然として90％の高齢者が自宅で家族によるケア・介護を提供されている。これについては2つの側面から考察が必要である。まず，高齢者側においては，①隣近所の関係がよく，子どもから精神的なサポートを得られるため，高齢者自身の8割以上が住み慣れた地域・環境を離れたくない［郭・陳　2009］，②施設の利用費用への負担能力が低く，養老準備が不十分［初ほか　2007，張　2006］，③施設への理解が不足している。調査によると，58.12％の高齢者が住んでいる地域にある施設への理解が不足であり，施設に対して好印象をもっている高齢者はわずか23.35％しかない［郭・陳　2009］。一方，施設側においては，①現在の施設サービスはまだ高齢者の多様なニーズに十分に対応できない。後述の図表11-7からもわかるように，現段階の施設サービスはどこもほとんど同じ内容である。②高齢者の急増に対して，施設のベッド数が対応できず，高齢者が施設を利用したくても入所できない状況にある［屈・余　2007，張　2006］。それは設立コストが高いこととも関連する。たとえば，筆者のフィールドワークの調査結果を通して理解した状況によると，上海市の中心部の静安区は土地が高いため，1床のベッドを増設するには少なくとも2万元（30万円）がかかる。また，③現在多くの民営施設が設立されたが，その入居率は低い。その理由はコスト削減のために，多くの民営施設が郊外に建てられ，交通が不便で都市部の高齢者が利用しない，また政府からの優遇政策や補助額が少なく，利用費用が公営施設より高いため，農村部の高齢者が利用できないことにある［尚　2008］。

図表11-4 中国人口の年齢構成（1953～2008年）

|  | 総人口(億人) | 0-14歳(%) | 15-64歳(%) | 65歳以上(%) | 合計特殊出生率 |
| --- | --- | --- | --- | --- | --- |
| 1953年 | 5.82 | 36.28 | 59.31 | 4.4 | 6.049 |
| 1964年 | 6.95 | 40.69 | 55.74 | 3.6 | 6.176 |
| 1982年 | 10.08 | 33.59 | 61.50 | 4.9 | 2.87 |
| 1990年 | 11.34 | 27.69 | 66.74 | 5.6 | 2.17 |
| 2000年 | 12.66 | 22.89 | 70.15 | 7.0 | 1.75 |
| 2008年 | 13.28 | 18.95 | 72.80 | 8.3 | 1.214 |

注：1953年，1964年，1982年，2008年は一般出生率である。
出所：中華人民共和国国家統計局編［2008］『中国統計年鑑』中国統計出版社，「中華人民共和国2008年国民経済和社会発展統計公報」より筆者作成

　しかし，日本と同様に産業化・都市化の発展につれて，家庭内の養老資源が減少し，家族扶養の機能が弱体化してきた。図表11-4からわかるように，人口増加の歯止めとして1979年から実施してきた「一人っ子政策」の影響で，ますます少子化が進んでいる。現在も含めて「一人っ子政策」時代に生まれた人々の養老負担の重さは想像できないほど厳しいであろう。そして，生活慣習の変化や人口流動等につれて「空巣世帯」（高齢者夫婦・仲間あるいは独居高齢者のみの世帯，また高齢者と未成年しかいない「留守世帯」も含まれている）も増えてきた。資料によると，1993年中国の空巣世帯が高齢者のいる総世帯に占める割合は16.7％であったが，2003年になると25.8％まで上がった［丁　2004：43］。「空巣」問題については，2008年に，留守少年（高校生）と祖母との2人暮らしを描く『空巣』（牛車著）という小説が重慶出版社から出版され，社会の話題になった。また，生活上や仕事上の圧力で子どもが親を世話する時間も精力も十分ではない。それゆえに，家族扶養機能の弱体化がより深刻になった。
　そのため，大中都市の経済的余裕がある家庭は家事や子ども・高齢者の世話をするために，住み込みという形で家政婦（保母）を雇うようになった。政府も前述したように80年代から地域における高齢者福祉サービスを始め，現在は高齢者に関する在宅福祉サービスを全国に展開するようになってきた。しかし，現在在宅福祉サービスについて統一した具体的な制度・政策は定められておらず，各地の経済条件や社会資源に応じて提供されているため，その格差や違いは大きい。全体的にいえば，現段階において中国の在宅福祉サービスの内

図表11-5　在宅福祉サービスの内容

在宅福祉サービス事業
- 生活援助サービス
  - 家事援助サービス
  - デイサービス
- 医療保健サービス
- 精神的援助サービス
- 緊急援助サービス

出所：筆者作成

容は図表11-5が示しているように，①生活援助サービス，②医療保健サービス，③精神的援助サービス，④緊急援助サービスに分けられる。また，生活援助サービスには訪問サービスとしての家事援助と通所のデイサービスがある。具体的にサービスを提供する場所としては，在宅福祉サービス施設，デイサービスセンター，配膳サービスポスト，社区（コミュニティ）病院，高齢者活動室等がある。

しかし，現段階の在宅福祉サービスは始まったばかりのため，内容的には高齢者すべてのニーズに対応することはできないし，レベル的にも生活援助にとどまり，医療保健や精神的サポートや緊急時の援助等要求が高いサービスの多くは地域でまだ提供できない。閻青春によると，現在中国都市部において48.5％の高齢者が各種のサービを必要としており，そのなかで25.22％が家政サービス，18.04％が介護サービスを必要としている。しかし，家政サービスの満足率は22.61％，介護サービスはわずか8.3％である［閻　2009］。これはサービス提供者の専門性の低さにも関係するのではないだろうか。もう1点指摘しなければならないのは，政府部門が現段階の高齢者福祉サービスの理想として，その対象者はすべての高齢者であることを唱えつつも，現状では生活上の自立や経済能力が低い，ひとり暮らしおよび80歳以上など，特殊な困難がある高齢者を対象として優先的にサービスを提供していることである。前述したように，在宅福祉サービスは全体的にいえば，量的に不十分なため［閻2009］，実際に一般の高齢者はなかなか利用しにくい。つまり，この領域では「適度の普遍型」はまだ形成されておらず，依然として昔ながらの「残余型」である。

また，日本のような福祉先進国ではショート・ステイ・サービスは在宅福祉サービスの1つになっているが，中国の在宅福祉サービス体系においてはまだ

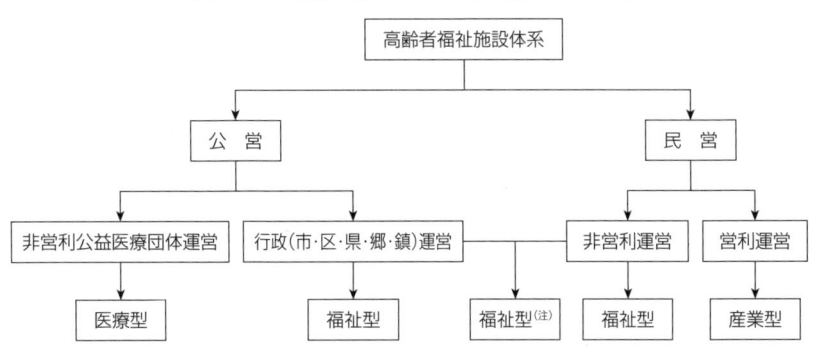

**図表11-6　運営主体からみる高齢者福祉施設体系**

```
                    高齢者福祉施設体系
                    ┌──────┴──────┐
                   公営            民営
              ┌─────┴─────┐   ┌─────┴─────┐
         非営利公益    行政(市・区・県・郷・鎮)運営  非営利運営  営利運営
         医療団体運営
              │         │         │         │         │
            医療型     福祉型     福祉型(注)  福祉型    産業型
```

注：政府が設立，民間非営利団体が運営という新しい方式。
出所：筆者作成

設計されていない。ここからも，中国の在宅福祉サービスの理念は高齢者およびその家族を支援するという視点が欠けていることがわかる。現段階において，高齢者の福祉サービスに関して，一方的に家族の役割を求めても，そこには限界があり，高齢者福祉サービス体系の発展を阻むことになるであろう。

民政部が提唱した「社会福祉の社会化」により，1990年代半ばから高齢者福祉サービスへの民間参入が認められた。それにともなって，速いスピードで発展してきた高齢者福祉施設の設立にかかる資金については，民間資金が大きい比率を占めている。中国の高齢者福祉施設の体系は，運営主体からみれば，図表11-6が示すように大きく公営と民営に分けられる。公営の施設は行政が運営する福祉型のほかに，医療団体が運営する医療系の医療型施設も存在する。これはいわゆる前述した「愛心護理プロジェクト」のもとに設置された護理院である。福祉施設サービスも在宅福祉サービスと同様に生活援助サービスの提供が多く，高度な技術の介護サービスの提供は少ない。これも「愛心護理プロジェクト」が立ち上がった大きな理由の1つである。もちろんその背景としては職員の専門性が低いことがある。

そのため，一般の高齢者福祉施設は認知症をもつ高齢者や要介護度が高い高齢者の収容には積極的ではない。仮に，このような高齢者を入所させても，寝かせきりにしたり，虐待したりすることが度々メディアにより報道されている。それゆえに，上述したような高齢者はほとんどが護理院や精神病院に入所

図表11-7 中国高齢者福祉施設の分類

| 施設種類 | 対象者 | サービス |
|---|---|---|
| 高齢者社会福祉施設（Social Welfare Institution for the Aged） | 「三無老人」，自立高齢者，介助高齢者，介護高齢者 | 日常生活，文化娯楽，リハビリ，医療保健など |
| 養老院（老人院）（Homes for the Aged） | 自立高齢者，介助高齢者，介護高齢者 | 日常生活，文化娯楽，リハビリ，医療保健など |
| 高齢者アパート（Hostels for the Elderly） | 自立高齢者 | 食事，清潔衛生，文化娯楽，医療保健など |
| 護老院（Homes for the Device-aided Elderly） | 介助高齢者 | 日常生活，文化娯楽，リハビリ，医療保健など |
| 護養院（Nursing Homes） | 介護高齢者 | 日常生活，文化娯楽，リハビリ，医療保健など |
| 敬老院（Homes for the Elderly in the Rural Areas） | 「三無老人」，「五保老人」，他の高齢者 | 日常生活，文化娯楽，リハビリ，医療保健など |
| 托老所（Nursery for the Elderly） | すべての高齢者 | 日常生活，文化娯楽，リハビリ，医療保健など |
| 高齢者サービスセンター（Center of Service for the Elderly） | すべての高齢者 | 文化娯楽，リハビリ，医療保健，訪問サービスなど |

出所：［民政部 2001］より筆者作成

させられ，看護師によるサービスを提供される。しかし，看護師が不足のため，結局，高齢者あるいは患者には護理院や病院が雇用した地方から出稼ぎにきた女性をケアワーカーとして雇い，質の低いサービスが提供されている。

以上のような状況を生み出した原因として，中国の高齢者福祉施設の設立において理念が欠けていることが考えられる。言い換えれば，現在の施設では依然として新中国が成立した際と同様に，入所高齢者を救貧的・救済型の対象者として扱っている。すなわち，高齢者のさまざまなニーズを無視している。そのため，現在中国においては図表11-7に示されているようにさまざまな高齢者福祉施設に分類されているが，提供しているサービスは実質上ほとんど生活面の援助を中心に行われているだけである。

また，市場競争原理に基づいて，運営主体別の養老施設間の公・民格差による競争が起こっている。つまり，公営施設は財源については困らないため，利用料金がぎりぎり最低限まで抑えられる。しかし，民営施設は政府からのわずかな一時的な補助以外に，全部経営者がその財源を集めているため，利用料金

は公営施設のように限界まで抑えられない。

　この結果，公営施設においては待機率が高い一方，民営施設では空ベッドが多くなるという資源利用の不均一が現れる。また政府の公営と民営施設への不平等な財源補助もその競争に拍車をかけた。このように多くの民営施設が財源不足により経営困難にいたるという悪循環に陥り，さらには介護職員の離職につながることで，介護サービスの質を下げるという新たな悪循環を促進している。

## 2　中国高齢者福祉サービスの担い手

### （1）高齢者福祉サービスにおける担い手の現状と問題点

　中国高齢者福祉サービスの現状においては，さまざまな課題があるが，本節ではサービスの質と直接かかわるその担い手について述べたい。なぜならば，もし高齢者福祉サービス事業を馬車の車体にたとえると，財源と設備はそれぞれ馬車の両輪だといえる。そして人的資源，つまり高齢者福祉サービスを提供・管理する担い手はその馬だとたとえられる。両輪の役割を担う財源と設備はもちろん重要であるが，目的地まで適確に運ぶ馬がもっと重要ではないか。そのため，筆者は高齢者福祉サービス事業において人材の確保と育成は最も重要な一環であると考えている。

　それでは，中国の高齢者福祉サービス事業における人材の現状はどのようであろうか。まず，日中の「介護」という言葉への理解の違いを説明したい。日本語の「介護」とは，日漢辞書によれば中国語の「護理（看護）」の意味合いに近い。しかし，「介護」について日本では基本的な医療看護も含め，生活面の世話，心理的・精神的サポートも含まれている。中国語の「護理」は伝統的に医療面の看護しかささない。生活面の世話や心理的・精神的サポートは「照顧」という言葉で表現する。そのため，中国国内で介護職員に関する研究対象は看護師と，福祉施設の介護職員およびホームヘルパーとに大きく2つに分けられている。それほど多くはないが，介護職員に関する研究において，「護理」についての研究は主に看護師を中心に行われ，生活面の世話や心理的・精神的サポートについての研究は福祉施設の職員や在宅サービスを提供するヘル

パーを中心に行われる。

　在宅福祉サービスの供給整備の一環として，2000年に「家政服務員国家職業基準」を制定した。家政服務員は初級・中級・高級の3等級に分けられ，研修時間・内容等によって，該当するレベルの資格認定書を授与される。資格をもつ家政服務員は地域福祉センターに登録され，そしてセンターによって家事援助が必要な家庭へ派遣される。

　また，同年に，中国労働社会保障部が「養老護理員国家職業基準」を制定し，公布した。養老護理員の養成は，基準に従って初級，中級，高級，特級の4等級に分けられる。その定められた仕事内容からみれば，初級と中級はホームヘルパーに相当し，高級は介護福祉士に相当し，特級はケアマネジャーに相当する。養老護理員は一定の研修時間と講座を受け，試験に受かった者が該当するレベルの資格を授与される。現在，大都市の各病院や高齢者施設，地域介護福祉センターなど介護福祉業界においては，職員として採用されるとき，初級から特級までのどれかの資格をもたなければならない。筆者が2009年8月に海外フィールドワークを通して訪れた，上海の高齢者福祉施設や在宅福祉サービスセンター等では高級と特級の資格をもつ養老護理員はほとんどいないことがわかった。現在多くの養老護理員がもっているのは初級であり，中級も一部いるが少ないのが現状である。

　家政服務員と養老護理員の育成および資格の授与は，各地のニーズに合わせて行われている。全国的な統一試験はなく，養成研修機関が実施する講座を受けるだけで，資格を取得できることもある。もちろん，その講座の内容もそれぞれであるため，育成された家政服務員や養老護理員の質はバラバラである。

　前述したように，中国の多くの高齢者福祉サービスの担い手に関する文献においては，その専門性が低いという問題点が度たび指摘される［陶　2002，張　2006，呉・徐　2007，章・張　2007，査　2007，屈・余　2007］。しかし，その原因は究明されず，解決方法を検討するものもきわめて少ない。筆者は，上述した全国における統一した育成体制の未整備が大きな要因となっているうえに，政府部門の高齢者福祉サービスへの認識の不十分さも1つの原因だと考える。なぜなら，多くの地方において失業問題を解決するために，意図的に失業者を社会福祉サービス業界に誘導するという施策を打ち出しているからである（上海

市，大連市，広州市，重慶市など）。たとえば，上海市が2004年に実質的に実行し始めた「万人就業プロジェクト」は多くの失業者を高齢者福祉サービス業界に就職させた。その発想は失業問題と介護職員不足という2つの問題を同時に解決するということで効率的にみえるが，就業者の自己意思や技術能力を無視している。なぜならば，筆者のインタビューによると，多くの再就職者は自分がこの仕事あるいは高齢者のことが好きだから就職したわけではなく，家庭の経済事情もあり，年金や保険も納めなければならず，やむをえず就職したのである。いつかもっと良いチャンスがあれば転職するだろう。また，この人々は40代，50代の年齢が多いため，当地政府部門の施策者は高齢者福祉サービスを一般の家事援助サービスと同様のものと認識し，専門的な介護技術がない他分野の人々を集め，いい加減な養成を受けさせ，現場に送り出している。そのため，福祉現場で提供されるサービスは生活面の援助に限られ，専門性が低いものとなっている。

　高齢者福祉サービスの担い手の専門性が低いことに関するもう1つの要因は，離職率が高いことである。これについては日本と同じように，介護職員の待遇や労働環境が悪く，労働強度が強く，社会的地位が低いことと関連している。いくら奉仕精神が求められても，福祉に携わる人々も現実に生きているわけであり，人並みの基本的な生活を保障しなければならないし，専門職としての介護職員の社会的地位を高めなければならない。しかし，多くの介護職員の収入は他業界よりははるかに少なく，また，世の中では人に仕えるというイメージの影響で，よい就職チャンスがあれば迷わず転職してしまう。こうして，中国の福祉業界は新人ばかりで，「職員の専門性が低い，施設サービスの質が低い」といつまでも言われ続けてしまうのである。それゆえに，中国の高齢者福祉サービスの質を高めるために，サービスの担い手の育成や確保が最も重要な課題となる。

### （2）高齢者福祉サービスの人材育成・確保

　それでは，中国の高齢者福祉サービスにおいて，今後どのような人材が求められるのか。中国の高齢者福祉サービスの現状からいえば，現在最も求められているのは①専門職としての介護職員，②コーディネーター，③監督・評価

者，④設計者である。なぜならば，介護職員は高齢者福祉サービス事業において1日も欠かせない最も基本かつ重要な人材だからである。また，現段階において，中国では「家庭」・「地域」・「施設」の三者でシステムが形成されてきたため，高齢者がどの場所でもサービスを利用できるように，一人ひとりの生活状況や意向およびニーズを把握したうえで，その周辺のあらゆる社会資源や多様なサービスを組み合わせ，調整する必要がある。そのため，これらの役割を担うコーディネーターの育成も喫緊の課題である。そして，民営施設の増加につれて，サービス市場が一層複雑となり，施設間の不正競争や虐待などの行為から高齢者およびその家族の利益を最大限に保護するために，第三者評価制度としての監督・評価者の育成も重要である。最後に，将来中国高齢者福祉サービス事業が筆者のイメージした第3段階に突入していけば，多様なサービスと社会資源の活用が必要となる「社会ケア」の時代において，「家庭」・「地域」・「施設」がそれぞれもつ特性を十分に活用し，福祉サービスの地域社会全体を設計する設計者が求められるであろう。

　それでは，このような人材はどのように育成すべきか。福祉人材は専門職として，その育成について「基礎教育」を提供する教育システムと，「現場育成」とが必要である。しかし，現段階の中国においては，コーディネーターと監督・評価者および設計者はまだ空白状態であり，介護職員に関しても統一した教育システムは存在していない。そのため，まずきちんとした教育システムの制定が現在の急務となっている。

　人材が福祉現場に入るまで養成課程で3～4年，また福祉現場の中心的な役割を担うまでにはさらに時間を要する。しかも，特に介護職員は現場において1日も欠かせない存在である。そのため，現在すでに福祉分野で働いているさまざまな人材の技術アップを重視し，早期に対応することが必要である。

　筆者は，「現場育成」が介護職員の技術と仕事への積極性をともにアップする目的で行われなければならないと考えている。なぜなら，中国の現状からいえば現在福祉分野で活躍している人々の技術アップは急務となっているし，その積極性を高めることは人材確保につながる。そのため，常に人材確保を念頭において，介護職員に現場の魅力を感じさせながら，育成を行わなければいけ

第11章　中国における高齢者福祉サービスと人材育成　263

図表11-8　低質サービスの悪循環

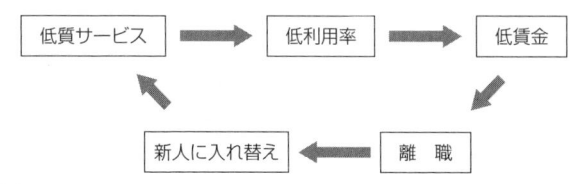

低質サービス → 低利用率 → 低賃金 → 離職 → 新人に入れ替え → 低質サービス

出所：筆者作成

ない。次に，はじめに提示した「サービスの質と介護職員の専門性が低い」という課題を同時に解決する方法としての「現場育成」の効率性を検証したい。

まず，低質サービスの悪循環のメカニズムを明らかにしよう。介護職員の収入が少ないことや社会的地位が低いこと，および労働強度が強いことなどの要素で，介護職員の流動性が高くなり，離職者が増えていく。現場の日常の仕事を維持するために，新人に入れ替える。しかし，新人に入れ替えても介護能力を短期間に高められないため，良質なサービス提供は期待できない。サービスの質が低いため，利用が少なくなり，施設の収入が減り，介護賃金も高くならず，一層介護職員の離職に拍車をかける（図表11-8）。

これを改善するために，まず現役の介護職員を引き留めることが最も重要だと思われる。離職率を下げるためには，労働者の賃金・待遇を高めることは有効な手段である。しかし，下手に賃金や待遇を高めることばかりに注目すれば，事業者の経営が苦境に陥りやすいし，サービスの質の向上にも期待される効果は現れない。なぜなら，賃金・待遇が高まることで，職員の仕事への積極性が高まっても，介護能力は短期間では高められず，質の向上は長期にわたって実現するからである。しかし，高齢者の増加につれて要介護高齢者の急速な増加も避けられない厳しい現実であり，この現状のもとで，多くの介護職員による良質のサービス提供が求められている。

そのため，介護職員の職業能力を反映する人事処遇考課制度の設立と，施設における資格向上・キャリアアップを可能にする十分な育成・訓練システムの提供が有効な方法だと考えている。まず，今までの時間やサービス対象者などによって待遇を定めることとは異なり，介護職員の職業能力を的確に把握し，能力に応じた待遇を定めることによって，職員は能力開発を積極的に進めるよ

うになる。次に，職員がよい待遇を得るため，積極的な技術アップの姿勢に応えられるように施設側がその育成システムを開発し提供すれば，次第に職員の能力が高まり，サービスの質も高まることになる。そして，良質のサービスを提供しているため，利用者が増え，施設も多くの収益を得，職員の賃金・待遇も改善されるであろう。その結果，離職率を低下させ，さらに新たな人材をこの分野に引き付けるであろう。こうすれば良好な循環に戻るとともに，人材の育成と確保を同時にできるようになる。そのため，筆者は人材育成において，教育システムにおける「基礎教育」は重要であるが，施設の魅力をアピールし，「現場育成」を図ることがさらに重要であると考える。なぜなら，それは人材確保ともつながっているからである。

## おわりに

本章ではまず中国の高齢者福祉サービスの展開をふりかえり，その現状を検討し，①家庭内の養老資源の減少により，家族扶養機能が低下していること，②在宅福祉サービスの領域においては，サービスの担い手の専門性が低いため，現在提供されているサービスはほとんど家事援助など生活面にとどまり，多様な高い要求のニーズには対応できないこと，③また，現在の在宅福祉サービスは量的に不十分なため，依然として特殊な困難をもつ高齢者を主な対象にする「残余型」であること，④高齢者福祉施設においては，高齢者のさまざまなニーズを無視し，高齢者を画一視しているため，それぞれの施設におけるサービスはほとんど生活面の援助を中心に行われているなどの問題点が明らかになった。

そしてこのような問題を抱える中国高齢者福祉サービスにおいて，その質と最もかかわる担い手の現状をふまえて，介護職員の専門性と定着率が低いという問題点を析出した。その原因としては，①全国統一した育成体制の未整備，②政府部門の施策者の高齢者サービスへの認識不足，③待遇や労働条件の悪さ，社会的地位の低さにより流動性が高いことなどの3点をあげた。そして，中国の高齢者福祉サービスの現状，および筆者がイメージした未来像に対して，今後①専門職としての介護職員，②コーディネーター，③監督・評価者，④設計者

というような人材が必要であることを提言した。また，このような人材を育成するために，きちんとした教育システムでの「基礎教育」と現場で働きながらの「現場育成」が必要である。そこで，「現場育成」の効率性を検証するために，中国の高齢者福祉サービスにおける「サービスの質と職員の専門性が低い」ことを同時に解決する方法を考案した。まず，低質サービスの悪循環のメカニズムを明らかにし，介護職員の職業能力を反映する人事処遇考課制度の設立と，施設側からの育成・訓練システムの提供が有効的であることを訴えた。

「老親扶養」意識の強い中国においても家庭の扶養機能の弱体化によって，介護の社会化を避けることはできない。しかし，家族によるサービス提供の現状は近い未来では変わらないだろう。たとえ今後在宅福祉サービスや施設サービスがより増加しても，家族と高齢者との感情的なつながりは切れないため，家族の役割は無視できない。そのため，今後，中国の高齢者福祉サービス事業が筆者のイメージした第3段階（**図表11-3**）に入っても，家族介護者への支援策は欠かせないものとなるであろう。それゆえに，たとえば，家族などによるサービスの質の確保，および介護に伴う心身の負担軽減を目的として，家族を対象に無料の講習・講座を提供したり，家族介護のため，自ら仕事を諦めた家族への現金・現物給付を提供したりすることなども考えられるのではないか。

高齢者福祉サービスシステムが形成されつつあるが，史上初の億人単位の膨大な高齢者を抱える中国にとって，今後，フォーマルな人材育成はもちろん，インフォーマルな人的資源の確保も1つの大きな課題であろう。

1) 社会福祉の市場化，民営化に近い意味である。社会福祉への社会参加を促進するのが目的である。
2) すべての国民あるいは比較的広い地域の住民向けの社会福祉であるため，ある意味で「普遍型」である。しかし，人々の高いレベルのニーズではなく，基本生活における最も主要な面においての社会福祉を中心に提供するから，「適度」という［王　2009：12］。

**【参考文献】**
閻青春『我国城市居家養老服務研究』
　　　（http://www.cnca.org.cn/default/iroot1001310000/4028e47d182f303c01183f052d2e02f6.html,2009.9.28）
王思斌［2009］「我国適度普恵型社会福利制度的建構」『新華文摘』第18期

岡室美恵子［2008］「中国の介護保障」増田雅暢編『世界の介護保障』法律文化社
郭平・陳剛［2009］『中国城郷老年人口状況追踪調査数据分析』中国社会出版社
牛車［2008］『空巣』重慶出版社
屈利娟・余銀娣［2007］「人口老齢化下的資源配置―基于杭州市老年社会福利事業的調査」『浙江経済』第7期
広東省労働と社会保障庁弁公室［2007］『広州市開展創建充分就業社区活動工作方案』（http://www.51labour.com/hrm/law_show.asp?id=21,2009。9。28）
呉蓓・徐勤［2007］「城市社区長期照料体系的現状与問題―以上海為例」『人口研究』第3期
査建華［2007］「老年護理保障和諧発展」鐘仁躍・査建華『上海社会保障和諧発展研究』上海財経大学出版社
上海市労働と社会保障局［2003］『関于本市「万人就業項目」従業人員実施政府補貼培訓的試行意見（http://www.learn51.com.cn/zhiye/200706/zhiye_317451.shtml, 2009.9.22）
上海市労働保障局・衛生局・民政局・市婦聯［1999］『関于鼓励本市下崗失業人員従事護工工作的管理弁法（試行）的通知』（http://www.51labour.com/labour-law/show-17839.html,2009.9.24）
重慶労働保障局［2000］『関于招用流動人員業界工種分類的通知』
　　（http://www.51labour.com/labour-law/show-19226.html,2009.9.24）
初煒ほか［2007］「老年人群養老需求及其影響因素調査分析」『中国衛生事業管理』第12期
章曉懿・張鐘汝［2007］「上海市老年照料護理人員情況調査及国際比較研究」上海市老齢科学研究中心『2006年度課題報告文集』内部資料
尚振坤［2008］「中国養老機構的服務与管理」『人口与管理』第2期
大連市人民政府弁公庁［1999］『関于対下崗職工再就業適用崗位実行調控使用的通知』
　　（http://www.51labour.com/LawCenter/lawshow-5265.html,2009.9.24）
中国国家統計局『中華人民共和国2008年国民経済和社会発展統計公報』
　　（http://www.stats.gov.cn/tjgb/ndtjgb/qgndtjgb/t20090226_402540710.htm,2009.9.23）
中国国家統計局［2008］『中国統計年鑑』中国統計出版社
中国民政部『「社区老年福利服務星光計画」実施方案』
　　（http://www.cnca.org.cn/default/iroot1000310004/4028e47d1728ff5e011743b283000491.html,2009.9.20）
中国民政部『関于全面推進居家養老服務工作的意見』
　　（http://www.mca.gov.cn/article/zwgk/fvfg/shflhshsw/200802/20080200011957.shtml,2009.9.28）
中国民政部『「農村五保供養服務設施建設霞光計画」実施方案』

（http://dbs.mca.gov.cn/article/ncwb/zcfg/200711/20071100003495.shtml,2009.
　　9.28）
中国民政部［2001］「老年人社会福利機構基本規範」周林剛『最新社会保障法律政策全
　　書』中国法制出版社
中国網『社会福利社会化』
　　（http://www.china.com.cn/chinese/zhuanti/minzheng/367238.htm,2009.9.24）
中国老齢事業発展基金会『愛心護理工程試点工作規程』
　　（http://www.capsc.com.cn/show-81719.htm,2009.9.28）
張良礼［2006］『応対人口老齢化──社会化養老服務体系構建及規劃』社会科学文献出
　　版社
沈潔［2007］『中華圏の高齢者福祉と介護─中国・香港・台湾』ミネルヴァ書房
丁海霞［2004］「空巣危機悄然逼近」『中国保健』第12期
陶立群［2002］『中国老年人社会福利』中国社会出版社
范斌［2004］「『星光計画』応走可持続発展之路」『社区』第23期

同志社大学社会福祉教育・研究支援センター

# 関連資料
【1.概念図　2.役職者　3.活動記録】

【資料1】 概念図

## 国際的理論・実践循環型教育システム

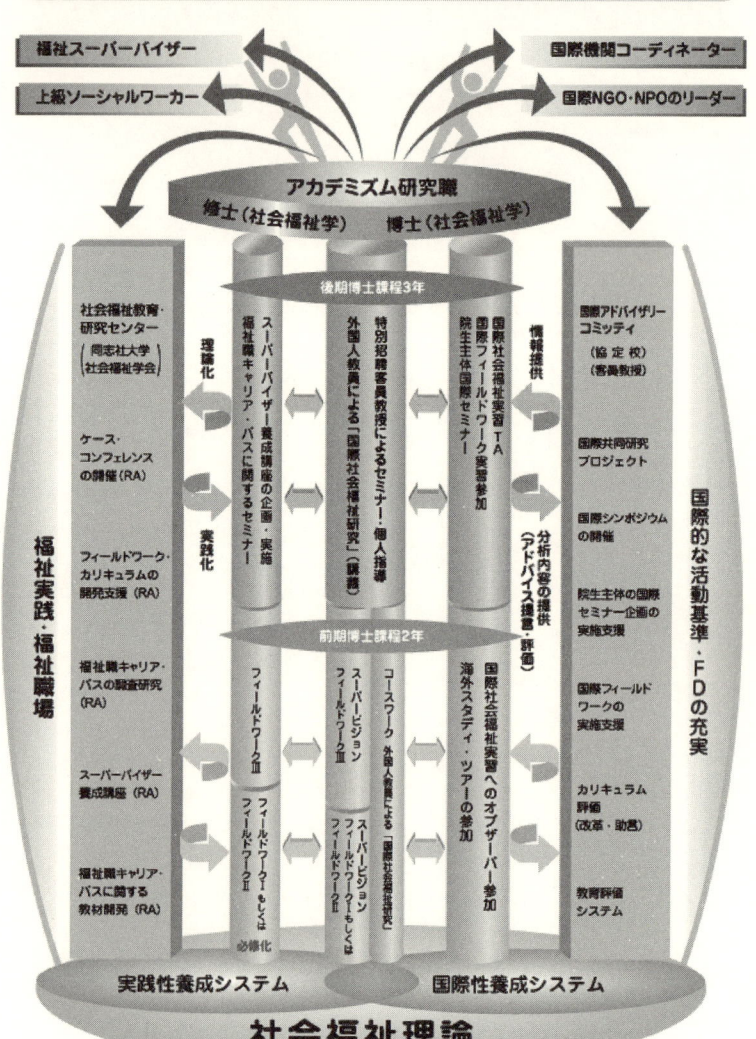

福祉スーパーバイザー
上級ソーシャルワーカー
国際機関コーディネーター
国際NGO・NPOのリーダー

アカデミズム研究職
修士（社会福祉学）　博士（社会福祉学）

後期博士課程3年

- スーパーバイザー養成講座の企画・実施
- 福祉職キャリア・パスに関するセミナー
- 外国人教授によるセミナー・個人指導
- 特別招聘客員教授による「国際社会福祉研究」（講義）
- 国際フィールドワークTA
- 院生主体国際セミナー
- 国際フィールドワーク実習参加

理論化 ⇔ 実践化

情報提供
分析内容の提供
（アドバイス提言・評価）

前期博士課程2年

- フィールドワークⅢ
- スーパービジョン フィールドワークⅢ
- コースワーク 外国人教授による「国際社会福祉研究」
- 国際社会福祉実習への オブザーバー参加
- 海外スタディ・ツアーの参加
- スーパービジョン フィールドワークⅡ
- フィールドワークもしくはフィールドワークⅡ

必修化

【左側：福祉実践・福祉職場】
- 社会福祉教育・研究センター
- 同志社大学社会福祉学会
- ケース・カンファレンスの開催（RA）
- フィールドワーク・カリキュラムの開発支援（RA）
- 福祉職キャリア・パスの調査研究（RA）
- スーパーバイザー養成講座（RA）
- 福祉職キャリア・パスに関する教材開発（RA）

【右側：国際的な活動基準・FDの充実】
- 国際アドバイザリーコミッティ（協定校）（客員教授）
- 国際共同研究プロジェクト
- 国際シンポジウムの開催
- 院生主体の国際セミナー企画の実施支援
- 国際フィールドワークの実施支援
- カリキュラム評価（改革・勧告）
- 教育評価システム

実践性養成システム　　国際性養成システム

## 社会福祉理論

【資料2】 同志社大学社会福祉教育・研究支援センター：役職者
センター長：埋橋孝文（同志社大学社会学部教授）
副センター長：木原活信（同志社大学社会学部教授）
幹　事：埋橋孝文，木原活信，黒木保博（同志社大学社会学部教授），上野谷加代子
　　　　（同志社大学社会学部教授），小山　隆（同志社大学社会学部教授）
事務局：平田貴子（〜2009.3），徐栄（2009.4〜），高田愛花（2009.7〜）


【資料3】　センターの活動記録（2007年11月〜2009年10月）

| 1．国際講演会の開催 |

1）同志社社会福祉国際講演会（2007年11月9日）40名参加
　　テーマ：中国の社会と社会政策
　　講演1：林　卡（南京大学教授「現代中国における社会の質」
　　講演2：周　暁虹（南京大学教授）「中国の中間層」
2）同志社社会福祉国際講演会（2008年1月25日）30名参加
　　テーマ：台湾における福祉政策の最近の動向
　　講師：詹　火生（国立台湾大学教授・前台湾社会政策学会会長・元労働大臣）
3）社会福祉／社会政策国際カンファレンス（2008年3月12日）100名参加
　　テーマ：社会福祉・社会政策研究のフロンティア
　　講師：D. リー（ロヨラ大学教授）"Multidimensional Approaches to Family Welfare: American Dilemma and Global Implications", J. ブラッドショー（ヨーク大学教授）"Child Well-being in Comparative Perspective: Japan in OECD Countries", P.G. エデバルク（ルンド大学教授）"Research Issues in Social Work, some examples from Sweden", 宋鄭府（尚志大学教授）「韓国における地域福祉研究の動向と新しい課題」
4）社会福祉国際講演会（2008年3月22日，関西社会保障法研究会との共催）20名参加
　　テーマ：シティズンシップ概念の変容とワークフェア
　　講師：ジョエル・F・ハンドラー（カリフォルニア大学教授）
5）社会保障／社会福祉国際講演会（2008年7月28日）60名参加
　　テーマ：韓国社会保障制度の3つの争点－公的年金，民営医療保険，バウチャー
　　講師：金　淵明（韓国・中央大学教授）
6）社会福祉国際講演会（2008年12月13日）110名参加
　　テーマ：社会福祉教育の国際的最新動向
　　講師1：ダニエル・リー（アメリカ・ロヨラ大学教授）"Social Work Education in the United States: New Trends and Issues"
　　講師2：P・グンナー・エデバルク（スウェーデン・ルンド大学教授）"Some

Trends and Issues in Social Work Education, the Case of Sweden"
7) 地域福祉国際シンポジウム（2009年1月31日）80名参加
   テーマ：地域福祉における学際連携－日本・アメリカ・イスラエル
   シンポジスト：テリー・ミズラヒ（ニューヨーク市立大学教授），ヨシー・コラジム＝コロシー（イスラエル社会省政策・計画担当局長），上野谷加代子（同志社大学教授）
8) 第1回院生主体国際セミナー（2009年6月11日）30名参加
   テーマ：コミュニティを基盤とした参加型調査のススメ
   報告者：Ava Bromberg（UCLA院生），Casey MacGregor（UCLA院生），稲田七海（大阪市大都市研究プラザ研究員），山本香織（同志社大学院生）・中路綾夏（ハワイ大学院生）
9) 第2回院生主体国際セミナー（2009年7月11日）40名参加
   テーマ：日・中・韓の社会福祉サービスとヒューマンパワー
   報告者：廣野俊輔（同志社大学院生），鄭義龍（延世大学院生），崔太子（大邱サイバー大学），呉明明（華東理工大学院生）
10) 国際講演会（主催・ライフリスク研究センター，2009年7月18日）35名参加
    テーマ："Social Assistance and the Measurement of Minimum Cost of Living in the UK"
    講師：ジョナサン・ブラッドショー（ヨーク大学教授）
11) 社会福祉国際講演会（2009年9月26日）30名参加
    テーマ：中国の社会福祉と人材育成
    講師：章暁懿（上海交通大学副教授），徐永祥（華東理工大学教授）

## 2．国際アドバイザリー・コミッティの開催

1) 第1回　2008年3月11日，出席　Daniel Lee 教授，P. Gunnar Edebalk 教授，Jonathan Bradshaw 教授，宋鄭府教授，2008年4月 International Advisory Committee (IAC) Consultation Report 受領
2) 第2回　2008年12月12日，出席　Daniel Lee 教授，P. Gunnar Edebalk 教授，2009年2月 International Advisory Committee (IAC) Consultation Report No. 2 受領

## 3．講演会・ワークショップの開催

1) 社会福祉教育・研究支援センター開設記念講演会（2007年12月8日）200余名参加
   講演1：岩田正美（日本女子大学教授）「社会福祉研究の意味」
   講演2：武川正吾（東京大学教授）「これからの社会政策研究」
2) 講演会＆シンポジウム（2007年12月8日，主催・同志社大学社会福祉学会）200余名参加

講演　橘木俊詔（同志社大学経済学部教授）「格差社会の現実とその課題」
　　　シンポジウム：「貧困問題再考－格差社会にどう取り組むのか」
3）地域福祉策定支援ワークショップ
　　　第1弾「住民参加を促すワークショップ」（2008年7月13日）講師：原田正樹（日本福祉大学准教授）25名参加
　　　第2弾「地域福祉調査の設計」（11月15日）講師：和気康太（明治学院大学教授）20名参加
　　　第3弾「新たな福祉サービスの持続可能な発展－先進地の地域福祉計画に学ぶ」（2009年6月13日）シンポジスト：須田敬一（松江市社協），西いく子（都城市社協）乾光哉（伊賀市社協）40名参加
4）「平和・非暴力について私の言葉で語ろう　Part2　ジェンダーバイオレンス」（2008年11月12日，主催・同志社大学社会福祉学会「ピースプロジェクト」）30名参加
　　　講師：井上摩耶子（ウィメンズカウンセリング京都），グループ・ディスカッション
5）講演会＆シンポジウム（2008年12月13日，主催・同志社大学社会福祉学会）120名参加
　　　講演：大沢真知子（日本女子大学教授）「ワークライフバランス－個人が主役の働き方をもとめて」
　　　シンポジウム：「ワークライフバランス－福祉職場に働く女性」
6）自殺予防プロジェクト自主シンポジウム（2009年3月6日）30名参加
　　　テーマ：自殺予防について考える
　　　シンポジスト：市瀬晶子（同志社大学院生），田邊蘭（保健同人社），姫野紀代子（京都府精神保健福祉総合センター）
7）中国社会福祉研究会（2009年5月16日）40名参加
8）第1回院生運営小規模研究会（2009年5月28日）講師：三島亜紀子（東大阪大学准教授）30名参加
9）第2回院生運営小規模研究会（2009年10月16日）講師：山森亮（同志社大学経済学部教員）10名参加
10）社会調査法ワークショップ
　　　【質的調査】（2009年8月24日，25日，27日）20名参加
　　　講師：笠原千絵（関西国際大学講師）
　　　【量的調査】（2009年9月7日，8日）10名参加
　　　講師：山口麻衣（ルーテル学院大学専任講師）

## 4．ケース・カンファレンス＆スーパーバイザー養成講座

1）ケース・カンファレンス連続講座
　　　第1弾　「援助を深める事例研究の意義と方法」

講師：岩間伸之（大阪市立大学准教授）
第1回理論編（2008年3月8日）98名参加
第2回実践編（2008年5月31日）20名参加
第2弾 「基礎から学ぶ気づきの事例検討会」
講師：渡部律子（関西学院大学教授）
第1回理論編（2008年12月20日）103名参加
第2回実践編（2009年3月21日）27名参加
2 ）ケース・カンファレンス特別講座（2009年7月5日）43名参加
テーマ：ケース教材を用いた学びの共同体作り―ケースメソッド教授法の理論と実際を学ぶ―
講師：竹内伸一（株式会社ケースメソッド教育研究所代表取締役・慶應義塾大学大学院経営管理研究科非常勤講師）
3 ）ケース・カンファレンス定例講座
第1弾 「社会福祉実習　現場指導者を支援するための実習プログラミングワークショップ―さまざまな学生のニーズにこたえるために―」（2009年7月25日）10名参加
講師：空閑浩人（同志社大学）
　　　生田一朗（京都府社会福祉協議会・日本社会福祉士会実習指導者養成講座講師）
第2弾 「障害児通園施設職場内研修　多職種が働く施設におけるケース教材を用いた討議研修」（2009年7月29日）20名参加
講師：野村裕美（同志社大学）
　　　髙木恵子（洛西愛育園園長）
4 ）スーパーバイザー養成講座
「よいスーパーバイジーを目指して」
メイン講師：福山和女（ルーテル学院大学教授）
サブ講師：對馬節子（浦和大学教授），萬歳芙美子（ルーテル学院大学非常勤講師），荻野ひろみ（文教クリニック）
Part 1（2008年3月14，15日）39名参加
Part 2（2008年9月22，23日）24名参加
Part 3（2009年7月26日）12名参加
5 ）学生向け講座（当事者による事例を用いた教育研修）（2009年7月12日・19日）17名参加
テーマ：いのちの講座―いのちに向き合う2日間―
講師：鈴木中人（特定非営利活動法人いのちをバトンタッチする会代表）
6 ）現任者・学生・市民による合同講演会企画〔ゴールドリボンキャンペーン2009 in Kyoto〕（2009年2月28日）130名参加

テーマ：呼吸―いき―をあわせて，はじめよう，今私たちにできること
記念講演「いのちをみつめる―臨床の現場から―」
講師：鷲田清一（国立大学法人大阪大学総長）
シンポジウム「病気の子どもを支える―小児がんを中心に―」
コーディネーター：野村裕美（同志社大学）
シンポジスト：鈴木中人（特定非営利活動法人いのちをバトンタッチする会代表），熊谷恵利子（日本クリニクラウン協会クリニクラウン），清田悠代（sibling support ―兄弟支援―たねまきプロジェクト代表），小俣智子（小児がんネットワーク MN プロジェクト代表・武蔵野大学講師）

## 5．センター・ニュースレターの発行

No. 1　特集・センター2007年度の歩み　2008年6月10日
No. 2　特集・センター開設記念講演会　2008年6月10日
No. 3　特集・事例研究・研修プロジェクトの活動紹介　Part. 1　2008年10月30日
No. 4　特集・センター3つの活動紹介　2008年10月30日
No. 5　特集・国際アドバイザリー・コミッティ（第2回）と国際講演会を開催して　2009年3月20日
No. 6　特集・同志社大学大学院社会福祉学専攻の大学院生　2009年3月20日
No. 7　特集・同質集団では味わえない何かがある学びの場を　2009年10月30日
No. 8　特集・外部への情報発信と院生の力量アップをめざして　2009年10月30日

## 6．院生海外フィールドワーク

旅費助成：2007年度1名（アメリカ），2008年度7名（アメリカ，オーストラリア，中国，韓国，ネパール），2009年度予定10名（アメリカ，カナダ，中国，韓国）

以　上

# 編者あとがき

　本書の編集作業たけなわの2009年12月，大学院GP助成期間終了後のセンター関係大学予算の内示がありました。うれしいことに予算要望が満額認められました。過去3年間と比べて年間予算規模は4分の1ほどに縮小することになりますが，当初，同志社大学社会福祉学科卒業生からの募金の一部だけをもとにセンターを設立するつもりでしたので，さほど問題はありません。今後の夢は本書の続編が数年以内に出版されることです。さらにいえば，それらがシリーズ化されることです。スタッフの文科省科研費プロジェクトと連携すれば，そのような形の情報発信も可能であると思われます。

　同じ12月には大学院GP総括講演会が開催され，大橋謙策，白澤政和，牧里毎治の3人の先生を招いてシンポジウムがもたれました（その模様はセンターニュースレター No. 11, 2010年7月に掲載予定）。また，2010年3月には韓国の2つの大学（尚志大学，中央大学）で英語による発表会を予定しています（4プロジェクト，計7人が報告，内5人が院生）。これらは本書の刊行と並んで，大学院GPプロジェクトの成果公表の重要な柱です。

　社会福祉学ではマクロ（制度・政策論），メゾ（地域福祉論），ミクロ（対人援助・ソーシャルワーク）の3つが区別されることがあります。しかし，本書の内容・構成はこの区別を踏襲していないことに気がつきます。新しい福祉サービスのあり方や人材育成の問題を考える際にはマクロ，メゾ，ミクロの区別にとらわれない発想が必要であることを示しています。あるいは，より厳しい捉え方をすればそれぞれの専門領域での研究の深化が求められていますが，いずれにしても，いくつかの研究プロジェクトを組織するといった形で，専門領域間の垣根を超えた交流が必要であると考えています。

　新しい福祉サービスのもつ可能性をどのように現実のものとしていくか，同

志社大学での取り組みを含めて本書で示した人材育成のあり方は全国的な趨勢からどのように評価されるか，構造変動期にある東アジアの社会福祉のリアリティを捉えているかなど，本書が総じて「新しい福祉サービスの展開と人材育成」というテーマにどれだけ肉薄し新たな展望を切り開いているかの最終判断は読者諸氏に委ねられています。忌憚のないご批判，ご意見をお寄せいただければ幸いです。

　最後に，本書の刊行にあたっては文科省「組織的な大学院教育改革推進プログラム」からの出版助成をいただきました。記して関係各位にお礼申し上げます。

　　　2009年12月

　　　　　　　　　　　　　　　　　　　　　　　　　　　埋　橋　孝　文

# 索　引

### あ　行

ICF（国際生活機能分類）…138
愛心護理プロジェクト（中国）…252, 257
空巣世帯（中国）…255
アドボカシー…203, 209, 216, 218
アルコール依存症…30
アンケート調査…17-19, 24, 96, 97, 205, 232
EAP（従業員支援プログラム）…32, 35, 36, 39-41, 44, 47, 48
医療サービス…192
インタビュー調査…35, 84, 205
ADL（日常生活動作）…73, 138
SOCX（Social Expenditure Database）…186
NGO…158, 170, 171, 174, 180, 203, 209-211, 219, 220
NPO…12, 34, 158, 166, 167, 169, 174, 176, 203-211, 215-221, 228
MSW（医療ソーシャルワーカー）…35, 98, 103
援助計画…138
OECD…150, 186-190, 192, 193

### か　行

介護サービス…96, 224, 225, 227, 228, 243, 259
介護支援専門員…56, 61, 65-69, 73, 98, 139, 140, 216
介護職…224, 227, 231, 233, 234
介護認定…65
介護の社会化…230, 265
介護保険（制度）…2, 54, 56, 65, 67, 69, 73-75, 98, 103, 204, 217, 230
　──改正…55
介護保険法…4, 25
介護予防…59-63, 66
霞光計画（中国）…252
家政服務員（中国）…260
義務的民間支出…186, 187, 189, 190
金大中政権…183, 210
キャリア…83, 88, 92, 94, 96, 103, 132, 151-153
　──アップ…102, 103, 134, 263
　──デザイン…94, 102-104
　──パス…83, 84
救済院（中国）…248
「9064」モデル（中国）…254
「9073」モデル（中国）…254
協　働…6, 9, 14-18, 20, 23, 25-27, 55, 56, 60-62, 64, 66, 67, 136, 176
業務独占…82
グループワーク…132, 148, 153
Kramer, R.M.理論…216
ケアサービス…15
ケアプラン…55, 138-141
ケアマネジメント…55-57, 59, 61, 62, 70
　──支援…68-71, 73, 75
ケアマネジャー…26, 56, 75
ケアワーカー…140, 224, 258
ケアワーク…125, 126
ケースカンファレンス…131, 147
ケースメソッド…150
　──教授法…149, 153
ケースワーカー…26
現金給付…190, 194, 265
現物給付…190, 192-194, 197, 200, 265
公共サービス…220
公的支出…186, 187, 197
公的扶助型（給付）…194
高齢化…182, 190, 203
高齢（化）社会…184, 225, 246
ゴールドプラン…226
ゴールドプラン21…226
国民基礎生活保障法（韓国）…184, 197, 200
個別支援…68, 75

五保戸（中国）…248, 249, 252
コミュニティワーカー…25-27
コミュニティソーシャルワーカー…21-27, 136, 137

さ 行

在宅介護支援センター…74
裁量的民間支出…186, 187, 189, 190
サロン活動…13, 18
三無老人（中国）…248, 249, 252
残余型（公的高齢者福祉サービス。中国）… 249, 254, 256, 264
CNP（非営利セクター国際比較プロジェクト）…205, 208, 209, 220
GDP…183, 184, 187-190, 193-195, 197, 198, 200, 220
支援計画…147
自殺予防…30-37, 39, 40, 42, 45-51
資産調査…197, 198
自死（自殺）遺族…31, 32, 34
悉皆調査…19
失業手当…197
市民活動…3, 5, 180, 210-212
市民団体…204, 209, 210, 214, 215, 225
社会サービス…214
社会サービス統合型（給付）…194
社会資源…41, 48, 63, 107, 218, 253, 262
社会支出…186-188, 190, 193-195, 198, 200, 201
社会調査…13
社会的サービス…253
社会福祉基礎構造改革…25, 136
社会福祉協議会…13, 16, 17, 24, 62, 63, 132, 135, 136
社会福祉サービス…3, 182, 185, 220, 226, 228, 229
社会福祉職…132
社会福祉専門職…110, 128, 129, 132, 145
社会福祉の社会化…182, 246, 249-251, 257
社会福利院（中国）…248
社会保険型（給付）…194
社会民主主義レジーム…190, 192

社会問題…30, 31, 33, 157-162, 167-169, 174, 177, 179
社区（中国）…256
──服務…246
若年性アルツハイマー…22, 23
自由主義レジーム…189, 192
従属人口比率…182
住民座談会（懇談会）…17-20, 26
住民（市民）参加…4, 5, 17, 19
主　体…7-9, 17, 26, 28
　住民──…8, 27, 28
主体性…5, 8, 9, 16, 164, 165
──の尊重…39, 45
──を援助する諸活動…3
主体力…9
主任介護支援専門員…55, 57, 59-61, 63-71, 73-76
生涯学習…150, 151
障害者プラン…227
小規模多機能型居宅介護…12
少子化…182, 203, 246, 255
小地域ネットワーク活動…13
職業能力…263, 265
職場研修…134
自立支援…107
人口ボーナス…182, 183
──期…184
新ゴールドプラン…226
人材育成（養成）…ii-iv, 134, 136
人材（の）確保…132, 262
人事処遇考課制度…263, 265
新障害者プラン…227
診断群別定額報酬支払方式（DRG）…184
人的サービス…4
人民公社（中国）…248
スーパーバイザー（SV）…99-102, 104, 136, 142-144
──研修…136
──養成…137
スーパーバイジー…143-145
スーパービジョン…75, 100, 105, 115, 117, 132, 134, 142-149, 161

スクーリング形式…132
スクールカウンセラー…32
スクールソーシャルワーカー…32
税額控除制度…184
生活課題…2, 106
生活支援…110
生活問題…82, 106-109, 128
星光計画（中国）…246, 251, 252
星光高齢者の家（中国）…251
生産教養院（中国）…248
精神保健福祉…2
政府・公共セクター…208
セルフヘルプグループ…32
全国老齢委員会弁公室（中国）…246
全国老齢工作委員会（中国）…249, 252
選別給付…197, 198
選別主義…187, 197, 200
（福祉）専門職…6, 10, 13-17, 25-27, 30, 34, 39, 49, 80-84, 93, 94, 96, 97, 99, 101, 102, 104, 105, 108, 109, 111, 117, 125, 131, 135, 137-139, 142, 147, 149, 180, 231, 244, 261, 262
　　──教育…157, 180
専門性…102, 105, 108, 131, 132, 136, 137, 150, 171, 239, 243, 247, 257, 261, 264
相談援助…121, 125, 126
ソーシャルアクション…16
ソーシャル・セーフティネット…182
ソーシャルワーカー…34, 35, 51, 82, 98, 114, 118, 121, 125, 128, 129, 131, 132, 142, 143, 146, 147, 149, 157, 158, 163, 164, 166, 167, 169, 171
ソーシャルワーク…31, 36, 37, 42, 43, 45-47, 49, 99, 107-110, 121, 122, 125-128, 131, 143, 159, 167, 169, 170, 174, 175, 177
　　──実践…50, 51, 109, 126, 171, 172, 175, 176
措置制度…25, 230, 252

### た 行

対人援助…131, 243

宅老所…12
地域課題…9, 10, 13, 17, 21
地域福祉…2, 4, 7-10, 15, 21, 28, 135, 219
　　──計画…12, 17-20, 23, 24
地域福祉活動…12, 16
　　──計画…23
地域福祉支援計画…12, 21
地域福祉ステーション…24
地域包括ケア…56, 62, 70
地域包括支援…54, 55, 73
　　──センター…2, 14, 16, 23, 24, 26, 54-57, 59-69, 71-77
適度の普遍型（給付）…254, 256
統合失調症…42
当事者参加…4, 5
鄧小平…249

### な 行

ニーズ…3-5, 9, 11-14, 17-19, 21, 23, 25-27, 56, 108, 113, 118, 123, 139, 153, 174, 176, 180, 204, 210, 218, 235, 256, 258, 260, 262, 264
ニードテスト…197, 198, 200
担い手…5, 18, 192, 201, 203, 217, 220, 247, 259-261, 264
日本社会事業学校連盟…80
日本社会福祉教育学校連盟…80
認知行動療法…41
認知症予防…64
ネットワーキング…216
ネットワーキング標本抽出法…36

### は 行

徘徊SOSメール…23, 26
朴正熙…210
パブリック・コメント…17-19
万人就業プロジェクト（中国）…261
ヒアリング調査…18, 19
非営利サービス生産者…206
非営利組織…10, 208, 225
非営利団体…3, 158, 206, 208
非営利部門…220, 221

非専門職…6
一人っ子政策…255
ヒューマンパワー…iii, 80, 224-226, 228-231, 243
フィールド・ワーク…157, 175, 254, 260
福祉ガバナンス…6
福祉国家…186, 190, 200, 203
福祉サービス…ii-iv, 2, 4-11, 13, 16-18, 20, 21, 25-27, 31, 192, 193, 201, 204, 217, 246-250, 257, 262
　インフォーマルな――…11, 21, 23-25, 27
　フォーマルな――（フォーマル・サービス）…10, 11, 21, 23, 24, 27
福祉社会…203, 253
福祉多元化…204
普遍給付…197
普遍主義…187, 197, 200
フロントエンド型教育…151
文化大革命…249
保守主義レジーム…190, 192, 193
ボランティア…5, 10, 24, 97, 98, 162, 218, 219, 225, 251
　――活動…3, 135, 204, 210, 211, 219

## ま　行

まちづくり…ii, 6, 160

民間団体…209
民生委員…13, 16, 24, 26, 63, 64
メンタルヘルス…32

## や　行

要支援…54, 61
養老護理員（中国）…260
予防給付…54, 65

## ら　行

リカレント教育…150
離職率…141, 261, 263, 264
レクリエーション…138
レセプト…184
連　携…24, 28, 37, 41, 44, 48, 56, 57, 59-68, 70, 75, 105, 109, 168, 253
老人長期療養保険法（韓国）…182, 211, 228, 230, 235
老齢問題委員会（中国）…249

## わ　行

ワーキングプア…184

Horitsu Bunka Sha

2010年3月10日 初版第1刷発行

## 新しい福祉サービスの展開と人材育成

編者　埋橋孝文
　　　同志社大学社会福祉教育・
　　　研究支援センター

発行者　秋山　泰

発行所　株式会社 法律文化社
〒603-8053　京都市北区上賀茂岩ヶ垣内町71
電話 075(791)7131　FAX 075(721)8400
URL:http://www.hou-bun.co.jp/

©2010 埋橋孝文，同志社大学社会福祉教育・研究支援センター
Printed in Japan
印刷：中村印刷㈱／製本：㈱藤沢製本
装幀　奥野　章
ISBN 978-4-589-03243-0

井岡 勉監修／牧里毎治・山本 隆編
## 住民主体の地域福祉論 ▶理論と実践　●3360円

地域福祉を生活者である住民の目線から捉え，システムづくりとしての新たな「地域福祉」の全体像と課題を提示し，暮らしの安全・安心の再構築をめざす。歴史的経過と今日の到達点をふまえて基礎研究を解説した「視点」「対象」「実践」「展開」の4部24章構成。

河合克義著
## 大都市のひとり暮らし高齢者と社会的孤立　●5670円

東京港区と横浜鶴見区の大規模で精緻な調査報告。面接調査や日記，また親族・地域ネットワーク分析をとおして，生活実態と孤立状況を浮きぼりにし，その質と量を分析する。全市区町村別ひとり暮らし高齢者出現率など高齢社会対策に有用な資料を満載。

江口英一・川上昌子著
## 日本における貧困世帯の量的把握　●4830円

貧困線と社会階層の分析による2つの手法により貧困量を測定した長年の研究の成果。多くの議論を呼んだ1972年の中野区調査とそれ以降の測定結果を収録。貧困の質を強調する社会的排除論を検証し，量的研究に基づいた政策の重要性を示す。

イアン・ホリデイ／ポール・ワイルディング編
埋橋孝文・小田川華子・木村清美・三宅洋一・矢野裕俊・鷲巣典代訳
## 東アジアの福祉資本主義 ▶教育,保健医療,住宅,社会保障の動き　●4515円

香港，シンガポール，韓国，台湾の社会政策の全体を見渡し，各制度の基礎的知識を提供する。また，政策の発展・規制・供給・財政の比較分析をもとに，今後の課題と展望を示す。4地域の社会政策発展年表を付す。

### 〈シリーズ・新しい社会政策の課題と挑戦【全3巻】〉

〈今そこにある問題〉や〈新しく浮上してきた問題〉の本質を論究し，解決の道筋を描く。第Ⅰ部で歴史や理論を整理し，第Ⅱ部で日本の政策や事例を取りあげる。

●各3465円

1 社会的排除／包摂と社会政策　福原宏幸編著
2 ワークフェア──排除から包摂へ?　埋橋孝文編著
3 シティズンシップとベーシック・インカムの可能性　武川正吾編著

法律文化社

表示価格は定価（税込価格）です